第三次创新

INDUSTRY 4.0
THE INDUSTRIAL INTERNET OF THINGS

工业互联网技术与应用

[英] 阿拉斯代尔·吉尔克里斯特（Alasdair Gilchrist） 著
储勤虎 尹靓 译 / 杨焱 校译

中信出版集团 | 北京

图书在版编目（CIP）数据

第三次创新 : 工业互联网技术与应用 / (英) 阿拉斯代尔·吉尔克里斯特著 ; 储勤虎, 尹靓译. -- 北京 : 中信出版社, 2019.11

书名原文: Industry 4.0: The Industrial Internet of Things

ISBN 978-7-5217-0761-8

Ⅰ. ①第… Ⅱ. ①阿… ②储… ③尹… Ⅲ. ①互联网络—应用—工业发展—研究 Ⅳ. ①F403-39

中国版本图书馆CIP数据核字（2019）第227932号

Industry 4.0: The Industrial Internet of Things By Alasdair Gilchrist, ISBN: 978-1-4842-2046-7

Original English language edition published by Apress Media.

第三次创新：工业互联网技术与应用

著　　者：[英]阿拉斯代尔·吉尔克里斯特

译　　者：储勤虎　尹　靓

校　　译：杨　焱

出版发行：中信出版集团股份有限公司

（北京市朝阳区惠新东街甲4号富盛大厦2座　邮编　100029）

承 印 者：三河市中晟雅豪印务有限公司

开　　本：787mm × 1092mm　1/16　　印　　张：21　　字　　数：245千字

版　　次：2019年11月第1版　　印　　次：2019年11月第1次印刷

京权图字：01-2017-0371　　广告经营许可证：京朝工商广字第8087号

书　　号：ISBN 978-7-5217-0761-8

定　　价：79.00元

目 录

前言

工业 4.0 和工业物联网（IIoT）已成为近年来最受热议的工商业概念之一。然而，工业 4.0 和工业物联网通常是由顾问从商业的角度出发向管理层级别的客户介绍的，这就意味着他们通常会认为工业 4.0 底层技术的复杂性无关紧要。顾问们主要聚焦于极具吸引力的商业模式和运营效率，因为对于他们的客户来讲，财务收益和新型商业模式更易于理解。但遗憾的是，这些介绍通常缺乏对支撑工业互联网的底层技术的介绍，只能吸引并刺激眼中只有商业利益的管理层。

在本书中，我们力求弥补这种遗憾，尽管我们已经从工业物联网商业动力和模式的潜在收益方面以高层级的视角切入并介绍了成功的应用案例，我们还是会对构建工业物联网网络所需的技术等问题做出分析，以期为商业和技术参与者提供部署和交付工业物联网网络所需的信息。

因此，本书的结构安排如下：前几个章节讨论由工业物联网带来的全新创新型商业模式，这些模式对商业高管极具吸引力；接下来的几个章节讨论实现工业物联网的支撑技术，其中我们会探讨如何通过各种技术和协议在现实世界中搭建工业物联网网络；但是，技术和协议的融合并不能解决一切问题，有时候我们需要中介服务或平台将所有事物“黏合”在一起，因此，我们在中间几个章节会介绍协议、软件模式、中间件工业物联网平台，以及它们如何提供“黏合剂”

或“窥镜”，从而使我们能够连接或查看工业物联网网络。

最后，我们从工业物联网的一般概念和原理进一步讨论到与工业相关的工业 4.0，并且着重探讨工业 4.0 在制造业中的应用。工业 4.0 在制造业中与工业息息相关，因此这几个章节主要着眼于我们应该如何进行工业转型，以及在国家中如何实现再工业化。

第 1 章　工业互联网简介

美国通用电气公司首创了“工业互联网”这一术语，用来描述工业物联网，而其他企业，如思科，也将工业物联网称为“万物互联”，或者称之为“互联网 4.0”，或者使用其他名称。[①]然而，不管怎样称呼，重要的一点是必须将物联网垂直策略（如图 1–1 所示），如消费者、商业和工业互联网等类型，与更广泛的物联网横向概念区分开，这是因为它们的目标受众、技术要求和策略截然不同。例如，智能家居、利用健身追踪器的个人连接、集成娱乐设备以及车内人员监控设备，在消费者市场享有极高的知名度。同样，商业市场具有很高的市场价值，其提供的服务包括金融和投资产品（如银行业务、保险、金融服务和电子商务），并侧重于消费者的历史记录、绩效和价值。企业物联网是一个包括小型、中型和大型企业的垂直板块，而本书主要关注的是其中最大的垂直板块——工业物联网，它包括大量的专业领域，如能源生产、制造业、农业、医疗、零售、交通运输、物流、航空工业、太空旅行等等。

为避免混淆，我们将效仿通用电气公司，采用“工业物联网（IIoT）”

①工业互联网（industrial internet）通常是指全球工业系统诸要素与互联网连接融合后的结果。工业物联网（IIoT，industrial internet of things）则可以理解为工业互联网的实现方式或手段，强调万物互联（机器或物之间的连接）是实现工业互联网的关键途径。——译者注

这个名称作为本书的通用术语。如果讨论的是概念和战略上不同的示例，我们会明确指出它的名称，如工业 4.0。

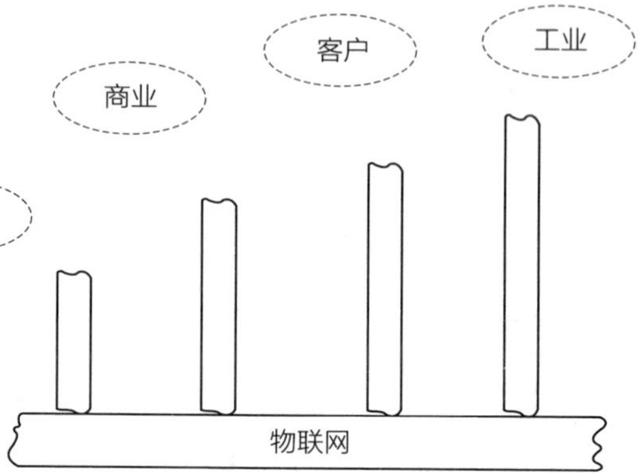

图 1-1 物联网横向和垂直分布

很多工业领军企业预测，在工业互联网的推动下，在未来 10 年中，经济增长率和生产力将达到前所未有的高度。企业领导者、政府官员、学者和技术供应商正热切地携手合作，试图挖掘和实现这一巨大潜能。

从金融的角度来看，根据一份市场研究报告，2020 年全球工业物联网产值将达到 1 510.1 亿美元，2015—2020 年的复合年均增长率将达到 8.03%。事实上，企业认为利用互联网的巨大潜能还可以实现工业增长。其中一个例子就是，制造商和政府希望借此机遇实行再工业化，并将之前已迁移到海外的工业和制造业吸引“回巢”。通过鼓励再工业化，政府希望提升制造业价值，以拉动 GDP 增长。

工业互联网的发展潜力不容忽视，在过去 15 年，通过将互联网交易运用于零售、媒体和金融等服务行业，企业对消费者的电子商务业务（B2C）取得了迅猛增长。网络巨头（如亚马逊、奈飞、易贝和贝宝）在市场中居于统治地位，B2C 的成功不言而喻。在未来 10 年，互联网有望为工业领域带来同样的增长和成功，它将覆盖制造业、农业、能源、航空工业、交通运输和物流等领域。它的重要性是不可否认的，因为工业产值贡献了全球 GDP 的 2/3，但同时风险也很大。

然而，工业互联网仍然处于初级阶段。尽管 15 年过去了，互联网已得到广泛应用，但工业领域的巨头一直在犹豫是否将其应用于工业领域。他们之所以犹豫，是因为不确定工业互联网将对工业、价值链、商业模式、劳动力以及最终的产能和产品产生怎样的影响。此外，一份针对工商企业领导人的调查显示，2015 年 1 月，87% 的人声称他们对该商业模式或技术还没有清晰的认识。

不出所料，工业互联网通常是公司高层探讨的内容，所以他们往往会抛开支撑工业互联网技术的复杂性来讨论工业互联网，认为它无关紧要。例如，在工业企业中，他们使用生成数据的传感器和设备来控制运营已有数十年之久，运用机器对机器（M2M）通信与协作也有至少 10 年，因此工业物联网的核心技术并不是新奇的事物。工业领域同样可以高效收集、分析和存储可用来获取历史、预测和规范信息的海量数据。因此工业企业的领导者常问的问题是："为什么将我的 M2M 架构连接到互联网，会为我带来更大价值？"

什么是工业互联网？

要解释为什么企业要采用工业互联网，我们首先需要考虑工业物联网到底是什么。工业互联网提供了一种能够让人们更好地查看和分析公司运营和资产的方式，它集成了机器传感器、中间件、软件、后端云计算和存储系统。因此，它提供了一个彻底改变企业经营过程的方法，此方法借助的是高级分析以及通过访问大型数据集获得的结果反馈，通过提高运营效率和加速提升产能来实现企业收益，同时降低计划之外的停工期，优化效率，从而提高利润。

尽管在当今的工业环境中，现有 M2M 技术和方法可能看起来与工业物联网类似，但其运营规模截然不同。例如，借助工业物联网系统中的大数据，巨大的数据流能够通过云托管的高级分析技术，以导线的传输速度进行分析。此外，海量数据可能存储于分布式云存储系统，用于未来的批量分析。这些大批量分析工作可以从数据中收集信息和统计数据（由于采样池比较小或者算法比较落后，这在以前几乎是无法实现的）。然后，工艺工程师可以将这些分析结果用于运营优化以及提供给管理人员，供他们将其转换为知识，从而提升产能和效率并降低运营成本。

1% 的力量

另外，关于工业互联网，有个很有趣的观点：1% 的力量。它与大多数行业中的降低运营成本 / 提升效率有关，即要求工业互联网仅通过节约 1% 的成本来创造巨大收益。例如，在航空行业中，每年节约 1% 的燃料将节约 300 亿美元。同样，在发电站中，将投入燃气发电机的燃料减少1%，运营成本将节省660亿美元。此外，在油气行业，每年花费在设备上的支出减少1%，将会带来900亿美元的回报。这一理论同样适用于农业、交通运输和医疗保健等行业。因此，我们可以看到，在大多数行业中，对于部署工业互联网投入的资金和运营成本来说，只要提升1%就能带来显著的投资回报率。启动工业物联网战略需要哪些技术和多少资本支出呢？

工业物联网的关键技术

工业物联网汇聚了若干关键技术，以产生一个比自身总和更大的系统。例如，最新的传感器不仅能通过一个组件生成更多数据，而且能生成不同类型的数据，技术的发展不仅仅体现在数据的精确度（如该温度为37.354摄氏度）上。另外，传感器能够自我感知，甚至可以预测自身剩余的使用寿命。因此，传感器生成的数据不仅精确，而且具备预测性。同样，借助控制器，机器传感器能够自我感知、自我预测和自我比较。例如，它们可以将当前的配置、环境设置与预配置的最优数据和阈值进行比较，为自诊断做好准备。

近几年，传感器技术的成本大幅降低，尺寸也大幅减小，这使得机器、工艺甚至人员的仪器化，在财务和技术上均成为可能。

正如我们看到的那样，大数据和高级分析技术是工业物联网的另一个重要驱动和使能技术，因为这些技术可以提供历史性的、预测性的和常规的分析，让人们洞察机器或程序中的实际运作情况。

结合这类自我感知和自我预测组件分析技术，人们能够提供精确的机器和资产维护预测计划表，让机器和资产在更长时间内维持高效使用状态，并减少由不必要的维护造成的低效率和成本。在过去10年中，云计算的出现加快了分析速度，AWS（业务流程管理开发平台）等服务提供商以较低的成本和按使用量收费的方式提供了有效大数据所需的强大计算、存储和组网能力。然而，趋避风险的公司可能更愿意维护私有云，将其用于自己的数据中心或私有云。

工业互联网的出现时点以及现在出现的原因

要理解为何在相关技术出现一段时间之后才掀起如今的工业互联网热潮，我们需要将目光转向传统系统的功能和低效率。

其中一个假设就是，工业系统的复杂性超过了现场人员发现和解决效率问题的能力范围，从而很难通过传统的方式实现效率提升。这导致设备远远不能发挥出应有的能力水平。这些因素构成了采用新解决方案的动机。

另外，由于计算、宽带、存储和传感器成本的降低，IT（信息技术）系统现在可支持广泛的仪器仪表、监控和分析。这意味着人们能够大规模监控工业机器。云计算解决了远程数据存储的问题，如存储大数据集所需的成本和容量。此外，云服务的提供商可以部署和支持海量信息处理的分析工具。这些技术越来越成熟，并且得到越来越广泛的应用，这似乎是问题的关键。这些技术已经出现了一段时间，并在 IT 领域得到应用，自适应云和软件即服务（SaaS）就是绝佳的示例。但是，直到最近，工业领军企业才见证了 IT 行业解决方案、工具、应用的稳定性和成熟度已经达到令人信服的水平，并因此打消顾虑。

同样，随着网络的不断成熟和发展，以及低功率无线广域网（WWAN）解决方案的发展，以前不够经济或稳定的远程监控和资产控制现在已经得到运用。如今，这些无线网络的价格、成熟度和稳定性使无线网络能够被运用于工业环境。当应用于工业企业、机器、机群和网络时，这些变化会带来激动人心的新机遇。

随着计算、存储和网络成本的降低，云计算模式应运而生，它可以让公司收集和分析比以往更多的数据。单凭此原因，工业互联网成为独有的 M2M 通信模式极具吸引力的替代选项。

然而，工业互联网有它自身的问题，这些问题可能正好是阻碍人们采用它的因素。同时也是工业互联网能够成功部署的“催化剂”和“先驱体”。

工业物联网的“催化剂”和“先驱体”

工业物联网候选企业在开始正式部署之前必须做好几项准备，我们将在后面的内容中进行讨论。

技术纯熟且训练有素的员工

如果想要从严格的分析作业中获益，那么企业需要配置相关人员，其中一定需要经验丰富的数据科学家、程序工程师和机电工程师。事实证明，让相关人才获得对口的技能并不是一件简单的任务，因为高等院校似乎落后于形势发展，仍然鼓励毕业生投身于程序员等职业，而非数据科学家。这似乎不是一朝一夕所能改变的。人们预测未来10年对数据科学家和机电工程师的需求量巨大，事实也的确如此，然而现实的经济状况是，人员的数据分析技能越强，企业越有可能生成从海量数据池中提炼信息所需的算法。它不仅能提炼一般信息，而且能提炼真正有价值、符合企业战略和目标的信息。这就要求数据科学家掌握与企业战略及其目标相关的专业知识。这也解释了为什么企业中新增了“首席数据官”这个高层管理职位。

创新承诺

运用工业物联网的企业必须坚持不断创新，以及从长期的角度看待工业物联网项目的投资回报。企业需要拨出一笔资金作为传感器、设备、机器和系统的资本支出。因为通过采集数据以及配置分析参数和算法可能不会立即获得结果，你需要一定时间才能取得成功，因此这个过程需要资金和耐心。毕竟统计分析不会总是输出你想要的结果。提出正确的问题才是关键所在。数据科学家可以查看公司的战略，然后调整分析方法，解决数据池的问题，以获得与公司目标一致的结果。

安全团队

一支强大且擅于减少工业和IT网络中的漏洞的安全团队相当关

键，因为工业物联网融合了多种技术。你除非对部署的接口和协议有深入了解，否则可能会产生安全空隙。风险评估的内容需要包含最重要的资产、风险最高的资产和降低风险的战略计划。例如，在一家传统的工业制造工厂中，生产产品的机器（如基于可编辑模板运行的车床）包含制造产品所需的所有智能和设计知识。此外，安全团队需要在整个供应链中执行策略，运行程序。

创新与工业物联网

工业互联网的倡导者将其称为“第三次创新”。与之相关的第一次创新为工业革命，第二次创新为互联网革命。人们普遍认为第三次创新，也就是工业互联网革命，正在如火如荼地进行。但如果真的是这样，我们就仍处于发展初期，因为数字互联网技术的全部潜能尚未在各工业技术领域全面实现。我们可以看到智能设备和智能系统开始与工业机器、处理器和云联结，但并未形成行业规模。创建工业物联网价值链需要协议、接口和应用，但它们缺乏一个统一标准。例如，由于需求各不相同，现在工业领域已经有太多通信及无线协议和技术。

简而言之，没有一个协议或技术可以满足所有的使用需求。不同协议和技术的存在使组织内的系统集成变得复杂，而如果还有外部业务合作伙伴，其复杂程度将使组织无法集成系统。甚至那些全球最大的公司都没有资源运作自己的价值链。因此，在将接口、协议和应用维持在某标准水平之前，与合作伙伴互联将会是一个昂贵、低效且可能不安全的选项。

智能设备

随着智能设备的发展，我们目睹了各种创新的出现，这些智能设备包括新产品或经过改装和升级的设备。创新现在正朝着启用智能设备的方向发展。智能设备是我们用来连接仪器的任何对象，如传感器、驱动器、发动机、机器、组件，甚至人体以及其他很多可能的物体。这是因为将仪器添加至任何我们想要收集信息的对象，不仅简单而且成本效益高。

在工业互联网环境中，智能设备最重要的是生成原始数据，然后是管理数据流（设备→数据存储→分析系统→数据科学家→处理器→设备）。这形成了一个数据流循环，其中，数据从智能设备流经收集和分析装置，最后可能作为控制反馈返回设备中。在这个循环中，数据科学家可以从信息中提取出具有重要价值的东西。

关键机遇和益处

当问及大部分采用工业物联网的企业最想从工业互联网中获得哪些好处时，它们会依次指出更高的利润、更高的收入流以及更低的运营成本。值得庆幸的是，用大数据来获取分析的益处，以改善运营过程，就如同长在低处的水果一样唾手可得。在通常情况下，大部分工业企业将该技术直接用于预测性维护策略，因为这样可以更快地获得结果和投资回报。

英国最大的销售饮用水和废水回收系统公司——泰晤士水务有限公司，就是一个成功案例。它将工业物联网用于远程资产管理和预测性维护。泰晤士水务公司利用传感器、远程通信和大数据分析策略，不仅可以预测设备的故障，而且可以更快速地应对因恶劣天气引起的任何紧急情况。

其他行业在部署工业物联网时，有其他战略优先次序，其中一个范例就是卫生安全行业。我们已经见过几个创新项目，这些项目采用多种无人操控设备，包括用来检查荒芜地区油气管道的无人机、自动驾驶汽车以及自动采矿设备。斯伦贝谢公司现在正在使用自动潜航器来检查海底情况。这种无人载具靠波浪的运动提供动力，能够在海床上到处“巡逻”，并监控任何事物的情况长达一年之久，因为这些无人驾驶和自供电设备无须当地团队支持，因此它们实现了远洋位置部署。

远程控制的水下航行器（ROV）必须通过水面母舰释放的电缆下潜，并通过母舰供电和控制。而有了无人 ROV，支持船舰将不需要停在附近海域，因为 ROV 支持自供电，也不再需要那些易受海底物体阻碍的母舰电缆。

从工业物联网获益的不止是传统行业。医疗业是另一个有其独特视角和目标的行业。医疗业的目的在于提升客户护理服务质量，评价一家医疗公司的最佳指标是病患在接受护理期间的寿命，因此医疗公司注重提升病患护理服务质量。这是必然的，因为医护失误仍是可预防性死亡的主要原因。医院可使用微型传感器来实施病患护理，例如，谷歌和德康医疗公司开发的一次性微型血糖仪，可以通过连接云的手环显示相关数据。医院可通过非侵入性数据收集、大数据分析和智能系统来提升病患护理的服务质量。

医疗服务的改善不仅需要医护人员的努力，还需要医疗设备制造商生产更多可穿戴、可靠、集成的高效监控分析设备，实现设备的小型化和一体化。

同样地，当智能设备分布在网络中时，用户可以在设备之间共享信息。这能够让医护人员以更智能的方式分析并更快速地监控、处理病患传感器数据。这样，设备只有在来自其他监控传感器的协同数据显示病患处于危险时，才会触发警报。

因此，对于早期使用工业互联网的企业，我们可以看到它们都已经凭自身的条件获益，并通过创新和分析来解决其特定领域中的特殊问题。

为何值得买

工业物联网带来了一种全新的战略，该战略在工业尤其是制造业中兴起。工业物联网是建立在制造商关注客户的实际需求而非客户购买的产品的基础上的。例如，为何客户会购买商务喷气式飞机？这是因为客户有实际需求，还是因为客户要通过这些飞机将其数百名客户送到世界各地？

传统上，制造商致力于制造成本效益最高的产品，并在市场上售卖。当然，这导致了他们与其他制造商之间的竞争的产生，这种竞争促使他们设法增加产品的价值。他们可能在价值、价格、数量方面或者与价格相符的感知价值上进行增值。但这些策略很少能长期行之有效，因为竞争者的门槛低，只需遵循成功的差异性市场策略即可。例如，竞争者可能会通过提高数量或批次来进行较量，甚至实现赶超。更糟糕的是，如果价格是优劣分水岭，那么竞争者可能会降低他们的产品的价格，这会导致“低层次竞争”现象。

销售照明服务而非电灯泡

客户购买产品的最终目的是获得产品提供的服务，如果产品中包含电灯泡，那么他们可能获得照明服务。这可以让制造商从不同的角度看待问题：如果自己销售的不是电灯泡，而是光，那么会怎样？

这种打破常规的思维方式导致了“成果经济”模式的出现，即制造商根据产品的使用情况而非产品本身进行收费。制造商销售可量化的产品，比如卡车轮胎。物流公司不想在不了解轮胎能使用多久的情况下，为其车队中的每辆卡车都购买轮胎，因此它们经常希望获得折扣和回扣。但在成果经济中，物流公司仅需要每月根据轮胎行驶的里程数和磨损程度支付费用。对于它们而言，这是一笔绝妙的交易，但轮胎制造商又该如何运作呢？（在这里我们必须强调一下：这与租赁是不同的。）

当然是借助工业物联网。这种方式非常奏效，可行性强，因为每个轮胎都配备了一排传感器，用来记录里程数和磨损程度，并在之后通过无线互联网将数据报告给供应商。每个月，轮胎制造商都会根据轮胎的磨损程度向物流公司出具发票。双方都很满意，因为它们都间接各取所需。起初，物流公司需要轮胎，但不愿意预先支付任何超过最低限度的费用，因为它们要承担所有风险。但现在它们不仅可以延迟付款，还可以获得想要的服务，以更低的风险获得产品。轮胎制造商实际上获得了更多回报，尽管轮胎的成本分散在产品的整个生命周期，但它们确实提供了可获利的额外服务。例如，制造商可以将车辆驾驶情况的相关数据发送给客户，或者报告传感器记录的震动事件，或者报告超速情况，这项服务可以帮助客户。物流公司可以培训驾驶员如何以更经济的方式驾驶，从而节省公司的燃油费。

另一个成果经济的范例是劳斯莱斯公司的喷射引擎。在该范例中，某家大型航空公司不向劳斯莱斯购买喷射引擎，而向其购买全面维护服务。客户支付费用以确保喷射引擎的可靠性，以及确保喷射引擎不会失灵或发生故障。作为回报，劳斯莱斯提供喷射引擎，并承担所有的维护和支持服务。同样，在该案例中，劳斯莱斯使用数千个传感器在喷射引擎使用期间对其进行监控，同时生成海量预测数据，以便工程师了解某组件的功能从何时开始衰退。通过采集和存储这些海量数据，劳斯莱斯创建了物理引擎的“数字双胞胎”。

数字双胞胎是物理引擎的虚拟克隆，以前工程师只有在打开引擎并检修那些组件后，才能发现这些组件的工作情况是正常的，现在，工程师无须触碰或取出停止工作的引擎，就能知道组件是否正常工作。

数字双胞胎的概念在制造业和工业互联网中至关重要，因为它使得大数据分析判断可以在虚拟双胞胎机器上进行测试，并在投入生产之前提出处理建议。

数字劳动力和人类劳动力

如今，在工业环境中，机器人随处可见。机器人能够不知疲倦地执行日常任务，或者是特别肮脏、危险、繁重的任务。而同时，制造商可以雇用人类员工来执行只能借助人类灵巧的手才能完成的感知任务，以及复杂和精妙的工作。举一个制造业中的例子：在汽车组装厂的某工作站，机器人将重物举起，放置到位，而人类负责将电线连接到所有电子设备上。而在智能手机制造业中，人类完成所有的工作，因为将所有精密的微型组件放置到印刷电路板上需要精确操作和准确放置，而这些工作（目前）仅可能由人类完成。

然而研究者相信这种状况会在未来10年中发生变化，因为机器人越来越灵巧和智能。仍有部分研究者相信，在未来工业中，机器人不会取代人类劳动力，而会与人类合作完成任务。

这种人与机器人在工作中互补协作的推测是合情合理的。一方面，人类具备认知能力，能够准确处理和灵活操作细小物体，执行需要灵活处理和触觉感知的任务。另一方面，机器人擅长完成重复又乏味的任务，且速度极快、力大无穷、十分可靠且效率极高。问题是人们不希望自己和工业机器人靠得太近。大部分机器人其实都配置了传感器来检测人类的存在，以便减速或者停下正在进行的任务，以确保人类员工的安全。

然而，未来将会出现另一类机器人，它们能够与人类一起和谐地工作，其中最关键的是共同安全地工作。这个想法并不那么牵强，我们可以参考 AR（增强现实）技术，这种在几年前看起来还像科幻小说内容的技术，现在已经得到应用。

工业物联网的最新研究表明，在未来，机器人和人类将会并肩协作。例如，机器人是工业互联网的缩影，因为它们拥有三种特性：传感、数据处理和执行。因此，机器人——一般指将取代人类劳动力的可编程机器，在技术上完美匹配工业物联网。所以，随着传感器技术的不断进步，软件的不断改善，机器人将越来越智能，并且能够理解周围的世界。这终究不会太遥远，因为我们已经拥有了自动驾驶汽车和无人机。机器人将很快出现在附近的超市和商场，我们拭目以待。

第2章 工业互联网应用案例

工业互联网蕴藏着巨大潜力，给诸多生产力领域（如物流、航空工业、交通运输、医疗、能源生产、油气生产和制造业）带来了机遇。因此，如此多的应用案例将使行业管理人员开始觉醒并考虑工业物联网的可能性。因为行业只需要在生产能力方面进行微小的改变，就可以实现巨大的收益，例如，将生产能力提高1%，企业即可创造巨额收益（如节约航空燃料）。要获得这些潜在的利润，各行业需要运用并适应工业物联网。

但是发现、识别，然后战略性地瞄准工业物联网的机遇，并不容易。因此，为垂直企业创造合适的使用案例至关重要。例如，制造业与物流业的需求截然不同，而物流业与医疗业的需求也不尽相同。用于交付具体的行业应用程序的创新技术、专业知识和财务预算，也同样受着不同的限制。例如，医疗业需要支出大笔费用，却只有少量财务收益，甚至没有财务收益；与之相反，油气业同样需要大笔营业支出和资本支出，却可能收获巨额利润。类似的范例还有物流业，物流业非常依赖供应链、产品追踪和交通运输，因此它拥有截然不同的运营需求。但是，工业物联网借助传感器技术、无线通信、网络、云计算和大数据分析的成果，提供适用于所有垂直行业的潜在解决方案。所有规模的企业，无论遵循什么样的准则，都可以利用这些技术来收获工业物联网的累累硕果。

要了解各行业的潜在利益和优势，你可以参考如下使用范例。

医疗业

在本范例中，我们将尝试解释工业物联网技术是如何为医疗业挖掘和实现价值的。不久前，医生还需要到病人家中出诊，因为这些病人因患病或受伤丧失了行动能力，无法到医生诊室就诊。但就诊本身不仅浪费时间，成本也很高。因此只有在医生根据经验判断，认为病人因患病或受伤而丧失行动能力、无法就诊的情况下，医生才会出诊，而在其他情况下，病人则需要到医生诊室就诊。尽管这种政策无可厚非，但对于病人和医生而言，尤其是农村地区的病人，它极其不便，因为他们需要在因患病或受伤而导致身体衰弱的情况下，驾驶很长距离到医生诊室就诊。因此，在这种情况下，我们需要替代方案。

这就是为何英国的盖伊和圣托马斯国民保健信托基金会，尝试将智能手机应用于健康监测仪。这个提供给病人的套件包括智能手机、电子秤、血氧传感器和血压袖带。它的理念是这样的：病人每天记录他们的体重、心率、血压和血氧浓度，然后将这些数据通过蓝牙上传至智能手机，发送至远程医疗服务机构。

然后，服务机构的护士对这些数据进行分析。如果数据有任何异常，护士就会与病人讨论相关问题。通过使用这些家庭护理套件，病人在自己的家中就可以更好地掌控自身的健康状况，管理自己的慢性病。这个试点项目正在对 50 名心力衰竭的病人进行测试。我们希望它最终能够拯救这些病人的生命。

另一个医疗领域的先进工业物联网项目范例，是苏格兰卫生部长采用的专为远程门诊病人提供的集自动化、监控和通信于一体的方案。

该方案采用一种名为“长颈鹿”的机器人，它可以被用于病人的家中，尤其是那些居住在苏格兰西部群岛和设得兰群岛的患有阿尔茨海默病病人的家中，以帮助他们继续独立生活。病人的亲人或看护者可以通过远程计算机或智能手机，从任何地方呼叫“长颈鹿”，从而让病人的朋友和家人放心。看护者的脸部可以通过 3G 音视频渠道传输并显示在“长颈鹿”的显示屏上，而且“长颈鹿”能让他们使用类似于 Skype（一款即时通信软件）的视频通话软件与病人进行对话。

“长颈鹿”作为先导试验于 2013 年推出。“长颈鹿”机器人不足 5 英尺[①]高，配备了轮子以及显示屏，未配备头部。这些机器人还配备了高清摄像头，以监控家里的情况，并提供远程监控。借助“长颈鹿”，亲人和看护者能够密切关注病人，以确保他们按时服药和用餐，同时，“长颈鹿”也提供了一种能够跨越数百公里的远程社交方式。看护者还可以操控、指挥机器人在屋里到处走动，以检查是否有卫生或安全问题。

①1英尺 ≈ 0.304 8米。——编者注

“长颈鹿”有时还会采用面向特定病人的辅助技术，这样它将拥有特定而非通用的应用功能。起初，人们担心阿尔茨海默病人会对机器人的出现有过激反应。但实际情况正好相反，尽管机器人无法与他们交流（同样，猫和狗也无法与他们交流，尽管人工智能语音助手等软件能解决当前这类问题），但他们似乎将机器人当作友好伴侣。此外，在澳大利亚进行的早期试验表明阿尔茨海默病人不害怕这些机器。人们希望机器人能够使独自生活在偏远地区的人减少一些孤独感。

另一种私人医疗保健机器人叫“大白”，它拥有柔软的合成皮肤，能够检测身体状况（此项目的灵感来自《超能陆战队》中的虚构角色，但这个梦想离现实不会太遥远）。麻省理工学院媒体实验室开发的初期版本的机器人“泰迪熊”，现在正在美国的儿童医院进行全面测试。此外，升级版“泰迪熊”的两个爪子配置了血压传感器，而且其身体各部位都配置了多个触摸传感器。机器人头部中内置的智能手机屏幕，可以显示动画眼睛。机器人可以使用手机内部的扬声器、麦克风和摄像头来感应儿童健康状况的变化。

油气行业

油气行业依靠高科技和科学智能的发展来发现新的油气藏。勘探和开发新发现的油气资源，需要使用现代传感器、分析技术和反馈控制系统，以提高连接、监控、控制和自动化过程。

此外，油气行业会收集大量与钻井工具状态、机器情况以及现场安装过程相关的数据。

过去，技术主要用于油气生产，但是地质学家处理钻探设备产生的海量数据的能力有限，因为数据量巨大，而且数据存储成本昂贵。事实上，在收集的海量数据中，将近 90% 的数据会被丢弃，因为没有设备可以存储这些数据，更不用说利用计算工具及时分析这些数据了。

但工业物联网已经改变了这种浪费的做法，现在钻探设备和研究站能够发送回从钻井和生产传感器获取的大量数据，这些数据将存储在云端，然后地质学家在云端进行分析。例如，过去钻井和勘探作业昂贵且不可预测，因为它基于地质学家对海床地图的分析。事实证明，这些分析不具备预测性，因此很多大型油气勘探项目和生产商对它们的基础设施进行改革，并采用驱动工业互联网发展的最新技术。这些技术成果（如高带宽通信、无线传感器技术、配备先进分析工具的云数据存储和先进的智能网络）造就了提高油田研究可预测性的系统，从而提高了研究的可预测性，降低了勘探成本，最终减少了油田的运营支出。

新的油井监测和油气藏管理行业规范不仅能够解决其他技术需求，还能促使油田运营商寻求解决现有运营局限的高效方法。例如，在 20 世纪 90 年代和 21 世纪初，由于缺乏数据处理和通信能力，油田运营商丢弃了几乎所有在钻井时收集的数据，这在当时司空见惯，因为存储设备无法容纳如此大的数据量。在减少数据量时，大部分数据都只与它们的生成时间有关（例如，钻头的温度或转速），因此这些数据只有在特定时间才有用。

然而，随着技术的进步，尤其是井下传感器的应用和后续来自井下钻井工具的大量数据流的传输，人们需要在数据实时流式传输时进行高级分析、历史分析和预测分析，同时，人们对创新解决方案的需求也随之攀升。

幸运的是，就在油气行业对海量数据分析的需求不断攀升之际，云技术开始崭露头角，它可以提供实时数据分析所需的计算、数据存储和行业可扩展性。此外，云技术能够批量处理大数据挖掘，以供人们了解历史和预测未来。

云计算和工业互联网提供的技术使收集、存储和分析海量数据变得切实可行。

但是，工业互联网并不仅仅为计算、存储和数据分析带来了低廉且可扩展的云服务，还彻底改变了工业。例如，工业已经能够通过互联网将智能对象（如机器、设备、传感器、驱动器，甚至是人）接入协同网络，从而形成物联网。这些智能、智慧对象的设计者同时还在其中增加了自诊断和自配置功能，从而大幅度地提高了可靠性和可用性。另外，无线通信还解决了设备连接（电缆和供电要求）这一难题。得益于全新无线技术和协议，以及低功率技术和组件的微型化，传感器能够安装于任何位置，从而不再受尺寸、可及性和布线的限制。

连线是工业互联网的核心，因为它需要在互联网上通信并与云端进行交互。因此，通信协议至关重要，由此产生了新协议，如6LoWLAN和CoAP，我们会在后面的章节中从技术层面讨论这些协议。对于以端到端连接方式部署功能较低的设备的部分行业的用例

（use-cases）来讲，这些协议可能十分有效。

但是，对于所有的系统来说，检测远程节点状态的方式只有两种：传感器将数据（如作为事件）发送回控制器；控制器在可编程的时间间隔中轮询节点以获得节点状态。这两种方式都不够高效，所以我们需要更佳的方式，即发布—订阅模式（后面会详细讨论）。这种方式更可取，因为在订阅者表示感兴趣的情况下，这样的方式可以即时将变化情况通过常用软件总线告知订阅者。对于通过轮询发布者获取更新的订阅者而言，这种方式更加合适，因为它更高效，更快捷。但并非所有的发布—订阅模式都以同一种方式进行运作。MQPP 和 XMPP 非常受欢迎，因为它们有良好的支撑。但是，由于它们不支持实时操作，所以它们并不是特别适合工业场景。

数据分发系统支持实时操作，能够以有线传输速率传输，同时能将数据传给成千上万名接收方，并且在时间、可靠性和操作系统转换方面都有严格的控制。在部署工业环境（如油气行业）时，这些特性至关重要。

正是这些全新的物联网协议和技术提供了改变油气勘探和油田生产的方式，从而超越了之前可行的方式。

在油气行业如何将数据分发服务（DDS）作为发布—订阅协议的范例中，我们可以看到人们是如何将数据集成到操作过程中的。

第一个范例介绍了物联网如何通过自动化实现钻探设备远程操作。这种方式不仅在油田专家稀缺的时代具备较高的成本效益，而且在油田效益、安全性和质量方面为我们带来了许多益处。通过运用自诊断和自配置功能的先进传感器技术，它还显著减少了停机时间和设备故障。

图 2–1 为自动远程控制拓扑的框图演示。在该图中，高速 DDS 数据总线将所有的传感器和驱动器连接到处理控制器，从而实现钻井和完井过程自动化。

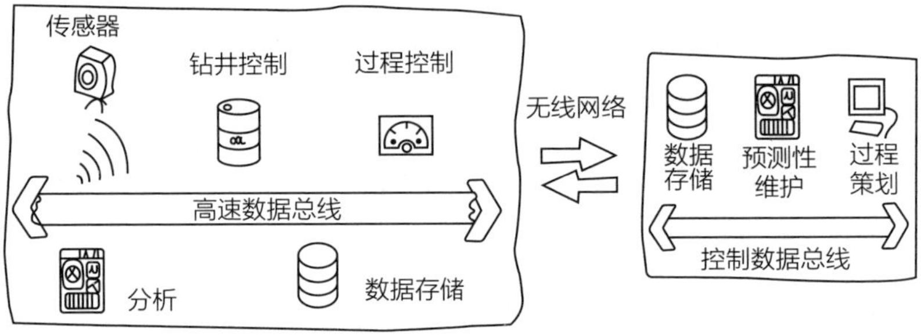

图 2–1 DDS 数据总线

除了自动化，该设计还有助于远程收集和分析作业数据、设备状况和过程活动，以及有助于设备日志数据的实时流。

这种基于无线或光纤的高速连线将油田井连接到远程控制站，最终连接到企业系统。从油田站收集的数据可以通过 DDS 总线进行保存，以便日后进行历史分析和预测分析。此外，陆地上的分析和过程策划员可以通过将修正反馈发送至井系统来调整和控制井作业。

工业物联网带来的另一个机遇是实现海量数据收集和后续分析。如果没有云计算的发展以及开放公众对大量资源的使用，存储如此大量的数据既不可行又不经济，即使对于资本雄厚的油气公司来说，也是如此。毕竟运作中的钻井或生产油井生成的数据量非常大。但是工业互联网技术兼具存储和分析这些海量数据集的计算能力，使这个问题得以解决。此类技术的典型使用案例是油井智能监控应用，在该案例中，人们需要对整个油田的传感器进行监控和数据积累，以便远程控制中心进行历史分析和预测分析。

此外，其他油气行业的工业物联网使用案例是部署油气藏的实时智能管理。为了从分析（无论是历史分析还是预测分析）中获益，生态系统中的各系统必须连接到数据池并为数据池贡献数据。数据池越大，计算结果越可靠，因为这样可以降低不规则数据模式的风险，而这些模式未必会反映过程的真实特性。举一个简单的例子：抛掷10次和10 000 000次硬币以计算硬币出现正面和反面的概率。如果要进行实时分析和反馈，那么系统需要对流式传输的数据进行实时分析，这时系统的连线就显得更重要。然而，大规模分析网络的拓扑并不简单，它通过数据总线来连接系统并将数据驱动到云或流式分析工具。借助DDS，设计者能够通过提供单个逻辑数据总线来消除计算机、机器、系统和站点之间的物理连线的复杂性。

最后一个应用案例将介绍部署工业物联网协议和技术如何简化工业平台的生产和部署，因为它将软件从操作系统分离，从而使应用开发更加灵活、快速且低廉。

工业物联网真正的潜力是通过自动化、智能机器和先进分析技术，打造全新智能的作业方式。油气行业已经采用了工业物联网方法和技术来降低成本、提高效率、增强安全性，最终增加利润。然而，未来的工业物联网必须与云集成，才可能将本地应用并入更大的地区或全球系统，形成系统网络，从而促进行业充分发挥大数据分析的潜能。

智慧办公室

建筑物是能源消耗的重要源头，在欧盟，建筑物能源消耗量约占总能源消耗量的40%。更糟糕的是，建筑物的温室气体排放量占总排放量的36%。然而，要控制或减少排放量并不容易。即使采用“三管齐下”（提高隔热效果，提高能源效率，采用更佳的建筑控制系统）的策略，也收效甚微。这往往是多种因素作用的结果。在这些策略中，第一个策略（提高隔热效果）可为居民减少制冷或制热的成本，对于所有建筑物而言，这是一项重要的成本节约激励。此外，它还能降低能源成本，减少二氧化碳排放，容易在新建筑物设计中加以实施和安装，但是价格非常昂贵，而且很难在现有的建筑物中实现。原因是大部分老建筑物并没有采用节能设计。

第二个策略（提高能源效率）通过将灯泡和白炽灯替换为LED灯等措施，获得一些牵引力，但仍有待开发。这可能是因为政府无法将该信息传达给业主和企业。而第三个策略（采用更佳的建筑控制系统），可能会提高企业能源效率并减少温室气体排放。

但不幸的是，和在现有的建筑物（尤其是老的建筑物）中安装隔热层的情况一样，部署建筑物控制管理系统，无论是在财政成本方面还是业务中断方面，都是一项艰巨的任务。以前，安装传感器和驱动器（如被安装在散热器和空调上）需要大量改装工作。然而，随着近期科技尤其是物联网技术的进步，传感器和驱动器变得非常“智能”，并且可以使用无线通信，这样一来，大大缩短了业务中断的时间，降低了成本。

无论对于行业还是一般人群而言，要想促使智慧建筑物成为现实，集成和开发基于物联网的传感器、设备和协议是重要因素。物联网技术支持智慧对象与真实世界之间的互动，提供从模拟世界获取数据的方法以及在数字世界生成信息和知识的方法。

例如，智能手机同时具备传感和通信功能，具体来说，包括加速传感器、位置传感器，以及支持 Wi-Fi（无线传输系统）、短信和蜂窝网络的通信协议。它们还支持近场通信（NFC）和射频识别（RFID），这两种技术均可以用于识别。智能手机还能提供捕捉数据和传达信息的方式。另外，得益于智能手机的广泛使用和用户接受度，智能手机成为智慧建筑物人机界面（HMI）的完美选择，能够帮助用户控制自己的环境条件。

然而，物联网也有自身的问题，例如对部署在建筑物各处的大量物联网设备实时提供的海量数据的管理。此外，在设备的交互操作性方面也存在相关问题，市场上众多私有协议和通信标准鱼龙混杂。但目前现有的设备可能还没有适用于建筑物（如用于制热、制冷设备和空调设备）的协议，该问题需要在实现大规模应用之前得到解决。

在将传统建筑物管理系统（BMS）安装于现有的特别是较老的建筑物时，一个主要问题是传统方法通常基于专门的协议，如 BACnet、KNX 和 LON，对此我们会在后面进行讨论。另外，替换的无线传感器网络（WSN）解决方案基于常用于建筑物控制系统的特定协议栈，如 ZigBee、Z-Wave、EnOcean。相比采用 BACnet 有线总线的部署，这种部署方案要简单得多，但它在与其他系统集成时仍存在问题。

为此，2014 年，欧盟工作小组搭建了一个 IOT6 智慧办公室试验台，用来研究 IPv6 和支持工业物联网概念性设计的相关标准的潜力。其目标旨在研究和测试 IPv6，看它能否解决众多目前阻碍物联网实施项目的互联和分片问题。IOT6 小组选定的方法是使用现成的标准传感器、设备和协议搭建一个测试办公室。虽然 IPv6 更适宜，但可用性低，所以它通常不在选择范围内。设备通过以服务为导向的架构（SOA）进行连接，提供互联网服务、互操作、云集成、可移动性和智能分发等功能。

IOT6 智慧办公室最初的理念是研究 IPv6 能否作为常用协议，以提供人与信息服务（包括基于互联网和云的服务、建筑物和建筑物系统）之间所需的集成。

IOT6 团队希望证明，通过更好地控制传统建筑物自动化技术，他们可以减少至少 25% 的能源消耗。此外，他们希望简化建筑物自动化系统的部署和集成，因为这些作业通常成本高、需要改装，且改装成本昂贵。他们还想将智能手机用作人机界面来改善门禁管理，提高安全性。

对人和建筑物信息服务的集成，试验台将提供一个配备完善、全面运作的智慧办公室。它将提供会议室，还将在建筑物内配备创新型界面（虚拟助理等），这样，用户可以与周围环境交互并自定义用于控制温度、照明和百叶窗等物体的传感器的操作。此外，办公室将提供全面的信息和服务，包括提供用于接入互联网的计算机和显示实时信息的屏幕。除此之外，智慧办公室还提供一部专业的咖啡机，全天候提供热水。

IOT6 试验台的目标之一，是提供一个平台以测试和验证不同现有传感器和协议之间的互操作性以及工业物联网的概念架构。他们下决心尽一切可能通过所有不同协议互连（在选定的标准中）与现实设备互连，并测试其多协议互操作性。他们还想要测试并展示各种与物联网相关并基于互联网的创新型应用场景，包括与业务流程相关的场景。此外，他们计划测试并展示采用多协议网卡以及 IPv6 代理对非 IP 设备的潜力，并预测系统潜在的可扩展性。另外，他们将在具备真实终端用户的真实试验台环境中部署和验证系统，以测试不同的场景。

他们测试了以下 4 种场景：

- 第一种场景涉及建筑物维护过程，该过程将 IPv6 与标准物联网建筑物控制设备、移动手机、云服务和建筑物管理应用进行集成。
- 第二种场景涉及解决智慧办公室中用户舒适度问题，以及办公室真正智能化或“智慧化”的根本。在该场景中，用户通过自己的移动手机、NFC 或 RFID 进行识别，同时，控制管理系统则将环境调整为用户的预设设置或机器学习到的用户偏好设置，包括温度、照明亮度、环境等方面。当他们手机上的 RFID 检测到有客到访时，CMS 能够开启接待处的照明系统，并播放音乐和视频，为访客提供一个怡人的环境。当存在检测器检测到最后一个人员离开智慧办公室时，CMS 会关闭照明系统，然后将暖通空调（HVAC）调到待机状态。

- 第三种场景涉及节约能源和感知，旨在展示 IPv6 的使用，重点是能源管理和用户感知。该场景允许用户在进入办公室时使用他们的移动手机应用程序调节环境条件。移动设备应用程序会显示当前的设置，而且当用户选择更改这些设置时，移动设备应用程序会显示这些更改将带来的能源消耗变化。当用户离开房间时，系统会将设置恢复到最经济的能源配置。
- 第四种场景涉及解决安全性问题，并注重侵入侦测和火灾侦测。在该场景中，当有人进入无人房间时，或当门窗上的磁性开关触发警报时，检测器会告知系统。同样，温度传感器或烟感器可以触发火灾侦测器。在上述两个案例中，系统会查询最近的安全服务器和备份系统的 IP 地址。系统通过具备 QoS 和优先级路由的选播方式发送数据，然后与本地数据服务器进行通信。如果它没有收到任何回复，会将一样的数据发送到另一组安全服务器。系统还会与最近的值班安全代理联系，代理可以使用移动手机应用，通过远程视频访问相关位置。

IOT6 小组成员通过对智慧办公室的技术分析发现，当他们在本地 IPv6 网络中使用基于 IPv6 感知协议（如 6LoWLAN 和 CoAP）的物联网设备部署建筑物控制管理系统（在技术章节中进行讨论）时，上述问题得到了显著改善。据报告，使用此方法后，他们在部署简易性、可扩展性、灵活性 / 模块化、安全性、可靠性和总部署成本方面都有所改善。这份技术报告的关键绩效指标侧重于节约能源和能源效率的提升。

物流业和工业互联网

物流业一直走在工业物联网的最前沿，因为许多工业物联网的机会和技术与物流业完美匹配。因此，物流业多年来一直使用许多与工业物联网相关的传感器和技术也就不足为奇了。例如，多年来，物流业一直在包装、托盘和集装箱中使用条形码，以监控收货入库和出库派件。相比之前打开每个随附的提货单的方法和物理检查货品的方法，这已经有了很大的进步。然而，使用手动条码扫描机仍是一项劳动密集型作业，如果员工仔细执行，尽管会更准确，但仍有托盘被遗漏或产品未被检测到的现象出现。为了解决库存控制过程的问题，物流公司寻求一种使用工业物联网技术和无线技术的自动化解决方案。

该解决方案旨在使用嵌入式 RFID 标签和相应的 RFID 读取器，在入库口处同时扫描整排或整堆托盘。相比一次扫描一个货品的条形码读取器，这种设备在速度和精确度方面有很大提升，因为对于每一个托盘，系统只需读取在无线射程范围内的一个 RFID 标签（无论可视与否）即可。RFID 读取器在将收货自动记录到 ERP 系统之前会自动记录 RFID 标签的信息，如订单 ID、制造商、产品型号、类型和数量，以及货品状况。

当读取器记录完入库货品，并且货品已移到适当的存放位置后，系统会更新这些标签，以显示相关库存详情，例如部件号和存放位置。系统还可以通过温度和湿度传感器传递其他信息，并发送有关存放环境条件的信息。这样，仓库员工就可以在存货损坏之前采取相应的措施。

使用RFID的另一个好处是实现快速精确的存货审核。库存量通过与RFID读取器相连的ERP应用程序进行管理，因此系统会自动更新库存量变化，并持续更新库存量，一旦出现差异，系统会立即发出警报。

同样，对于派件时的出库控制，RFID标签读取器可以在货品经过出库口时读取所有托盘标签，同时自动为货品调整库存。另外，RFID还将更新每个订单的ERP交货单，使其完整且状态良好。

自动库存控制任务（如收货和派件）提高了操作效率和库存控制的准确性，因为产品出入库登记程序变得方便简单了。

通过采用传感器技术提高操作效率，使仓库管理变得更快速、准确和合算，已经成为一项竞争优势，因此物流公司一直渴望开发新的工业物联网项目。在对物流公司极具吸引力的领域内，资产利用率均已经过优化，其中中央系统能够监控机器和车辆的情况、状态和利用率。这对仓库经理来说至关重要，因为他们经常无意地过度使用某些资产，但其他资产却未得到充分利用。例如，当某些铲车和驾驶员正在不停地进行生产时，在仓库的其他区域却有一辆铲车无人问津。

另一个操作问题是，在大型仓库中，铲车的生产能力是不确定的，这是因为驾驶员需要找到库存的位置并在通道之间驾驶，以找到正确的产品。通过位置传感器、条形码、RFID标签和ERP库存数据，系统可以为驾驶员指示库存货品的位置，并告诉驾驶员如何从当前位置到达目标位置。瑞仕格公司的SmartLIFT技术正是采用了这种方法，它在天花板和通道中使用定向条形码和铲车传感器，根据仓库存货位置数据，为驾驶员提供了从铲车当前位置到各存货位置的可视化路径指引。其工作原理和GPS相似，即由系统告知驾驶员到达库存的最佳路径。SmartLIFT技术提高了铲车的利用率，并大大降低了存货处理的失误率。

仅在美国，每年因铲车引起的事故超过10万起，其中接近80%牵涉行人。因此，物流业渴望利用工业物联网来避免大部分事故。工业物联网可以提供多方面的帮助，例如，使用铲车上的传感器、摄像头和雷达提醒驾驶员附近有行人和另一辆铲车。最理想的是，铲车之间可以互相通信以确保驾驶员注意到对方并采取避让措施，例如当检测到附近有另一辆铲车时，铲车可以在不易看清的交叉路口减速或停下来。

但在发达国家，绝大部分仓库仍采用纸质拣货的做法，即人工从货架上拣货。铲车、无人驾驶车辆和机器人是提起大托盘的绝佳方式，但是很少用于从货仓中拣取杂乱的小物品。而对于员工来说，这项任务易如反掌。还记得那些在仓库被铲车撞伤的行人吗？这些行人很可能就是人工拣货员。物流公司雇用这些工人，让他们按照列表拣取每个库存物品。这样不仅效率不高，还存在一定的问题，即拣货员需要在仓库中绕来绕去以寻找存货。

但是，借助AR技术，人们立刻就能获得帮助。最为人熟知的AR设备是谷歌眼镜，同时其他制造商也生产了具备AR功能的产品。当AR技术（或谷歌眼镜）应用于物流业时，它对拣货工人来说极其有利。谷歌眼镜可以抬头显示，同时不需要用手即可显示拣货结果，它不仅能够显示拣货单和物品位置等信息，还能够提供到达该位置的路径指引。此外，它能够捕捉物品的图像，以确认该物品是否为正确的库存物品。当物品在肉眼看来几乎一样时，对于计算机芯片或集成电路来讲，免提自动条码扫描器可以正确识别物品，确保准确性。另外，由于拣货工人常常是季节性临时工，AR 技术可以加快员工培训的速度，这一点也非常重要。该技术还支持免提操作，从而提高生产能力，因为工人能够更快地找到物品，这不仅大幅度提高了效率，还降低了拣货失误率。

AR 眼镜同样适用于装货作业，铲车驾驶员无须装货单便可知道要将哪些托盘装载到卡车上。和拣货工人一样，铲车驾驶员通过眼镜即可看到相关信息，这增加了装货次数，因为驾驶员不用腾出手来查看信息，也无须时不时地停下来查看打印出来的清单。

另一个极具前瞻性的物联网和 AR 技术使用案例是文件扫描和验证。最简单的案例是，送货司机可检查所装货物是否齐全，每个包裹或托盘是否已经记账并装载完毕。在更高级的使用案例中，AR 眼镜可用于扫描国际贸易文件，以确保其符合进出口法律。通过集成了物联网的 AR 设备，在司机扫描文件的同时，相应软件会查看文件中的有效关键词、词组和代码。这样，司机就不用在港口和码头浪费时间校正不完整和不正确的文件了。

工业物联网在物流业的使用不限于仓库，它也可以用在货物运输中，而且，这方面的应用也备受关注。目前，物流公司实行追溯和追踪措施，它们可以监控空运过程中飞机上托盘的位置或海运过程中船上集装箱的位置。除了这些功能，该行业期待新一代追溯和追踪技术，这种技术能够提升速率、安全性和准确性。例如，运输货物被盗窃依然是一个重大问题，更稳健的工业物联网解决方案可以支持从派件到到货途中对货物的运输进行实时跟踪。卡车中先进的遥测传感器和货物上的 RFID 标签，能够实现准确和具有预测性的定位和状态监控。货物运输中的多个传感器将监测温度、湿度和震动等情况，甚至可以监测包装的完好程度（结果表明被盗的可能性）。

而卡车本身可以使用先进的遥测传感器来预测车辆何时需要维护以及如何进行维护，并自动向司机和维修队发出警报，甚至可以安排一个视窗以显示所需的检修。但需要监控的不仅仅是卡车，还有司机。司机通常需要长时间工作，有时会处于危险的状态，疲劳驾驶对于他们自己和其他道路使用者来说都存在着健康和安全问题。物流公司已采用了相关技术以监测司机的疲劳状态。例如，卡特比勒有限公司使用红外摄像头来监测司机的眼睛，然后使用计算机来监测眨眼频率和瞳孔大小。一旦它检测到司机犯困时，它将会使用声音警报和座椅震动功能来提醒司机。

供应链管理中的另一个使用案例是大数据预测性分析技术的运用。世界最大的物流公司需要从全球范围内了解最新的事件，例如政治动向以及影响传统贸易航路的当地天气情况。它们需要了解调度员和装货港的吊车司机即将举行的罢工行动，因为这类事件可能会导致大规模停工，而且可能会给库存量带来冲击。而现在，卡车和货物上布满传感器，人们可以在全球范围内获取这些数据。结合有关时事、自然灾害、社会经济动荡和其他对传统贸易通道有类似威胁的因素的数据，它可以使人们在货物的空运、海运等方面以积极的方式控制威胁因素，从而降低罢工运动带来的影响。

如果全球数据预测分析显示航道中极可能出现国内动荡或恶劣天气，导致货物交付严重延迟，那么物流公司可以随时采取紧急措施。企业智能分析需要基于大数据的预测分析工具。预测分析可以为全球物流带来巨大动力，人们将可以采取前瞻性措施来减少运营中的潜在威胁并保证货运顺利到达目的地。

零售业

和大多数企业一样，零售商承受着高昂的IT成本和杂项开支，而这些费用直接影响了它们的利润，因此它们必须将这些费用作为产品成本转移到客户身上。因此，减少或管理IT成本，或者至少从这些成本中获取价值，对零售商十分有利。

零售商产生的IT成本，通常来自经营公司所需的IT系统和用于支持这些系统的后续运维费用。为减少IT成本，零售商必须设法使用更廉价、更高效的技术以满足它们的需求。零售业高昂的IT成本来自硬件和软件许可证复制、站点维护等IT支持以及故障维修服务。任何能够减少这些波动的高昂费用，并将它们转换为更低的固定费用的解决方案，都是有利的替代方案。

零售商要求这个方案具备收款、暂存现金及刷卡凭条、记录销售交易、退款、分批付款、收支状态，以及生成日终销售报告（最关键）功能。零售商需要以上所有信息，以保证日终销售报告与库存现金一致。这些信息看起来可能不多，但是对于一个拥有大约1 000家门店的零售商来说，无论是某个门店还是所有门店，核查日终总销售额账目都是一件艰巨的任务。

过去，零售商使用由门店经理监管的收银机来完成日终销售额对账。收银机逐渐发展成销售点终端机（POS机），POS机基于PC技术并配备了专业外围设备，如钱柜和条形码扫描器。从技术层面上看，这只是计算机加上复制到每间门店的POS软件，因此我们可以对其进行优化，方法是将智能和绝大部分IT负担从单个门店转移至中央单元——云。

通过将IT负担从门店转移到网络环境、总部和云，我们大大降低了资本支出和营业支出。我们还减少了各门店的设备成本，因为当POS应用于云中运行时，POS机设备只需要运行网络浏览器。因此，销售助理只要使用移动设备（如平板电脑或智能手机）就可以处理，无须待在固定的销售点，这样就减少了繁忙时人员配置的压力。仅这些节省下来的成本就可以将边缘型门店变成有活力的门店。

但运行POS应用还有更高的运营价值，如中央管理。过去，通过传统的POS解决方案，每间门店完成各自的日终报告，然后将其发送到零售总部，总部再将所有的报告整理成一份完整的报告。报告要到第二天晚些时候才能完成，之后经理才能清晰地了解总体的销售业绩。但现在，基于云POS应用程序，人们可以随时随地使用各门店报告和总报告，而且它们的内容是准确的。

即时查看各门店销售业绩和总体销售业绩，有助于优化企业的其他方面，如库存管理。毕竟每间门店都需要库存补充，或者让这个过程运转起来。通过将所有各门店的数据存储在中央多租户数据库中（其中各门店的销售额和库存是分离的），云应用可以实时从单个或所有门店的角度自动处理销售额和存货管理，并且在当天即可完成。

中央管理是云 POS 机的一个重要功能，因为通过中央管理，管理层只需单击按钮，即可将中央策略运用到各门店和 POS 设备。它还可以管理存货补充的过程、程序和工作流程自动化。

实时报告和可视性是另一项重要云服务，它可以缩短决策过程。零售商通过查看即时访问报告和实时状态报告，能够实现更有效、更及时的控制和管理。例如，在促销活动期间，零售商可以实时跟踪各门店的业绩、更改战略和采取决策，以便及时补充减少的库存，因为各种事件随时可能发生且超出我们的意料。

正如我们所见，零售商可通过采用基于云的 POS 策略减少 IT 成本，并管理和利用余下的成本来为企业创造价值。节约的 IT 成本直接来自硬件 / 软件和支持 / 维护成本的减少。基于云的 POS 解决方案节省了每月更换这些硬件 / 软件的固定费用。仅仅此项就可以在减少货品成本的同时提高利润。此外，基于云的 POS 能提供通过效率和控制为企业创造价值的服务，支持实时管理业务。

零售业物联网创新

零售业的创新范畴远远不止经营效率，零售业积极地接纳工业物联网。下面是几个思维模式转变的示例。

工业物联网为零售商提供了以前难以想象的创新模式，例如它提供了可通过全方位渠道直接与客户通信的方式，如店内交互式广告、网络促销活动、社交网络、视频和AR技术。同时我们不能忽略传统媒体，如报纸、杂志、电视和无线电，因为它们仍然覆盖广泛的消费群体。然而，为了与客户保持情感关联，零售商需要通过大众渠道传递正确的消息，并注重客户偏好，最重要的是积极地将它们的信息传递给新一代客户。

这就要求零售商改革物联网的应用方式，因为这是此项改革的核心。物联网的多渠道覆盖潜力在于它可以连接人、机器、物品和服务，远远超过电视等单一的传播渠道。因此，为了将信息流合理化，零售商必须确保其广告策略通过全方位渠道进行投递。零售商需要实时确定客户的决定并提高客户体验，这一点也同样重要，因为这是互联网时代的最高准则。

那些面向年轻时髦的消费者并引领时尚的零售商，正将数十亿资金投入物联网，以将其用于手机商店和购物街时尚门店。它们利用物联网提供的高科技广告和电脑虚拟客户体验，实现了超出预期的经济回报。通过高效的库存管理、有针对性的实时客户促销活动，以及增加客流量、促进品牌发展和提高销售额的店内娱乐活动，零售商收获了众多运营和财务方面的利益。物联网的先锋企业早已意识到，发展和改革它们的经营方式以适应客户生活方式的改变势在必行。它们还意识到物联网届时将会渗透到零售经营和客户互动的各个方面。已设法成功实现此改革（从传统方式到前沿方式）的零售商不仅迎来了创新，而且认识到工业物联网的潜能。

零售商可能深入了解了工业物联网的概念以及商务和营销潜力。不幸的是，它们发现能够证明特定竞争优势的证据非常少。工业物联网常常被描绘成部署高科技，如 AR 技术、个性化广告 RFID 客户追踪，以及类似的不易适应大部分零售商当前甚至未来客户的营销理念。

物联网的优势并不只是通过提高客户体验的形式展现出来，许多优势体现在仓库、现货控制、库存管理、易腐品和冷冻供应链管理，以及更高层面的运营，如数字标牌、车队管理和智慧运营中心。在运用工业物联网后，英国三大超市的成本节约了 50%。

对于某些采用了工业物联网解决方案的零售商而言，工业物联网意味着采用各种眼花缭乱的技术，包括硬件、传感器、设备、应用、遥测器、数据和云端连接。尽管如此，其运营效益是显而易见的，此外，企业可以从交互广告获得更多收益。这种创新型广告方式将 NFC 或 RFID 标签嵌入产品，当客户靠近时为客户提供更多信息。比如，当潜在客户在超市货架上的某产品前停下来时，位于产品下方的数据标牌就会被激活，为客户显示更多信息，如营养数据；如果产品是衣服，那么数据标牌会显示社交媒体评价以及当前的折扣。这些都可能影响客户的购买决定。

但是这些可能会让客户反感，因为不是所有人都希望被强加这些侵入式营销。因此，零售商尝试设计客户体验，它们现在意识到客户体验和产品广告一样重要。对于客户而言，购物体验比货物本身所具备的价值更加重要，因此，零售商在计划新产品和服务时将客户体验纳入考虑，也在情理之中。

在以企业到消费者或企业到企业模式经营时，零售商意识到运用物联网理念和技术将为客户带来更简单的生活方式，提供更满意的客户体验。他们的目标是，采用的物联网项目和技术不仅能够促进产品、营销和服务，而且有助于全面提高客户体验，从而提高各门店销售额以及总利润。

当然，不是所有的客户都一样。有些人完全陶醉于门店成功部署的 AR 技术中。在这些门店中，零售商在库存控制和 NFC 卡支付的基础上更进一步，提供了虚拟魔镜。

AR 技术是零售业的新趋势，因为它能为客户提供评估产品的交互方式，同时让客户对比类似产品或者考虑这些产品是否适合他们未来所处的环境。其中一个 AR 示例是宜家最新推出的目录，它是一个移动应用，可以让客户模拟家具产品放置到他们实际居住环境中的场景。客户可以将虚拟家具放置到不同地方，以检查尺寸、色彩，并根据需要更改方案。

同样地，优衣库这家位于洛杉矶的时尚公司推出了魔镜，并引起了轩然大波，它可以在客户试穿任意一件衣服后识别衣服的尺寸和风格，然后改变服装颜色，为客户显示其他选项，这样客户将无须再次更换衣服。

但物联网和 AR 技术不会止步于此。虚拟界面可以走得更远，中国最大的食品零售商一号店就是一个例子。该公司近期宣布它将推出世界上第一个 AR 连锁超市。这些虚拟超市均邻近客流量大的区域（火车站、地铁站、公园和大学），且店内未放置任何货品。有趣的是，虽然肉眼只能看到空荡荡的地面和墙壁，但是人们在使用具备 AR 功能的设备(如谷歌眼镜)时，就会看到货架上放满蔬菜、水果、肉类、鱼、啤酒及所有现实世界中存在的产品。要想购买这些产品，客户只需使用自己的移动设备扫描相应虚拟产品，将它们添加至线上购物车，随后，他们便会在家中收到该产品。

第3章 工业互联网的技术和商业创新

近年来，改变了信号处理方式的低成本高速电子电路和制造技术的进步，推动了传感技术的发展。借助这些协同领域内的新发展，传感器设计师和制造商可以采用一套全新的方法，如自监控和自校准系统智能化，来提高科技产品的性能。类似地，传感器制造技术的进步也促使厂商能够以较高的性价比生产系统和零部件。凭借微系统技术的发展，制造商越来越多地采用表面和批量微加工等技术。此外，探索数字信号处理领域更多可能性的举措，包括改善传感器性能。传感器性能和质量的改善意味着多传感器系统（工业互联网的基础）能极大地加强信息的质量和可用性。设计师的这些举措和创新方法催生了单个和多传感器系统的新传感器结构、制造技术和信号处理方法。而传感器技术领域里中最新趋势与工业互联网的相关度最大，这些最新趋势包括传感器和组件的小型化、多传感器系统的广泛应用和提高无线网络及独立传感器的可用性。

此前，设备或系统的嵌入式传感器必须通过硬线连接或依靠主系统通信。远程输入输出设备提供通信接口，应用程序和无线通信电路系统的传感器可通过接口连接，但是，传感器通常还需要通过硬线连接，在户外场合下，这限制了它们的部署选项。蓝牙和ZigBee均属于轻量级技术，它们使通过嵌入式微型无线设备进行短距离通信得以实现，使传感器的设计发生了翻天覆地的变化。ZigBee技术由于具备构建可覆盖广泛区域的网状网络的功能，催生了工业互联网领域内的大量应用，而蓝牙技术起源于移动电话产业，因此在工业应用中，ZigBee技术的应用范围比蓝牙技术更广。在移动配件、应用和短距离通信中，开发者大量使用蓝牙技术。低功率广域网无线技术和协议的进步使得这些组件能够嵌入传感器和远程输入输出设备中，从而使这些设备的户外部署更为方便。即使在远离主机操作和管理应用程序的情况下，它们也能实现轻松便捷的户外部署。

微型化

然而，如果没有传感器微型化技术的飞速发展，这些通信技术无法在实际应用中实现推广。目前，微型化技术已经发展到了较高的水平，传感器制造商能将传感器缩小到一粒沙那么大。这意味着传感器可以嵌入任何物体，例如衣服、食品包装袋，甚至是人体。

传感器的智能化也加速了微型化技术的发展，因为我们可以在传感器的设计中融入多种功能，如温度和湿度感应。例如，生产经完全校准、温度补偿和放大的传感器的制造商可以减少印刷电路板上所需的组件，从而减小传感器的尺寸和重量，并能降低成本。在医疗保健行业，有一些关于微型化规模和如何启用工业互联网用例的案例。以干簧管为例，干簧管是无源元件，运行时无须电源或额外组件，这是它最大的优势之一。当附近存在磁体时，干簧管会感应到磁场的存在，并关闭其连接；当磁体消失时，它会重新打开连接；但问题是，要将无源元件微型化并使它们正常工作十分困难。通常干簧管的最小长度为 25 毫米，被微型化后，它的长度缩短到了约 3 毫米。这个差距听起来不大，却极大地影响了干簧管在工业中的应用。干簧管被广泛应用于工业、医疗和航空航天等领域中。

微型化最重要的两个领域是电子 / 半导体设备测试市场和医疗设备。由于半导体需要在每秒内完成数十亿次数字脉冲切换，而这恰恰是干簧管的拿手好戏，因此干簧管是半导体不可或缺的组件。此外，干簧管在医学植入领域也占据了一席之地，不仅是药丸摄像机、除颤器、血糖监测设备、神经刺激设备的组件，还在人体内有众多应用。由于不需要电源，磁环传感器完美适用于这些应用。与需要电池的基于半导体的传感器不同，磁环传感器可植入人体内运行多年而无须被移除。

互补技术的成功及扩散推动了多传感器系统的另一大进步。这归因于智能手机、单板系统，乃至系统级芯片（SoC）等技术的普及。这些设备均带有多个传感器以及相应的驱动软件。例如，苹果手机、树莓派、带扩展盾的 Arduino（一款电子原型平台）均能提供创建多传感器设备的工具，这些设备可以通过与数字世界的交互来感知和影响模拟环境。通过这些开发工具包，人们可生产概念验证模型，从而加速设计过程。它们驱动了我们在工业系统自动化中，采用多传感器设备以及集成 M2M 和信息物理系统以创建工业物联网环境的方式上的创新。

信息物理系统（CPS）

数字计算机和数字通信技术的快速发展催生了工业互联网。这两门学科被认为是两个不同的专业和知识领域，其中一门学科正在呈现专业化趋势。这就要求我们在设计和构建需要信息处理和组网的产品（如树莓派或智能手机等带嵌入式微处理器和 ZigBee 的设备）时用到跨学科知识。然而，与物理世界进行交互时，我们需要应对物理域的问题，而这要求我们具备物理和机械领域的专业知识，如机械工程知识。因此，在设计过程中，我们需要明确产品是 IT、网络还是物理系统，或者是具备全部三种特性的系统。如果产品具备全部三种特性，则它是信息物理系统。在一些定义中，网络和通信特性被认为是可选的特性，尽管这引出了一个问题，即信息物理系统如何区别于嵌入式系统。

嵌入物理设备中的信息系统被称为嵌入式系统。在远程通信、自动化和运输等众多系统中，我们都可以看到嵌入式系统的身影。最近出现了一个新的术语，即信息物理系统，它对基于嵌入式系统的微处理器和基于更加复杂的信息处理系统（集成了其所处的环境）的微处理器进行了区分。信息物理系统的精确定义是综合计算、网络和物理过程的一体化系统。嵌入式电脑和网络通过反馈回路来监控并控制物理过程，其中，物理过程影响计算过程，反之亦然。

因此，任何整合了计算、网络和物理过程的系统都可以被称为信息物理系统。人类操作员是一个信息物理系统，也是一个智能工厂。例如，人类操作员有物理和信息组件。在该示例中，操作员具有计算设备，即他们的大脑，他们通过人机界面与其他人和系统进行交流，并通过机械界面，即他们的双手进行交互，从而影响他们所处的环境。

信息物理系统通过交互——过程管理和反馈控制，使计算机和软件的虚拟数字世界与物理模拟世界进行融合，从而形成物联网、数据和服务。智能生产线是信息物理系统的一个范例，机器可以通过与各组件，甚至它们正在生产的产品进行通信，来执行许多工序。

嵌入式系统是嵌入在物理系统中的一个计算系统，重点是计算组件。因此，我们可以认为所有的信息物理系统均包含嵌入式系统，但是信息物理系统的重点在通信、物理和计算领域。

信息物理系统具有广泛的用途，因为它们可以使用传感器和其他嵌入式系统来监测和收集物理过程中的数据。这些过程可以是任何过程，如监控车辆的驾驶装置和能耗、温度 / 湿度控制。与嵌入式系统不同，信息物理系统是联网的，人们可以远程获取数据，甚至在全球范围内获取数据。简而言之，信息物理系统使软件应用可以与物理世界中的事件进行互动。例如，测量电力网的能耗峰值就是信息物理系统通过嵌入式计算和网络功能进行交互的物理过程。

传统嵌入式系统通常为独立设备，可能具备内置通信功能，而信息物理系统与传统嵌入式系统不同，它可以与其他配套设备组网，且具备物理输入 / 输出端口。信息物理系统与机器人技术密切相关，机器人是一个很好的信息物理系统示例，它具备明确的物理组件，可操纵其所处的环境。机器人擅长感应、抓取并运送物体，在需要时，机器人还可以对物体进行定位。在工厂里，机器人用于做重复性的工作，这些工作通常需要负重托举或定位组装线上难以搬运的物品。机器人配备了计算、网络和物理组件，可以运行软件以执行任务，例如，读取传感器数据、应用算法，以及向控制机器人手臂、控制杆、机械装置的继动器和执行器发送控制信息。同时，机器人可以与运营和管理领域的后端服务器以及组装线上的安全设备通信，例如，机器人在某些部署中工作速度非常快，比如在处理仓库里的存货时，机器人能从货架或箱子里快速取回货物或将货物送回货架或箱子。机器人的移动速度非常快，能以极快的速度操控机械臂，而且永不疲倦、无须休息，因此，它们在各个方面都优于人工操作。然而，不是在任何情况下，机器人和人类在一起工作都是安全的，因此，当人类进入机器人附近的工作区域时，机器人必须降低处理速度，使其与人工操作速度相匹配。因此，机器人在无人作业的环境中工作效果更好、效率更高。

机器人是一个典型的信息物理系统，目前它们正在被改造，以应用于众多工业物联网案例，如在火灾现场、矿井等危险环境中工作，进行拆弹等危险工作，执行在生产线上吊起汽车组件等负重托举任务。而在其他类型的信息物理系统中，它们也有十分广泛的用途，如在自动化手术、协调、空中交通管制系统等对精度有要求的情境中使用。

信息物理系统工业互联网在现实世界的应用主要基于传感器，具备网络功能的信息物理系统设备对环境进行监测，并将监测信息回传给位于另一个网络节点上的应用，该应用将执行计算和分析，并在需要的时候提供反馈信息。汽车内的碰撞检测及保护便是其中的一个例子，它使用了由信息物理系统驱动的车道变换感知系统。

预计在不久的将来，物理信息机械技术的进步将使信息物理系统的性能得到极大提升，功能性、可靠性、可用性、安全性、适应性和自主性都能得到改善。

无线技术

在21世纪初期，企业开始使用无线通信技术，然而开端并不顺利。人们认为该技术速度慢且不安全，因此不少IT部门拒绝使用该技术，甚至有些企业拒绝使用该技术。但是，通信行业并不能快速摒弃无线通信技术，因为Wi-Fi在特定工业使用案例中有着巨大的运营潜力，如在医院和仓库等场景中，使用硬接线和有线的解决方案覆盖广大的区域并不一件简单的事。

无线技术逐渐从早期只能提供1~2 Mbps带宽，且当距离超过10米时带宽将大大降低的系统进化为高性能Gbps系统。技术演进是一个循序渐进的过程，在性能和安全性方面的渐进式改进用了近10年的时间。安全是一个重要议题，由于无线电波在空中广播，任何监听同一频率的人都可以解密这些电波，因此无线电波很容易被窃听。此外，接入点会广播一个服务集标识符（SSID），这是一个网络标识符，无线设备可通过该标识符识别并连接它的家庭网络。为了方便起见，早期的Wi-Fi接入点是开放性的，无须进行身份验证，数据未经加密就可以在空中传输，或者只借助一个非常薄弱的安全协议——有线等效协议（WEP）进行保护。

企业 IT 是不能接受这些缺点的，因此 Wi-Fi 在家庭、中小型企业和对安全性要求不高的行业中找到了市场。无线技术（如 Wi-Fi、蓝牙和后来出现的 ZigBee 的工业应用），均可以应对在安全场所内进行的短距离机对机（M2M）数据通信问题，因此，数据通过窗口从功率过剩或定位不良的接入点和天线泄露的问题得到了解决。类似地，在宽敞的仓库里，Wi-Fi 有利于与遥控车辆进行机对机通信，低速度、低吞吐量和弱加密都不是问题。因此，无线技术在过去 10 年内不断扩大的工业工作场所找到了初始利基，并且由于在速度和安全性方面的改善均超出预期，无线通信驱动并推动了工业互联网的发展。

无线调制技术的进步使同一载波频率信号可以传输更多的位或符号，进而催生了这一变革。例如，在不到 10 年的时间里，Wi-Fi 从实际比特率为 1~2 Mbps（理论值为 11 Mbps）的 802.11b 发展为实际比特率达 70~90 Mbps（理论值为 300 Mbps）的 802.11n。值得注意的是，有缺陷的 WEP 最终被安全性高得多的 WPA2 加密与身份验证协议取代，从而使安全性得到了快速提升。这些方面的改进挽救了 Wi-Fi 在 IT 企业中的市场，如今 IT 企业已完全接受了 Wi-Fi。在部分案例中，由于连接 Wi-Fi 的设备可以在工作场所内灵活地移动，Wi-Fi 成为首选通信媒介。

2013 年，对标准所做的进一步修正产生了令人震惊的效果，802.11ac 和 802.11ad 的理论比特率可分别达到 800 Mbps 和 6 Gbps，这部分归功于先进的正交频分复用（ODFM）信号调制和多入多出（MIMO）技术。它们使用多个无线电和天线，实现全双工多流通信。

此外，2015年，对802.11协议所做的修正产生了专为低功率、长距离使用设计的802.11ah协议。据推测，它将成为蓝牙和ZigBee的竞争对手。使802.11ah不同于传统WLAN运行模式的一个新特性是，它有预定的唤醒/休眠周期，能够节约电能。除此之外，设备能与许多其他802.11h设备组合在一起，共享信号，这与ZigBee网状网络类似。这种方式能启用1千米以外的邻居局域网，完美适用于工业物联网。

不仅Wi-Fi技术取得了长足的进步，其他无线通信技术也纷纷找到了利基领域，尤其是那些围绕机到机和物联网的无线通信技术。有些无线通信技术是因为需要改善现有蓝牙和ZigBee的替代技术而产生的，蓝牙和ZigBee最早分别专注于高端移动电话和家庭智能设备，对于这些设备而言，电源和范围限制都不是制约因素。在工业互联网中，成千上万台遥感器被部署在无电源的区域内，距离最近的接入点较远，因此它们必须能够采集能量或通过电池运行。更换电池是一个后勤难题，且成本极高，因此必须使用低功率的无线电通信。

满足物联网设备特定需求的无线技术有Thread、Digmesh、WirelessHart、802.15.4、低功率Wi-Fi、LoHoWAN、HaLow、低功率蓝牙、ZigBee-IP NAN、DASH7，等等。

然而，并不仅仅是这些技术加速推动了物联网发展的创新过程。我们不能忽略随着第一部真正意义上的智能手机——iPhone的发布，而在2007年引入的平台。

iPhone是一个非常完美的信息物理系统，具备强大的处理能力。它内置各种传感器，同时支持无线和蜂窝通信。它能运行各种复杂的应用程序，可通过大触摸屏与设备和环境进行交互，是一个杰出的人机界面。引入智能手机的重要性（Google 的安卓平台紧跟其后）在于出现了一款具有普适性的完美移动信息物理系统，可同时被消费者和工业物联网高度接受。此前存在的难题是人类该如何有效控制和管理物联网设备。智能手机和随后的平板电脑解决了这一难题，因为移动信息物理系统解决方案解决了人机交互界面的难题。

IP 移动性

大约在 2007 年，无线和智能手机技术改变了我们对世界的认知以及与环境交互的方式。在 2007 年之前，大众对通过移动设备访问移动互联网的兴趣极小，尽管高端移动设备和黑莓手机已经支持 WAP（网络访问协议）。设备限制和有限的无线带宽（2G）使得除电子邮件之外的所有事情都十分烦琐无趣。实际上，3G 蜂窝 / 移动网络问世已有一段时间，但推广应用却十分缓慢。智能手机的到来和大众对社交媒体（如 Facebook）爆发的兴趣改变了这一状况。突然出现了随时随地访问互联网的市场需求。人们可以查看并更新社交媒体网站、聊天记录，甚至可以浏览网页。快速的数据吞吐、更大的触屏设备让浏览体验被大众接受。对于智能手机和随后的平板电脑对我们的工作和生活方式带来的颠覆性的影响，我们当时知之甚少。

在 2007 年以前，即智能手机尚未诞生、移动变革还未出现之时，IT 在安全和公共操作环境的旗帜下，在技术和办公设备方面统治着工作场所。然而，随着员工自己的智能手机和平板电脑逐渐进入工作场所，事情发生了变化。员工可以在功能与他们讨厌的工作设备相媲美的个人设备、iPhone和安卓手机上工作。这最终导致员工要求使用自己的设备工作，因为这些设备和应用程序用着更舒服，而且这些设备每天24小时归自己所有，他们可以任意选择工作时间和工作地点。这被称为自带设备（BYOD），这种办公方式风靡全球，已成为一项职场创举。类似地，由于自带设备的成功，企业开始允许员工在个人数据存储设备中存储工作数据，毕竟24小时访问应用程序和报告（而不是数据）对员工而言并没有多大用处，随后，员工开始将工作数据存储在个人云存储空间，如Box和Amazon。尽管个人云（BYOC）开发得差强人意，但它依然变得无处不在。

然而，最重要的一点是这些创举都已实现。它们改变了公司和企业看待IT的方式以及员工的工作方式。大家形成的一个共识是，这些创举促成了一个更加健康的工作—生活平衡，创造了一个有利于创新和提高产能的环境。暂且不论自带设备的优点，它至少做到了将移动性作为一种可接受的实践形式引入工作场所中。这意味着，IT必须要让员工在公司外部工作时也能使用数据和服务。当然，IP移动性与传统IT和安全相违背，但是后者输了这场战争，因为创新和产能比最高管理层所说的安全呼声更高。

然而，在那时，没有人知道IP移动性的变革性质，以及它能给工作场所带来的巨大改变。随着IP移动性的出现，员工能随时随地开始工作，通过VPN（虚拟专用网）访问数据、公司应用及系统。当然，这对IT和信息安全来说是沉重的负担，在逻辑上，它会导致通过 SaaS（软件即服务）在云中部署或外包应用程序。

毫无疑问，这些是商业理念的巨大改变。在花数年时间构建安全壁垒和边界，以及保护数据的安全程序之后，企业允许其信息自由地流向互联网。正如我们当今所见的，这被证明是一项英明的决定，SaaS 和云服务，目前被认为是提供企业级软件和构建中小型企业数据中心和开发平台最有效的方法。

目前，大家公认 IP 移动性对于软件、云托管的电话系统等一切事物来说都是不可或缺的，而且用户只要有网络连接，便可随时随地地利用 IP 移动性。

IP 移动性的一个例子是员工可以在任何地方使用云服务和 SaaS，这让工作变得十分灵活。以前，通过内部部署基于服务器的软件，员工只能在公司的安全边界以内使用应用程序，例如，在特定范围内或通过远程连接 VPN 使用私有 IP 地址。然而，这两种方法都有局限性，不利于实现工作的灵活性。第一种方法意味着员工必须待在办公室里，第二种方法意味着 IT 部门必须配置一个 VPN 连接，而这也是它们非常讨厌的工作，除非有正当理由证明非配置 VPN 不可。

云托管软件和服务克服了这些障碍，因为员工可以在任何一个地方通过互联网使用这些软件和服务。此外，云托管服务可通过应用程序接口（API）与其他基于云的应用程序轻松集成，因此员工可以建立一整套紧密集成的互补应用程序，进而让工作更高效，更多产。

网络功能虚拟化（NFV）

虚拟化是物联网的主要推动力，底层网络拓扑解耦，在构建能在工业环境中满足高性能要求的灵敏网络时不可或缺。其中的一个方法是采用灵活的网络设计，我们可以移除集中网络组件并将它们分配至作为软件使用的地方。NFV 具备为工业互联网提供此功能的潜质，它可以在不牺牲安全性的情况下简化网络结构，降低网络成本，提高网络效率。

NFV 关注网络功能、路由器、防火墙和负载均衡器的虚拟化，例如将这些功能添加到软件中，软件便可灵活部署至网络中任何需要它的位置。这让网络变得敏捷而灵活，这是传统网络缺失的特性，却是工业物联网所必需的。通过将防火墙、内容过滤器、WAN 优化器虚拟化，并将其部署到商用现货（CotS）硬件上，网络管理员管理、置换、删除、检修或配置这些功能的方式，比把这些功能硬编码到多服务专有硬件中更加简单。

因此，NFV 对于工业，尤其是互联网服务提供商而言，是一项福利，它能够根据服务计划控制服务的提供或拒绝。例如，服务提供商应该在虚拟用户预定设备（vCPE）上托管所有的虚拟服务，而不应该将虚拟化 WAN 或防火墙功能集成到用户预定设备（CPE）上，供所有知道如何配置该 CPE 的人员自由使用。

NFV 为服务提供商提供如下机遇：凭借 NFV，服务提供商能够加强其功能并将这些功能串接至服务中，然后高价提供这些新特性。

此外，NFV 在减轻配置、管理和故障排除负担的同时，能够保障业务的快速部署，从而实现业务配置和实例化方面的改进。

NFV 能给工业物联网带来的优势如下：

- 实现新收益流
- 减少资本支出
- 减少运营支出
- 缩短上市时间
- 提高灵敏度和灵活度

NFV 能带来的直接成果是：增加收入，缩短配置时间，减轻运营负担并减少支出。

NFV 能独立运行，不需要 SDN 或虚拟环境，因此灵活度极高。然而，要实现这些优势（引入新收入流，减少资本和运营支出，缩短服务上市时间，提供运行于服务器硬件上的灵敏、灵活的软件解决方案），NFV 确实需要结合并支持虚拟化环境。

为了实现灵敏的动态配置和快速的业务部署，我们需要采用补充性虚拟化技术，即网络虚拟化。

网络虚拟化

网络虚拟化使 NFV 具备灵敏度，以突破网络边界和 vCPE 的限制，这一点十分重要。

网络虚拟化提供一个桥接叠加层，位于传统的第 2/3 层网络顶部。该桥接叠加层为含多个隧道的结构，贯通提供第 2 层网桥的网络。

这些隧道已被安全隔离，流量按每用户，甚至每业务每用户传输。它们可以与虚拟局域网(VLAN)媲美,但不仅限于4 096个实例。相反，它们采用一种封装方法，使用 WxLAN 协议使第 2 层数据包流量通过隧道流经传统的第 3 层网络。

该桥接叠加层拓扑(隧道)对于 NFV 和工业物联网的重要性在于，它不仅通过基于每个用户 / 业务进行隔离的隧道提供保障多租户安全的方法，还提供真正的网络灵活性。

在实际操作中，我们无须在网络的特定汇聚节点用线缆连接物理防火墙或负载均衡器。相反，我们可以采用一种更优雅的解决方案。

管理员可以像处理虚拟机一样，设置单个 NVF，并将其复制、应用于特定用户 / 业务隧道。这意味着部署用户网络功能的灵活度极高，而且可以在用户隧道的任何位置应用这些功能。

因此，这些网络功能不再需要依赖用户驻地设备。的确，一些虚拟网络功能可以被拉回网络，入驻在服务提供商网络内的一台服务器上。

网络虚拟化将通信服务提供商网络内部的 NFV 部署到随时可用且易于 CSP 管理、检修和配置的服务器上。此外，由于大多数网络功能和配置是在服务提供商 POP 内部执行的，因此服务提供商无须经常前往用户处提供上门服务。在服务提供商自己的网络里集中进行管理、配置、调配和故障排除，能大大减少运营成本，改进服务调配和部署，从而实现灵敏而灵活的服务交付。

另一个在高性能网络中起重要作用的虚拟化技术，是软件定义网络。

软件定义网络（SDN）

关于 NFV 和 SDN 之间的关系有不少争议，但事实上它们是两种可互相补充的技术，二者可完美地结合在一起使用。SDN 可以将控制平面从转发平面中抽离出来。

换言之，它从网络设备中移除逻辑决策过程，并简单地使用设备转发平面来传输数据包。决策过程被转移至中央 SDN 控制器。

SDN 控制器分别通过南向 API（Open Flow 协议）和北向 API 与虚拟路由器和更高级的应用程序进行交互。控制器会对每个通过受控路由器的流量做出智能判断，指出转发路径处理数据包转发的最佳方法。这是因为，与路由器不同，控制器具备整个网络的全局视野，无须进行网络融合便可找到通往任一目的地的最佳路径。

而 SDN 的另一特性使其完美适用于工业物联网，即通过 SDN 控制器在整个叠加层内自动实现所有隧道的快速实时供应，这对第 2 层桥接的运行来说必不可少。

SDN 支持协同功能，可实现动态调配、自动化、协调和管理网络中的物理及虚拟元素。因此，NFV 和 SDN 协同工作能建立一个工业物联网虚拟拓扑，该拓扑可自动进行资源调配，所需时间仅为几分钟，而非数月。

SDN 和 NFV 的区别

SDN 和 NFV 均可以控制和简化网络，但它们以不同的方式来操作。SDN 专注于专有网络设备中控制平面和数据平面的分离。分离转发路径与控制路径的基本原理是它能够绕开在控制平面逻辑中运行的路由器自身的内部路由协议。

这表示，路由器不再受制于开放式最短路径优先（OSPF）或增强型内部网关路由协议（EIGRP）算法，这两种算法是传统的路由机制，用于确定两个路由主机之间的最短路径，从而找到通信节点之间最有效或最短路径的传统的路由机制。这两种算法是为了更加和平、优雅的时代而设计的。

与之相反，SDN 控制器拥有控制权。它通过南向 OpenFlow API 接收每个新流量的第一批数据包，并决定数据包前往目的地的最佳路径。它借助对整个网络的全局视角及自身的自定义算法实现该控制。

SDN 控制器不会像大多数传统路由协议一样，根据最短路径确定最佳路径，相反，编程器由于具备可编程性会将很多约束条件（如拥塞、时延、带宽）考虑在内。

智能手机

智能手机在物联网及机器学习的近期趋势中处于核心地位，我们每天都能看到不少创新，这些创新集中于使设备具备控制器、系统仪表盘、安全访问密钥功能，或使其兼具以上 3 种功能，从而使其支持各种应用程序和分析工具。智能手机因具备极高的客户采纳度和市场渗透率（在发达国家中超过 90%），推动了物联网的创新。

的确，由于人们经常使用智能手机，移动银行和 NFC 无卡支付已开始流行。

智能手机是主要的人机界面，它对工业物联网创新来说非常重要。通过福特公司推出的车载资讯娱乐系统创新方法，我们可以看到汽车行业如何走向未来的设计。汽车制造商设计和生产的一辆汽车允许新车主持续使用 10 年。然而，在不考虑资讯娱乐系统时，仅设计和构建车身及内部机械结构就已经十分麻烦了，而资讯娱乐系统很可能在 5 年内就会过时。福特和其他汽车制造商提出的解决方案，是构建一个基础系统、一个显示屏和一个音响系统，这些系统可以通过软件 API，采用无线或有线连接与智能手机集成。如此，福特便巧妙地避开了资讯娱乐系统先于汽车落伍的问题。资讯娱乐系统搭载于车主的智能手机上，车主在手机中即可升级资讯娱乐系统。这里的关键问题是只有借助大家普遍拥有的物品、车主经常带在身边使用的物品，才能实现该设计。用笔记本计算机就行不通。

类似地，福特正在探索汽车动力传动系统控制，尽管目前这还只是一个计划。这意味着，福特将不再生产同一等级的汽车，而是推出一种支持多种经济、标准或运动性能的车型，车主可以通过智能手机应用程序控制动力传动系统。因此，家庭轿车既可以是一款经济型轿车，作为代步工具使用，又可以在周末变成一辆油耗大的高性能轿车，这些都可以通过智能手机内的应用程序进行控制。未来的发展前景是汽车不会成为大宗商品，可通过智能手机应用程序临时更改其性能以适应车主或环境需求。

在大多数远程控制应用中都能看到智能手机的身影，它似乎是被物联网设计师选中的人机交互设备。智能手机无疑是消费物联网的支撑技术，在消费物联网中，人们是通过智能手机应用程序而非物理交互来控制和管理智能设备的。然而，这并不像迎合远程控制一代的习惯那么简单。智能手机远比远程控制系统智能，能提供更多的信息和反馈控制。

以智能手机的物联网功能为例，现代安卓手机或苹果手机均自带内置传感器，包括加速计、线性加速传感器、磁力计、气压计、重力传感器、陀螺仪、光传感器、方向传感器等等。除具备相机、话筒、计算机、存储和联网等功能性功能外，这些传感器还可以为物联网应用程序提供数据输入，并使用本地流媒体应用工具获取、存储、分析和可视化有关手机环境的后续信息。

智能手机不仅仅是人机交互或远程控制设备，它集传感器、人机交互和应用服务器功能于一身，并支持对尖端系统（如资讯娱乐系统和动力传动系统技术）进行智能控制。然而，智能手机只能停留在邻近域、运营和管理域的边缘地区，因为在不久的将来，它尚且不能或不可能具备对大数据、星型拓扑模式下的非结构化及结构化数据进行预测分析的功能。

更深入的分析，如对庞大的大数据进行的预测分析，仍需要在云中进行，但重要的一点是，由于数据和反馈信息的快速分析十分必要，且工业应用通常需要进行实时分析，因此这些分析将在更靠近数据源的位置进行，而高性能本地服务器则最有希望被选中来执行。未来几年内，智能手机的嵌入式认知计算能力将会提高，这应归功于传感器及其产生的数据。数据流分析算法使系统可以以本地速度对传感器数据流进行快速分析，而无须依赖于云。凭借配备的嵌入式传感器、执行器及智能算法，智能手机可以被用作对周围环境进行分析并交互的思维处理器。

工业互联网在零售业中的应用便是其中的一个示例。加载相关应用程序的智能设备可确定某顾客在超市中的位置，并监控顾客正在查看的物品。这可以通过产品上的 RFID 标签来实现，但是这些 RFID 标签仅支持较小范围内的读取，因此手机只能检测到顾客正前方的产品。该应用程序可以在显示屏上显示顾客正在查看的商品的信息，同时支持语音介绍功能，为有视觉障碍的人士提供方便。这些信息包括产品类型、价格、折扣以及产品标签上写明的热量或营养数据。通过了解用户的位置、活动和兴趣，零售业可为用户提供基于位置的服务（LBS），如即时获取优惠券。

云计算和雾计算

云计算与其他许多已存在数十年之久的技术类似。2006 年，亚马逊推出亚马逊云计算服务（AWS），此举在真正意义上让云计算以我们如今所熟悉的模样进入公众视野。继 AWS 之后，陆续出现了 RackSpace、Google CE 和 Microsoft Azure 等等。亚马逊着眼于云的超调配能力，建立了具备超能力的大数据中心，以满足其网络规模需求。随后，亚马逊又进行了一项商业行动，即将数据中心的闲置能力出租给其他公司，该项目以租赁计算和存储资源的形式进行，按已用量计费。

该种云模式取得了巨大的成功。微软和谷歌纷纷效仿亚马逊的做法，之后参与行动的还有IBM、惠普和甲骨文公司。在本质上，云计算仍沿用了亚马逊早期采用的按使用量计费的模式，这让云计算在经济效益方面对中小型企业（SME）具有很大的吸引力，因为它可以大大削减企业运行数据中心、IT、网络等专用基础设施的成本。因此，许多资金紧张的公司，如一些初创公司，选择将开发和应用平台移至云平台，因为它们只需为已使用的资源付费。当这些初创公司取得成功后，其中有少数公司取得了巨大的成功，一方面考虑到云平台能给它们带来经济利益，即无须花费大量资本和运营成本构建和运行自己的数据中心，它们会继续留在云平台上；另一方面是除此之外云平台还能为它们提供许多服务和便利。为了找到云服务如此受企业青睐的原因，让我们来看看主要云服务提供商的商业模式。云服务市场由AWS、Microsoft Azure和谷歌云主导，这并不奇怪，因为这三家公司具备运行云平台的数据中心和财务实力。亚马逊是于2005年推出云计算的，它是早期开创者，并在其早期创举的基础上不断构建云服务，提供的服务和功能也逐年增多。微软和谷歌涉足该市场的时间稍晚，于2010—2012年间全面推出云服务平台。尽管它们提供的服务有限，但它们迎头赶上，如今其云服务已能为它们创下巨额收入。

要解释云计算和雾计算与工业互联网的联系，我们首先需要了解云服务提供商提供的服务。一般而言，云服务提供商将其大量的计算、存储和网络资源在客户间进行动态共享。客户为其使用的资源付费，按每 10 分钟或每小时计算，具体费用由提供商决定。设置和配置均自动进行，且资源是灵活的。这意味着，当你请求使用某级别的计算和存储资源，但随后发现需求远超你请求的资源级别时，云平台能在无客户干预的情况下自动扩展以适应该需求。云平台将通过分配更多资源对需求进行动态管理。

服务可分为三大类别：IaaS（基础设施即服务）、PaaS（平台即服务）和SaaS（软件即服务）。每个类别都定义了一组面向客户的服务，这是云服务的关键——所有内容都以服务的形式提供。这是基于早期的 SOA（面向服务的架构）架构，在该架构中客户需要通过网络服务使用应用程序。类似地，云平台运营商使用网络服务将其功能和产品作为服务提供给客户。

- IaaS（基础设施即服务）——AWS 在 2005 年提供的基础产品，亚马逊将多余的基础设施出租给其他公司。中小型企业可以租用亚马逊的计算、存储和网络资源，而无须购买硬件，建立服务器机房或数据中心。最妙的一点是，它们只需为已使用的资源付费。
- PaaS（平台即服务）——出现该类型服务的原因是微软等公司意识到开发商不仅需要基础设施，还需要访问软件开发语言、库、API 和微服务，以构建基于 Windows 的应用。谷歌也提供 PaaS 服务，以支持自家推出的众多应用，如安卓和谷歌应用程序。
- SaaS（软件即服务）——以基于网络应用的形式提供云服务的先驱，如 1999 年推出的 Salesforce.com。SaaS 提供了一

> 种访问软件的新方法，用户无须访问托管应用程序副本的本地私人服务器，只需要使用网络浏览器就能访问基于网络服务器的共享应用。直到 2015 年左右，SaaS 才开始逐渐被人们接受，此时宽带互联网访问速度提高，保障了可靠的应用性能。

在工业互联网的环境下，云平台可通过 IaaS 提供价格实惠、可扩展的基础设施。同时，资源可根据需求灵活扩展，因此无须过度供给基础设施和网络资源。由于云服务具备灵活性，即使当需求大大超出平均使用水平时，你也可轻松应对。云服务可根据需求分配资源，当然分配的资源是需要收取费用的。类似地，云服务提供商也提供可根据需求扩展的虚拟永久存储器。由于工业互联网数据存储器需要超大容量，因此可根据需求扩展的虚拟永久存储器是云服务的一个主要卖点。

例如，大型客机的引擎在每次航行中都会产生几万亿字节的数据，这些数据存储在飞机上，并在飞机着陆后立即发送至云端。这仅仅是一架客机产生的数据量。

因此，从节约的角度看，计算和存储设施可根据需求扩展且只需要对已用的资源付费，对初创型公司甚至资金实力雄厚的公司都具有很大的吸引力。此外，PaaS 为工业物联网提供了巨大的利好，因此云服务提供商可提供开发环境和工具，以加快应用开发和测试速度。例如，Microsoft Azure 提供对 .NET 应用的支持，谷歌提供支持其自有内部应用的工具，如大数据工具和实时数据流处理工具。

从网络的角度来看，亚马逊、微软、谷歌等主要云服务提供商可提供数百万的并发连接，谷歌运行自己的光纤网络，包括自己的海底电缆。

由于云服务能提供工业互联网需要的基础设施和性能，因此它可以大大推动工业互联网的发展，同时，它还具备经济性，无须高昂的成本。然而，云服务仍存在一个小问题——时延，即数据从设备传输至云端进行处理所需的时间，这个时间往往太长。在大多数情况下，当数据进入云平台时，云平台可先对数据进行流分析，将其存储在云端，随后进行更全面的大数据分析，因此不会出现时延的问题。然而，在某些工业应用案例中，实时数据分析是必不可少的。在制造业内，在某些情况（即使不是大多数情况）下，公共云场景是不可接受的，那么，有哪些替代方案呢？

- 私有云——自行管理或由第三方管理的内部或外部基础设施，与其他客户隔离的单一租户。
- 公共云——共享所有资源、按使用情况付费的社区，用户可按需获取资源，并且按使用量计费。这是一个共享全部资源（如存储和网络资源）的多租户模型，通过租户 ID 阻止客户查看或获取其他客户的数据。
- 混合云——私有云和公共云的结合，考虑到了敏感数据的安全性问题，这种类型的云平台十分常见。例如，公司可以将高度敏感的数据存储在私有内部数据中心云平台中，并将其他应用存储在 AWS 中。
- 多云——例如，公司可将应用存储在 AWS 中，将 Windows 开发工具存储在 Azure 中，将安卓开发工具存储在 Google

Cloud 中，将其他 IT 应用存储在其他公共云中。

私有云因其固有的私有性可能更容易受到工业互联网的青睐，尽管它仍存在时延、抖动和丢包的问题。作为备选方案，内部托管私有云同样困难重重。我们需采用以下三种方法之一来托管私有云：在现有基础设施上托管私有云，由内部管理；在现有基础设施上托管私有云，将其外包给第三方管理；通过互联网将云管理外包给第三方。

其实还存在第四种方法，即使用开源软件。企业可下载并安装 OpenStack，不过这需要一定的技能和耐心。除非具备内部云的操作技能并充分了解每个业务部门的应用需求，否则不推荐使用这种方法。请谨记，在内部基础设施上建立私有云的作用是实现所有资源的虚拟化和共享。人力资源部的应用程序将告别完全孤立的状态，不再在专有服务器上运行，同样发生此类变化的还有制造部 ERP 服务器、客户服务、客户关系管理和网络电话应用程序。但是共享所有资源会导致什么事情呢？

此外，实施私有云将花费高昂的成本和大量的时间，并且除非部署到位，否则私有云将存在潜在不安全因素。那么，想要低时延且高可靠的工业应用又应该采用哪些替代方案？

雾计算

云系统一般位于互联网中，这是一种不可直接控制的大型网络，包含众多速度、技术、拓扑结构各不相同的未知网络设备。因此，它可在网络上路由流量，但不会应用任何质量服务措施，因为质量服务必须在流量传输路径中的每一跳进行定义。由于数据在传输途中会流经许多独立系统路由器，因此它同样存在安全问题。虽然这在数据保密性和完整性方面存在风险，但换来的优势是目的地与数据源之间的距离更长。

工业物联网数据对时延十分敏感，且除了位置感知，还需要移动性支持。而工业物联网能从提供基于云的大数据分析和实时数据流分析，动态处理数据存储、计算和网络需求的云模型中受益。我们如何才能同时满足这两种需求？

答案是使用雾计算。

雾计算由思科首次提出，用于描述位于网络边缘附近的云基础设施。雾计算有效地将云计算扩展到了边缘设备，且与云计算类似，它可以提供计算、存储、网络和应用交付等服务。雾计算不同于云计算的地方在于，它位于靠近网络边界的边缘地带，通常与服务提供商的边缘路由器相连。雾网络连接至服务提供商的边缘路由器，因此可降低时延，提高服务质量。

与云部署相比，雾部署具备几大优势，如低时延、极低的抖动、客户机与服务器仅间隔一跳、有保障的服务质量和安全性以及支持移动位置感知和无线接入等。此外，雾网络并不集中在中央云位置上，而是分布在网络边缘位置，数据不是汇聚在单个云通道内，而是分散在许多边缘节点中，因此它可以降低时延和带宽需求。类似地，雾计算通过将工作负载分配至多个边缘节点服务器，而非少数几个中央云服务器，避免了响应慢和延迟的问题。

以下是一些雾计算在工业物联网中的应用案例：

- 雾网络完美适用于与工业物联网相连的车辆，因为联网车辆支持各种无线连接方法，如车到车、车到接入点等，可通过Wi-Fi、3G/4G通信来实现这些无线连接，但同时要求低时延响应。与SDN相结合，网络概念雾计算能解决车载网络目前存在的许多问题，如时延长、不规则连接和高丢包率等。这是因为雾计算通过补充车—车通信与车—基础设施通信来实现统一控制。

- 雾计算还解决了云计算在网络时延和互联网拥挤方面存在的许多严重问题。然而，它无法完全取代云计算。由于具备存储大数据及分析大量数据的能力，云计算永远能占据一席之地。由于大数据分析是工业物联网的主要部分，因此云计算依然与整体架构高度相关。

大数据和数据分析

大数据是指无法通过传统数据库和处理工具进行管理的庞大数据。这些大型数据结构通常由来自各种数据源的结构化和非结构化数据组成，这些数据源包括文本、表格、网络博客、评论、视频、图像、遥测、GPS跟踪、即时通信、新闻等等。此类数据源不胜枚举。在处理这些多种多样的数据结构时遭遇的难题，是难以利用传统的结构化数据库整合并分析这些数据。然而，为了从工业物联网中受益，企业需要分析来自所有数据源的数据，因为它们能从各类数据中分析出客户趋势和运营效率数据等有用信息。

但是，在工业物联网中，难点在于处理大量的非结构化数据以及来自成千上万台设备的机对机传感器数据。因此，为了挖掘这些数据的价值，我们必须找到处理和管理这些数据的替代方法。

沃尔玛、谷歌等公司着手大数据处理已有数年之久，并从这些数据中发掘了颇具价值的隐性关联，但同时它们也使用了大量的服务器和存储技术，并花费了巨额成本。毫无疑问，它们在处理和分析从业务中获取的全部数据方面取得了成功。工业互联网也需要采用类似的方法，因为它需要对来自成千上万台传感器的数据进行管理和处理，以获取有价值的信息。

在许多行业，尤其是制造业、健康服务业、电力行业和零售业，处理和管理大量传感器数据并非新鲜事，多年来，这些行业中的人都是以这种方式管理其生产过程或服务的。例如，在生产过程中，传感器检测到某事件，并向运行记录系统（记录并存储传感器数据的数据库）发送相应信号。数据存储会经过优化，以提问的方式对存储数据进行时变可靠度分析，如几小时内的生产情况与正常情况之间有哪些偏差？数据库系统通过可提供报告并检测趋势和关联的补充性软件工具对此进行管理。

当前技术支持从数百台不同类型的传感器收集传感器数据，并能抵御恶劣环境，具备在数据库不可用的情况下存储数据的能力。一直以来，人们都在采用这种方法处理服务器数据。在工业互联网中，这会引起什么变化？

近年来，在传感器小型化和无线射频技术方面取得的进步，使传感器部署量大幅增长，进而导致传感器数据急剧增加。这些进步导致了微机电系统（MEMs）的引入。传感器尺寸足够小，可被安装在任何地方，并可通过无线技术进行通信。这使得传感器向系统发送的数据量激增，尽管有时会有所回落，但数据量远超几年前的水平。工业物联网现在已被认为是大数据的主要贡献者，因为它需要使用现代技术处理海量的非结构化数据及无用的数据。

幸运的是，在工业领域内，人们可以使用云服务来管理大数据，客户可根据需求享受无限制的存储资源及开源技术，如 Hadoop——一种基于云的开源分布式数据存储系统，它已经过优化，可处理非结构化和结构化数据。同样它还提供分析工具，如谷歌为其网络搜索索引开发的 MapReduce。Hadoop 运行方式是充分利用自身的文件系统 HDFS，将多个数据块分配给分布式存储系统中的各个服务器。然后，在把检索结果分配到 HDFS 中之前，运行 MapReduce 操作。该方法十分适合批量作业分析，然而，不少工业物联网使用案例，要求在系统运行过程中对数据进行快速的实时或接近实时的分析。

因此，技术的需求取决于大数据的类型。大数据具备几个特点，下面我们将详细讨论这些特点。

大容量

大数据的目的是分析大容量数据。数据池越大，预测越可信。包含 500 个要素的数据池的分析结果比包含 10 个要素的数据池的分析结果可信度更高。

高速度

速度指数据进入系统的速度以及分析速度。一些数据，如机到机传感器数据，需要进行实时分析或在内存中进行分析，其他数据可以先存储，稍后再在 Hadoop 中进行分析。长期使用高速分析的一个示例是证券市场和金融数据。金融机构和银行一直都在高速度分析这类数据，为了将此类极具价值的高速大数据的处理时间缩短 1 毫秒，它们甚至会在伦敦和纽约的交易所之间搭建一条专用海底电缆。

工业物联网环境中的数据速度，或众所周知的流媒体数据，需要进行实时或接近实时的数据处理和分析。这增加了数据存储和处理系统的压力，问题在于工业互联网的运行方式，即设备将传感器数据发送回操作管理域进行处理。发送数据的目的通常是反映被监控实体或环境的状态变化情况，发送设备可能会期望得到响应。

这种控制反馈方法在工业领域中十分常见，数据处理系统必须具备处理设备传感器发送的数据、实时处理数据（在内存中）、识别并提取所需数据的能力，才能胜任该工作。例如，如果离心机高速马达上的传感器发送的数据显示机器检测到了危险温度，同时监控该马达的其他传感器也报告了异常运行状况和振动，系统必须立即知悉该情况（实时了解此类情况而非等待批处理作业的结果），以便立即做出响应，发送反馈信号，关闭异常马达。

多样性

大数据的另一特点是，数据内容十分庞杂，数据源多种多样，例如不具备组织关系结构的原始传感器数据或网络服务 API 数据，因此需要使用 NoSQL 数据库。大数据处理的一个用途是提取非结构化数据的意义，以便将这些非结构化数据作为结构化数据输入引用程序，为实现此目的，我们还需要清理、整顿这些数据。传感器数据杂乱不堪，因为我们在通信过程中常常会丢失时间戳，所以在处理这些数据之前需要对其进行大规模的清理。

在智慧城市项目中，我们可以找到这种对传感器数据进行大数据实时处理的例子。例如，当交通监控系统通过道路边的传感器检测到道路出现拥堵或发生事故时，它能立即发送控制反馈信号、切换交通信号灯、疏导车辆，以缓解拥堵。

精准性

当我们不仅要收集和整理海量数据，还要利用大数据的上述三大特征来分析这些海量数据并思索这些数据是否真实时，大数据便暴露出问题了。

数据可能是错乱的、不可靠的，甚至是完全错误的。例如，你从传感器的多个数据源采集数据，本着能从数据中发掘有价值的信息的目的，收集这些数据，并将其转化为信息。如果数据本身毫无价值，那么从中提取的信息也是毫无价值的（正如人们常说的无用输入意味着无用输出）。

价值

由于数据具备不同的价值，因此我们有必要确定我们需要收集和分析哪些数据。在工业领域和企业内，十分常见的做法是收集一切数据。的确，大数据的理念便是存储一切数据，不丢弃任何数据！但问题是，只有在数据与商业价值具备相关性时，该数据才具有价值。毕竟，除非数据科学家为软件开发了检索数据价值的功能，否则我们拥有的大数据集合毫无意义。你必须知道自己想要什么。如果算法不具备搜索相关性和趋势的功能，大数据就不会生成这些信息。

可视性

可视化数据非常重要，因为它能让人们更好地理解趋势和相关性。可视化软件能以多种形式（如仪表盘、电子表格或图表报告）呈现数据。无论采用何种方式，可视化数据都是以人类可读懂的形式呈现数据，让数据更易于理解。

然而，可视性有时是指在搭档和合作伙伴之间共享数据，这是一件好事，但同时存在潜在危害。在工业互联网的环境中，向潜在竞争对手提供信息实属怪异之举，因为这可能导致他人窃取高度敏感的数据，例如，工厂车床工作人员编写的特定产品的设计及生产过程的模板。信息在互联网上的泄露会给公司带来惨重的损失。假如你将100万件衬衫的生产任务外包给一家境外公司。如果他们得到设计模板，你能阻止他们多生产200万件衬衫在黑市售卖吗？

大数据的关键点在于，它需要获取海量的情报，才能从中提取出商业价值。并非创建数据湖就可以实现商业智能。如果不懂如何正确地发问，那么你又怎么能期望得到有意义的答案呢?

要解决这个问题，我们必须先理解机器的思考和协作方式。

M2M 学习和人工智能

大数据使 M2M 学习和人工智能变得强大，数据池越大，预测就越可信，或者看上去较为可信。M2M 学习非常重要，而且操作有时候非常简单，比如多选测试。假定该测试要确定学生的知识水平，那么系统可能会随机提出一个问题，问题难度分为高级、中级或初级。如果学生回答错误，程序可能会提出同一科目的不同难度级别的另一个问题。提问的目的不是难倒学生，而是判断学生对该问题的理解。这是简单意义上的机器学习。

如果我们要求谷歌（凭借其巨大的计算能力）对毫无意义的输入内容进行搜索，那么我们会得到一个合理的答案吗?结果可能是否定的。而且问题在于，尽管各企业收集了大量的数据并构建了非结构化数据的数据湖，但它们是如何对这些数据进行分析以提取有价值的信息的呢?

答案是该功能目前尚无法实现，不过企业可以收集大量的数据，并将其存储在分布式数据存储设备（例如云）中，甚至利用先进的分析软件尝试对趋势和相关性进行分析和判断。然而，由于不知道该如何正确地向数据提问，我们现在还无法真正实现这一挑战。我们需要的是数据科学家，他们善于浏览和理解大量非结构化数据，探寻其中蕴含的含义和规律，以识别最终能够创造价值的模式。

数据科学家可以利用其数据分析技能发现数据背后的价值创造模式，这正是 M2M 沟通和理解的核心。同时，他们还能提出切实中肯的问题，以利于获取数据中的真正价值，而这将使得商业策略如虎添翼。

总之，除非能构想出正确的问题向庞大的数据源发问，以揭示公司的战略规划增值的潜在信息之间隐藏的相关性，否则大量的非结构化数据（数据湖）将毫无意义。

因此，数据科学家已成为企业迫切需要的技能型人才。工业互联网离不开大数据和智能数据分析，而这需要熟悉且了解数据、算法和业务的娴熟技术人员。

然而，暂且抛开对机器人和恶意智能机器的担忧，我们可以很明显地看出，即使在今天，我们也已拥有可实现人工智能以及提供商业价值的大数据和数据分析方法。例如，工业物联网系统从可与其所在环境进行交互的传感器处获取信息，而且它们的感应和反应速度超过人类。这些传感器是我们在工业世界中的眼睛、耳朵、鼻子和手，能让我们积极主动地应对环境。

它们带来的巨大好处是，我们可以通过增加支持实时分析法的 M2M 通信功能，创建一个认知计算系统。该系统可检测或预测人类无法察觉的系统缺陷、故障或异常。

机器学习或人工智能种类多样，它们的定义不断变化。例如，人工智能大致可分为3种：传统人工智能方法、简单神经网络和生物神经网络。每一种都有其明确的特征。

回顾自20世纪60年代以来沿用至今的传统人工智能方法，你会发现科学的方法是识别人类觉得容易的智能。例如，传统人工智能努力寻求让机器来进行人类语音识别、面部识别和文字识别的方法。这种方法带来的结果喜忧参半，语音和文字识别比面部识别要成功得多，特别是与人类表现相比。经典人工智能方法的问题在于机器的表现必须由人类导师判断和纠正，以使机器了解什么正确、什么不正确。

同样源于20世纪六七十年代的另一种方法类似于神经网络，模拟人类大脑的运作方式。在这种情况中，机器在没有人类干预的情况下学习，它们只是简单地使用复杂算法了解数据的含义。这种方法的问题在于这要求机器处理大量的数据并寻找价值实现模式，而实现该目标在当时并非易事。自此，我们发现用“简单神经网络”来定义这种方法有些用词不当,因为它与真正的神经网络毫无可比性。事实上，简单神经网络现在被称为“深度学习”，适用于大型静态数据集分析。

另一种人工智能是生物神经网络，该网络在神经主题方面进行了扩展和推进。通过这种人工智能模式，生物神经网络利用“空间分布式表征”模拟大脑的学习方式。生物神经网络也考虑到记忆是智能的重要组成部分，且主要是一组模式。而且，学习是基于行为的，而且必须具有持续性。

最初，我们可能不以为意，直到我们看到每种模式的使用方式：

- 传统人工智能，这种模式在问答系统中非常高效，例如，IBM 的 Watson 和苹果的 Siri，所以目前仍在使用。
- 简单神经网络，在大型静态数据集中进行数据挖掘，以分类和模式识别为重点。
- 生物神经网络，因其在预测、异常检测和分类方面的优势，所以它通常被广泛应用于执行检测非典型行为任务的安全设备中。

这些模式的实际运作方式就是每种模式都采取不同的方法解决问题，例如，在财务部网络上进行不恰当的文件访问。在这种情况下，传统人工智能将根据管理员设置的规则，对谁不应该有访问权限以及谁应该有访问权限进行报告，并上报所有试图违反规则的行为。如果只是非黑即白的话，这很好操作，也就是一些人有访问权限，而其他人没有访问权限，但如果有些人确实需要访问权限，但是并非每天都需要，该怎么办？

这正是神经网络发挥作用的地方，因为它会查看大量的历史数据，并确定访问网络的频率、时长和时间，判断访问频率是每天一次、每周一次还是每月一次。

生物神经网络将神经网络向前推进了一步，它不仅为网络建立了档案，还在用户访问网络资源时为每个用户行为创建了档案。这样，生物神经网络就可以描绘每个用户的行为，并判断他们的行为是否异常。

我们必须考虑到人工智能并非我们始终追求的理想目标，为实现人工智能而进行的机器学习最终难以富有成效。人类是一台了不起的机器，能够满足复杂的工作要求，适应恶劣的工作环境。例如，人类更容易学习和掌握各种技能，而且比在生产线上更换十分昂贵的机器人或 CPS 设备更划算。人类也极其善于做精细的工作，而机器人则很难做到。另外，人类拥有大脑、出色的敏捷性和力量，并且对同事和家庭恪守承诺。但遗憾的是，人类有个性，极易感到厌倦，也具有电脑难以企及的自我意识。因此，重复无聊的工作更适合机器人。毕竟，作为那么聪明的“机器”，人类并不适合整天待在生产线上做重复而枯燥的工作。人类有自身的缺点，而这些可能是机器人在未来就业市场中的优势。

AR

AR 技术虽然仍处在发展初期，但在工业物联网环境中引起了很大关注。AR 是特别新的技术，十几年前曾被当作未来技术研究。尽管存在明显的潜力，但由于缺乏互补技术，因此 AR 的发展止步不前。然而，目前随着所有的互补技术成为现实且在大多数情况下日益繁荣，最近几年 AR 重新受到关注。现在 AR 头盔一体机、眼镜和耳机等技术已投产，虽然从消费者的角度来看，它们价格仍然昂贵，但对于依赖用例的投资回报率（ROI）的产业来说，这些技术已成为现实。

而 AR 并非仅限于眼镜或视觉显示，还与数据有关，因此也可以被应用于智能手机。总之，所有的 AR 技术应用就像你所观察的物体附带的信息阴影。信息阴影是与被观察物体相关的数据。当你盯着房屋墙壁上感兴趣的东西时，你会忽略管线或其他物体。为了让 AR 技术成为现实，你研究的对象需要有一份相关的 3D CAD 图。平板电脑等 AR 设备或可以支持大型文件的 AR 头戴式视图器，会将 3D CAD 图存储在本地；目前已有的 AR 眼镜和头盔一体机，会将 3D CAD 图远程存储在云上。然后，平视显示器会对 3D CAD 图进行投影，或直接将该图投射到物体上，你可以看到各种管线以及墙壁背后的所有物体。

更高版本的 3D 不只依赖 CAD“完工”图，因为这些图在建筑建造业中可谓声名狼藉，而且依赖嵌入式传感器传送其位置以构建互动 3D 图。该 3D 图将准确显示墙壁背后的东西。在建筑建造业中，AR 非常有利于作业规划，可以把附带损害降到最低。

AR 有很多其他应用形式，一种明显而被动的形式是机械维修的互动培训。此前，在具备机器或网络维护能力前，技术人员必须参加供应商的培训课程，通过认证考试并培养多年的技能。有了 AR 技术后，由于深度数据手册和服务指南与 3D 图一并存储在云上，因此加快培训进度已成为可能。通过将信息阴影投射在物理机器的 AR 视图的旁边，技术人员能收到详细的故障排除步骤并将其作为指导；投射到物理产品上的 3D 投影，将向技术人员准确显示各零件的所在位置和拆装方法。AR 可在工业维修中发挥巨大的作用，能满足此前因其稀缺性而费用高昂的现场专家知识的大部分需求。

另一个 AR 应用案例是用于工业操作中心的控制和管理。在传统的操作中心中，物理显示器显示模拟过程的各种指数，例如，温度、压力、RPM（设备每分钟的旋转次数）以及其他传感器信息。这些物理仪表盘要么采用物理连接,要么显示预置和程序化仪表盘的图示。利用AR技术，我们可以在任何地点查看传感器数据并将其投影到任何表面上，进而创建了将临时移动仪表盘上显示的传感器数据进行汇总匹配的设施。

零售业和食品娱乐业也有可能成为AR游戏的大型参与者，或成为构建其各自信息阴影的先行者。例如，如果餐馆老板将价格、菜单和当前空位发布至云端供公共访问，那么潜在客户在观察外墙时将会看到通过AR眼镜或设备叠加的信息。即使餐馆老板自身没有主动这么做，社交媒体可能也会参与进来，这样潜在客户虽然看不到空位这种实时数据，但可以看到客户评分和评论。

AR和工业物联网潜力巨大，所以我们最后收集了最令人印象深刻的应用案例，即AR在紧急服务中的使用。例如，消防员本来就有手机和通信设备，但通过使用AR头盔一体机或头盔，他们可以获得传感器信息。实时传送和显示在消防员平视显示器上的通信环境数据将提供至关重要的信息，比如温度、烟雾探测器的状态和存在传感器。这些信息可以使消防员对整栋建筑逐层进行平视化观察，从而立即知道建筑中是否有人、被困人员位于哪个房间以及周围的环境条件。

总之，当与工业互联网结合时，能够限制AR应用案例的只有该技术的开发者和行业使用者的想象力和创新力。

3D 打印

增量打印（通常称为 3D 打印）是很多工业案例中实现工业物联网财务现实的主要技术。3D 打印的工作模式是创建一个图像作为现有产品的计算机文件或每次通过 CAD 设计一个图层，然后将后续各个图层相叠加，直到该对象或 CAD 图像全部复制完成。一旦生成计算机文件，我们就可将其传送至 3D 打印机。3D 打印机可转换坐标，进而使用多项技术和基底重新设计以创建该对象的物理表示形式。

3D 打印实现了利用源文件创造产品，这与可程控车床制作 2D 产品的方式有异曲同工之妙，然而不同点是 3D 打印的操作方式。

因此，由于价格便宜且相对快捷，3D 打印成为实现概念和理论设计建模的完美选择。大多数低端工业或消费者 3D 打印机使用的产品材料是塑料，但高端打印机也确实能够打印出飞行器、汽车，甚至医疗中使用的高质量工业级配件和产品。这些专用配件可由各种基底制成，而不仅仅是熔化塑料，熔化塑料常被用于消费级增量打印。

在工业用途中，其他技术和材料用于形成和熔融各叠层。例如，在喷射黏合剂时使用金属粉末，喷射黏合剂会将金属粉末黏在一起，形成 3D 形状。在另一项工业技术中，玻璃、陶瓷和金属可以使用一种称为“功率层融合”的技术作为基础材质，该技术使用高功率激光将材料熔融在一起，以形成叠层。另外还有层压技术，该技术将金属、纸张和聚合物片状材料压合在一起，通过外力使材料层层相叠，形成黏合物，然后通过计算机数控铣床进行切割，以形成所需的形状。

由于3D打印适用于各种各样的快速成型、架构和建造，在工业中的应用非常广泛。3D打印不仅实现了快速成型，还实现了定制物体的大规模生产，因为该过程只需改变基础软件模板文件。3D打印在制造业极具吸引力，此前产品设计的修改需要耗费数周的时间来进行生产线改装和机器重置。通过3D打印，我们可在确保利润和有效控制成本的情况下实现批量生产。

区分媒体炒作的3D打印消费者市场和工业现实是很重要的。在工业中使用3D打印出的组件并非模型或噱头，美国宇航局已经利用3D打印技术打印用于喷气式航空发动机的组件。同样，这些组件常被用于汽车中，至少一家厂商已通过3D打印制造整台车辆。

3D打印的应用远不止操控聚合物、陶瓷、纸片和金属，而且可被用于医疗业。3D打印可用于假体和医用组件（例如医用传感器）以及植入体内的制动器（例如心脏起搏器）。而最新的研究由生物医学需求所推动，例如制造3D打印皮肤和其他机体组织，而且可能很快就会制造出完整的器官。现在的目标是使用3D打印复制患者衰竭的器官，这样就可以制造出一个替代器官，而无须进行供体移植。其操作方式是将从患者体内获得的活细胞层，通过3D打印机存放在培养皿中，以堆叠三维组织结构的每一层。由于3D模型是从患者自身的活细胞构建而来的，所以患者身体不会排斥这些细胞，免疫系统也不会将其视为异体而进行攻击，而这正是供体移植所面临的巨大问题。

人类和自动化

人类是最伟大的技术创新者和提供者。我们让环境适应我们的爱好，即使在最恶劣的环境中我们也能生存。人类是这样的一个物种：他们可以在 50 ℃的极端条件下生活，或者在低至零下 20 ℃的南极洲存活数月。之所以能做到这一点，是因为作为动物界中独特的物种，我们可以对环境进行设计和改变，以适应自身的生理需求。我们不仅可以在气候不利的环境中为自己及亲属提供栖身之地，而且可以通过工业、农业和打猎来获得粮食和食物。随着人类社会的形成，我们还拥有了社交技能、社会规范、同情心和情商，这些让我们以社群形式运转，和谐相处。

然而，推动人类不断超越的方式是竞争。激发我们竞争天性的是威胁或敌人，正如我们看到的运动和战争中所体现的那样。我们拥有自我意识和个性，拥有像爱那样强大以及像恨、嫉妒和贪婪那样消极的感情。这些未必是创新或发明的抑制剂，实际上它们可能成为燎原的星火。

在面临冲突或压力时，人类富有创造力、好奇心和冒险精神。在战争或饥荒期间，曾出现很多重大创新、发明、发现或社会动乱。重要的是，人类不仅能认识到自身强大的生理极限，而且能超越这些极限，甚至将其能力和视野扩展至自己的星球以外。

我们可以开发机器人和其他网络实体系统，让它们在凶险的环境中执行我们的命令。而且，人类可以调整、学习和改变其行为和身体特征以满足栖息地的要求。

正如我们在接受体能训练时见到的，人体本身就是一台惊人的机器，可以学习和应对身体压力。我们的肌肉可以通过身体的强壮和耐力的提高来适应工作压力，心血管系统也是如此。我们的心率会降低，呼吸会变得更加高效。然而，最有趣的是，我们的肌肉和神经可以形成一个回路，通过回路我们可以在无意识状态下执行任务。例如，网球选手反手接球。

机器和机器人都不具备这些特点，尽管能够重复而不知疲倦地工作，它们只是被指定做某项简单工作的机械设备。机器人不知疲倦当然是其巨大优势，这是事实，但是它们的局限性也很大，至少目前是这样的。然而，如果机器人或其他网络实体系统可以通过先进的M2M学习和通信技术进行沟通，也许它们可以像人类一样作为一个团队来协作，但又不存在不可预知的表现，这种表现的驱动因素有人类团队呈现出来的妒忌、争吵、霸凌、抱怨等负面因素，或者友情和团队精神这种更讨人喜欢的优良品质。

这当然是机器学习和人工智能的目标，即创造具有一定认知能力的智能机器。理想的情况是，智能机器拥有的固定的智力水平使其能够工作并适应自身环境及其他环境，而毫无人类的态度和性格缺陷。

目前在机器人领域，我们离目标还有很远的距离，但是软件机器学习却进展顺利。目前，机器学习和人工智能的状况取决于最新技术。

2015 年 11 月，谷歌推出了名为 TensorFlow 的机器学习系统。谷歌对深度学习的兴趣持续上升，特别是在其收购 DeepMind Technologies 后，而 DeepMind Technologies 自此更名为 Google DeepMind。

2015 年 2 月，DeepMind 科学家展示了一台电脑如何通过深度神经网络和强化学习来弄清楚要做的事情，从而自学近 50 种视频游戏。

IBM 开发的 Watson 是首款商用版认知计算产品。2015 年，该产品用于确定脑癌的治疗方案。2015 年 8 月，IBM 宣布斥资 10 亿美元收购医学公司 Merge Healthcare，Merge Healthcare 将与 Watson 共同提供机器学习方法。

围棋赛是一项极为复杂的赛事，采取 5 局 3 胜制。令人惊讶的是，谷歌开发的人工智能程序 AlphaGo 在围棋赛中打败了世界冠军李世石。奇怪的是，李世石和欧洲冠军（此前曾被 AlphaGo 打败）都无法理解 AlphaGo 的逻辑。从表面上来看，AlphaGo 走了一步没有人可以理解的棋，全球所有顶级选手都认为 AlphaGo 犯了大错，甚至连其挑战者——世界冠军李世石都认为这是一个失误，他对 AlphaGo 走的棋很吃惊，以至他停下来思考了一下，直到他突然意识到这一步棋的出彩之处。“这不是人类的出棋方式……事实上，我从未见过一个人这么出棋。”毋庸置疑，谷歌的 AlphaGo 再次获胜。为什么 AlphaGo 能够打败技术精湛的李世石？难道仅仅是因为作为机器的 AlphaGo 能跟自己下棋，能回放所有已知的人类比赛，并建立起这样一个可能的走法的记忆库作为全年无休学习的过程，使它持续提升博弈策略吗?

谷歌团队对这一胜利进行了分析，并且意识到 AlphaGo 做了一些奇怪的事：它基于数百万已知的人类比赛培训活动计算每一步棋，而人类选手只有 1‰ 的概率认清和反击这一看似疯狂的走法。

平心而论，大师李世石的确设法欺骗了 AlphaGo，在五局比赛中扳回一局，这似乎是一项了不起的成就。

第4章 工业物联网参考架构

工业互联网依赖于 M2M 技术结构。有时，存在几十年的已有旧技术和做法能激发创新，因此工业物联网架构常被视为 M2M 的自然演进。制造业是工业物联网技术的最大用户，在机器自动化、机器人和 M2M 交流与合作方面有着悠久的历史。

图 4-1 所示是传统 M2M 架构和工业物联网架构。如果两相比较，那么很明显两种架构在这一更高层次上的唯一差别是增加了互联网。

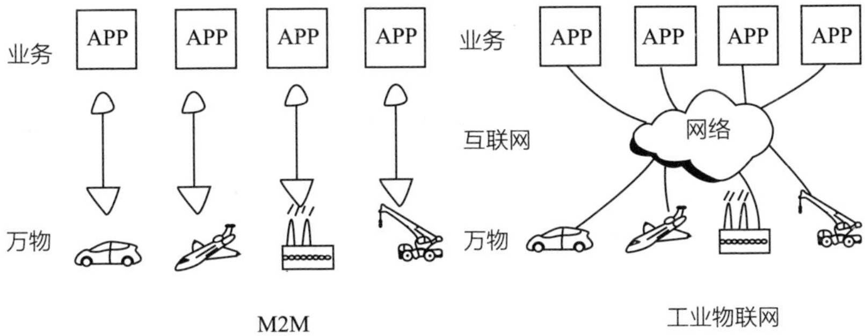

图 4-1　M2M 架构和工业物联网架构

然而一旦深入了解，我们就会发现实际情况大不一样，我们在讨论 IIC（工业互联网委员会）参考架构模型时，将会发现这一点。

IIC 工业互联网参考架构

正如我们所见，工业互联网是更广泛的横向分类物联网的一个子集。物联网包罗万象，如消费者、工业、企业和商业，而工业互联网更注重能源、医疗、制造业、公共部门、运输和相关工业系统。

目前部署的很多工业系统都是互通的（M2M），并且结合了传感器、驱动器、逻辑组件和网络，以便实现系统间的互联和运行。M2M 与工业互联网的区别在于，随着工业系统（IS）与互联网相连，并与企业系统整合以加强业务流程流和分析，这些工业系统将成为工业互联网系统（IIS）。IIS 将通过传感器向企业后端系统提供操作数据，以实现高级数据处理和基于云的高级历史分析和预测分析。高级云服务将推动决策优化，提高运作效率，并促进自主工业控制系统之间的合作。

要实现这些目标，IIS 需要一个基于标准、开放、广泛适用的架构框架。通过提供参考架构，IIC 采用特定框架提供了加速 IIS 广泛部署的途径，该框架可以通过可互操作和互换的构建模块来实施。

由于工业互联网参考架构设计灵活，涵盖众多行业（例如能源、医疗和运输）的各种部署场景，所以其可互换性质十分明显。因此，参考架构是运行在较高的抽象层面上的一种通用框架，可以使设计遵循参考架构，免受不必要的和任意的限制。而且，通过使架构脱离技术上的细节和复杂因素，工业互联网参考架构超越了目前的技术。此方法将基于架构框架，通过认清技术差距来推动新技术的发展。

工业互联网架构框架（IIAF）

本节将概述一些IIAF概念，而无须深入地了解相关标准，这将有助于理解IIAF的结构。IIAF基于ISO/IEC/IEEE 42010：2011标准，该标准确立了架构设计的约定和惯例。通过采用该标准的相关概念（例如利益相关者和视角），IIAF遵循了该规范的结构，这正是参考关注点、股东和相关视角对IIAF进行描述的原因。

利益相关者可以是个人、团队、组织或在系统中有利害关系的任何人。关注点是指感兴趣的话题，视角是描述和处理关注点的一种方式。

例如，如果想了解某系统以及机器之间如何交互，你就需要了解视角以及视角如何与关注点产生关联。处理关注点的方式，是通过深度了解具体接口详情以及系统中每台互联机器的特点，对系统设计进行分解。组件图便于我们更轻松地了解接口，而序列图可能会显示接口之间的交互方式。这些图能针对该视角解决相关的关注点（如图4-2所示）。

图4-2　利益相关者观点

工业互联网视角

视角共分为 4 种：商业、用途、功能和实施。商业视角解决利益相关者业务相关的关注点（例如企业愿景、价值和目标），因此，该视角是企业决策者的兴趣所在。用途视角解决与系统的预期用途相关的关注点，通常表现为应用场景，用户为与系统交互以实现特定功能的操作者。功能视角专注于系统中的功能组件、它们相互关联的方式和与其他系统进行内外整合的方式。实施视角关注的是功能组件生命周期的关注点，以及它们在系统中的实现方式。

商业视角

商业视角解决与业务相关的关注点（例如系统向企业提供价值的方式和符合商业策略的方式）以及金融问题（例如投资回报率）。因此，利益相关者往往是商界的有识之士和决策者，他们能够识别、评估和处理企业的关注点与需求。这些利益相关者通常在企业持有多数股权，拥有强大的决策影响力，并且对公司策略有深入的了解。

用途视角

用途视角将业务需求纳入考虑范围，并通过创建可实现所需结果和商业目标的用户与系统活动来实现业务需求。此处所述的活动作为系统需求的输入，最终将实现系统所需的功能。

功能视角

功能视角关注利益相关者关于工业互联网系统功能的关注点。在大型、复杂的系统中，要想实现这一点并不容易，所以为了处理与IIS功能相关的关注点，IIC创建了“功能域模型”这一概念。而且，IIC计划将“功能域”这一概念应用于各大行业及其特定的IIS要求和规范。因此，域模型的应用很灵活，且并非用作功能域的最低配置或必要配置。例如，某行业的应用案例可能更多地强调其中的某些功能域。

典型的IIS可分为5个功能域，如图4-3所示：

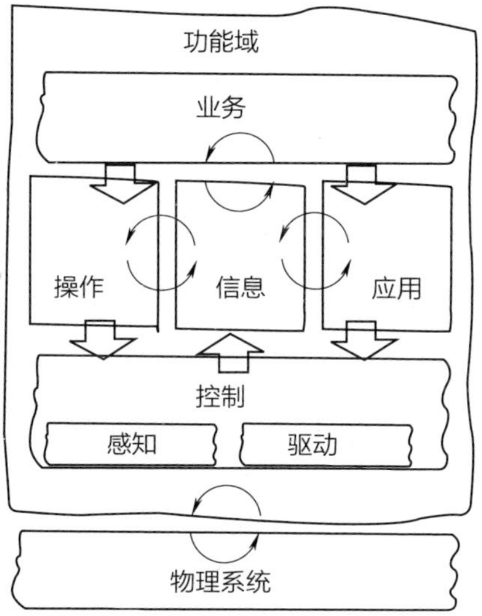

图4-3　功能域

- 控制域
- 操作域
- 信息域

- 应用域
- 业务域

由于 IIC 设计的功能域在大量工业案例中拥有广泛的适用性，因此功能域有很多灵活的实施方法，例如，设计可将多个功能域整合到一个系统，或将它们分割并分配至多个系统。

多个功能域可分为多组构建模块，这些模块对于每个功能域来说都很重要，因为经验表明它们将拥有广泛的适用性。然而，这些构建模块既不是完整配置，也不是最低配置。一种设计方案可以根据需要，在一个系统中实施一个或多个构建模块。IIC 的目的在于为功能域中 IIS 架构概念化提供一个切入点。

控制域

控制域通常呈现为一些功能单元，这些功能单元可执行某些任务，例如，从传感器读取数据，然后逻辑单元应用相关规则和逻辑，再将反馈应用于机器以控制这一过程。在工业场景中，精确度和分辨率是控制功能的两大关键部分，正因如此，只要是在技术上可行，逻辑单元和计算单元通常会被部署在靠近传感器的位置。控制域的示例可能存在于大型 IIS 系统（例如，核电站或较小型 IIS 中的控制室、无人驾驶车辆中的微处理器、控制着智能办公室的温度的 IIS 系统）中。

控制域由一组常见功能组成，这些功能的复杂性可能有所差异。举例来说，IIS 需要传感器，因此控制域需要可读取传感器活动的功能。这类功能需要的可能不只是硬件和软件，还有分析，因为可能需要采用递归传感。递归传感是一个复杂的反馈机制，需要实时连接至 IIS。

控制域还需要智能控制驱动，驱动是指通过设备发送至硬件和软件以控制对驱动器的反馈的信号，进而触发继电器启动操作，例如，将系统返回至安全运行极限。电动机过热或者传感器检测到过度振动可能是危险的。

通信

通信功能会连接所有的功能传感器、驱动器控制器、远程 I/O 设备和最终用于通用协议的网关。这很重要，因为在包括制造业在内的很多工业物联网场景中，传统现场总线协议是通用的，在这种情况下，传感器和后台应用之间需要转换。始终运行同一个均质系统是不可能的，例如，使用 IPv6 和 CoAP 的新站点。在很多情况下，会出现传统的设备和协议，例如 ZigBee，在这种情况下，有必要利用网关进行转换。正是此实体抽象使现有设备协议与规范和接口要求的底层复杂性进行解耦，这样会使内部连接具有可行性。

例如，在智能建筑中，可能存在来自多家供应商、使用各种协议的成百上千台设备，但是每台设备高度专注于一项任务，每项任务都不能掉以轻心。要将这些设备整合至IIS，就需要转换网关。同样，有些传感器反应迟钝，没有微处理器或不支持 IPv6 堆栈，它们需要通过 IPv6 代理进行转换。

建模

数据建模（有时被称为“边缘分析”）的概念一般用来表示受控系统的状态、条件和行为。数据建模的复杂度取决于受控系统，例如明确锅炉维持理想温度的反馈要求，或者复杂一些的，将行为模板应用于飞机的喷气式发动机。然而，在为依赖人工智能和认知能力的系统进行数据建模时，如果超出这些要求的范围，情况就会复杂得多。另外，判断一个系统的建模复杂程度需要了解它的对等系统，且能将这两个系统的数据关联起来，从而采取全面的方法控制系统。

资产管理

资产管理是企业运作功能，凭借该功能，控制系统可以搭载、配置、设置策略，以及执行自我诊断和固件 / 软件自动更新。

执行器

执行器是最终负责确保策略执行的构建模块之一，因此，通过执行器，我们可以了解相关情况和状态。执行器还会监测环境和可能对受控系统造成的影响。来自执行器的反馈控制可能是通过其自身制动或对等系统进行的连续动作。执行器有两种类型：

- 简单型：使用算法进行反馈控制（例如控制锅炉）的一个相对简单的控制机制。
- 复杂型：融合了可提供较高自主性的认知技术和机器学习技术的方方面面。机器可凭此自行做出最好或最坏的决定。

操作域

传统上，控制系统只与其自身环境中的系统互联互通，但随着工业互联网的出现，情况发生了变化。现在 IIS 与地球另一端的其他 IIS 进行通信、数据交换、相互了解。例如，优化出租汽车公司的运营可能会明显节省成本和提高运营效率。

操作域可细分为如图 4–4 所示的控制域。

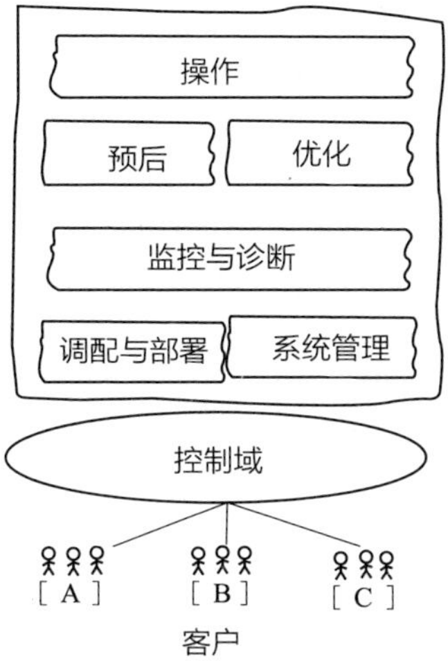

图 4-4　控制域操作

操作域由包括预后、优化、监控与诊断、调配与部署、系统管理的构建模块组成。这些功能与更低层次的控制功能直接关联，并最终与用户关联。如果首先考虑调配和部署，我们可以看到其包含搭载、注册和资产跟踪方面配置（提供服务）所需的一系列功能。操作功能工具旨在以高性价比方式远程安全在线交付无论规模大小的资产。系统管理工具提供了成套工具或功能，使资产管理功能能够与资产（设备、驱动器和传感器）进行双向通信，以控制和管理远程资产。

监控和诊断是一组有价值的功能，可检测和预测故障或问题。能够检测和主动修复问题在工业环境中非常重要。而且，监控和诊断依赖于大数据的历史分析与预测分析，以及实时流预测。

预后依赖于监控和诊断这组功能，因为它要充当 ISS 上的预测分析引擎。通过消耗存储于大数据池中的大量数据来确定历史分析及预测分析，可及早发现潜在的机械和系统问题。

优化是指旨在提高资产性能和效率的一组功能，其终极目标是在降低能源消耗的同时，提高资产可靠性和性能。另外，优化力图提高可用性和效率，以及确保资产以最佳性能运作。

要达到优化的目的，需要满足几个条件：

- 自动化数据采集、验证、处理和分析。
- 捕获和识别重大系统报警、事件和问题，例如电源故障、系统和网络故障、延迟、丢包和停机，以及应用无响应。
- 拥有分析和确定已知问题的根本原因的能力。

信息域

信息域的目标是将从其他域（主要是控制域及其大量的传感器）中获取的操作数据转化为信息，这些信息可用作控制反馈，以稳定或改善流程。然而，信息域的目标不仅仅是采集原始传感器数据，还要对其进行存储和处理，因为原始数据可以转换为信息，然后提炼成知识。将原始数据转换为知识将大大提升我们调整和改进操作与业务决策的能力，并优化流程功能，从而实现更高的生产力、利润和运作效率。

关于流程的信息和知识如何带来收益的示例有很多，例如，了解运营成本和标准惯例之间的反向关系。举个例子，如果一队卡车在每天上午 8:00 的高峰时段离开工厂，那么油耗和后续成本会使利润降低。如果卡车在交通拥堵已经缓和的早高峰之后的时段离开，情况可能会比较有利，但是返程情况会怎样？我们可能又会遇到晚高峰，甚至更拥堵的交通状况。信息和分析也许能化解此困境，解决方式是在早高峰前出发，即在空闲时间出发，这可能需要司机提早交货。而这可能同样便于卡车提早返回，以避开晚高峰。

掌握相关情况总是有帮助的，因为这有利于管理者针对当前情况做出调整，例如大雪导致正常路线封闭，这样他们可以变更交货路线，或者提前通知客户会发生延误。

数据包括汇集来自所有其他域的数据和操作状态的功能，负责数据质量处理（例如数据过滤、清理和删除重复数据），还有启用句法和语义转换的功能，这涉及分别获取正确的消息格式和含义。数据的另一功能是提供数据存储、保持和分配，这与分批处理或流分析有关。

所有这些功能都可按实时流模式执行，由于数据是准实时接收的，数据可通过这种方式进行处理。然而，由于通常数据会被存储以用于后续的批处理作业分析，因此这种方式并非始终可行或经济划算。关于数据的另一功能的一个示例就是大量数据产生和采集于飞机的喷气式发动机。此数据在飞行时进行采集，由于通过卫星链路传送该数据时存在数量和成本问题，因此数据会被存储和上传至系统，用于飞机着陆后的批处理作业分析。

分析包括一组实现数据建模、分析和高阶数据处理规则引擎的功能。分析功能可按流模式或批处理模式在线—离线执行。一般说来，在流模式下，产生的事件和警报被反馈给应用域功能，而批处理作业分析结果则被反馈给业务域。

应用域

应用域承担了控制逻辑和实现特定业务功能的功能。在这个层面上，应用程序不控制机器或系统进程，因为这是控制域的功能。应用程序不能直接访问和控制，或者没有控制 SSI 进程的权限。应用功能执行咨询功能，然而，它们提供用例规则和逻辑以及 API，进而将其功能呈现给系统。应用域支持实现与应用进行交互的用户接口。

业务域

业务域支持工业互联网系统功能和企业业务系统（例如，企业资源管理、客户关系管理、仓库库存管理和很多其他系统）之间的集成和兼容。例如，一项针对制造车间的预测性维护服务，可能对焊接设备过去及可能发生的故障进行历史性和预测性分析，它们可凭此预测可能出现的故障。通过集成其 ERP 系统，它们可确保始终有可用库存，并为客户预留库存。

实施视角

由于实施视角涉及的是技术，而非业务或使用功能，因此它可能是 IIRA 最有趣的方面。毫无疑问，IIS 架构面临一些业务和财务约束，其中包括与资金优势和竞争优势有关的业务需求，符合企业的策略、预算和投资回报。然而，从更深层次来看，了解如何构建

IIS 是一件很有趣的事情。构建 IIS 需要具备什么条件？内在技术复杂性是什么？毕竟关于物联网的炒作已经存在多年，为什么不是每个人都在这么做？

有趣的是，要回答这些问题，我们需要先了解一下实施视角。

拓扑架构

IIC 伴随着传统网络架构早已应运而生，IIC 遵循三层设计，在边界区域拥有网关介质转化器以转换和转化异构协议与技术。

另外，IIC 拥有多层存储拓扑，可支持分别与雾和云相关的性能层、容量层和档案层模式。另外，IIC 架构还支持网络边缘到云（雾）直接连接以及分布式分析（云）拓扑。

三层拓扑

实现工业物联网系统可视化的最好方法，是简要了解三层拓扑。这是对 IIS 的简化呈现，但确实呈现了设计 IIS 网络时需要关注的核心点。

例如，边缘层是托管所有终端节点的邻近网络，节点包括传感器、制动器和远程 I/O 设备，这些设备可为其他传统传感器和组件提供通信工具。这种邻近网络或边缘层乍看似乎很简单，然而，我们很快就会发现很多问题隐藏在细节内。

不过，在深入介绍之前，我们先来了解一下 IIC 的架构，首先从边缘层开始。

边缘层

边缘层是指通过邻近网络收集、聚合和传输所有终端节点的数据至边界网关的地方。根据边缘层内部使用的协议和技术，一些数据转换和接口集成可能应用到集线器、远程 I/O 设备或协议转换器。边缘层包含用于控制域的功能。

平台层

平台层通过接入网从边缘层接收数据，并负责数据转换和处理。平台层还负责管理往另一方向流动的控制数据，例如从企业到边缘层。我们将在平台层定位与信息和操作域相关的大多数功能。

企业层

企业层实施用于决策支持系统和终端用户接口的应用和业务逻辑，例如操作专家。企业层托管大多数应用和业务域功能。

要弄清楚所有这一切是如何组合在一起的，请看图 4–5。

在图4–5中，我们可以看到功能域和三层架构之间的关系。然而，由于可以互相请求服务，功能域和层之间没有排他性。另外，有些功能（例如数据转换）可以发生在不同的层，包括边缘层和平台层。然而，边缘层中的数据转换是针对特定设备或协议的，而在平台层中，数据转换则针对所有的聚合数据。

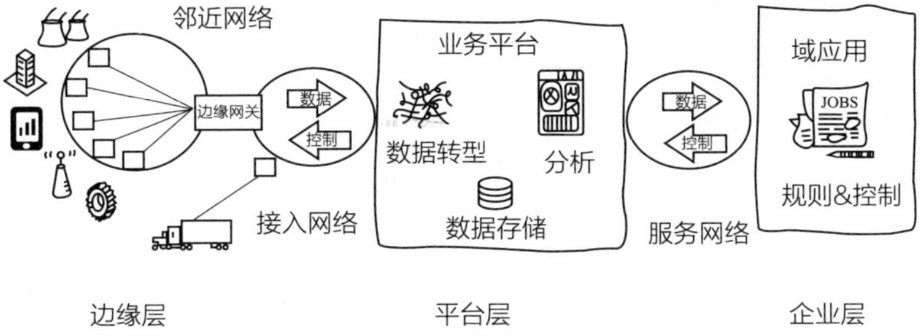

图 4-5　三层架构

图中还显示了邻近网络、接入网络和服务网络的范围和位置。根据地理位置和组织拓扑，三种网络可以有多种形式。

边缘融合网关

使用边缘融合网关设备的目的在于聚合来自所有终端节点的数据流和连接。在同构网络中，网关提供到广域网（WAN）的单个连接点。在异构网络中，网关还充当终端设备的聚合中心，提供不同标准（例如 RS232、以太网或 Modbus）之间的介质转换。

使用边缘融合网关设备的好处之一是它可以提供可扩展性，方式是分解底层终端节点网络的复杂性。通过提供一个出入边缘层以及访问网关以外的终端节点的单点，边缘融合网关可提供一个用于管理及本地数据处理和分析的理想场地。

使部分数据处理与分析接近网络边缘这一概念被称为雾计算，因为与云计算相比，雾计算的数据存储和处理的执行更接近地面。在靠近网络边缘的地方进行数据分析和处理会缓解延迟问题，因为数据无须穿越很长的距离到达云服务提供商，通过最优链路连接至专用网络或第三方网络就能进行处理。

连接

我们连接 IIS 中的终端（如传感器和制动器）的方法，可能是一个很简单或极为复杂的问题。如果存在本地局域网连接（如现场总线、以太网或 Wi-Fi），问题可能很容易解决。然而在电源或通信选择有限的偏远地区连接传感器时，那就是另外一回事了。所以，大量的通信技术应运而生，以适应各种场景，选择多得令人眼花缭乱。而这种无处不在的连接是工业互联网的动力之一，所以我们不应该抱怨。

连接为实现终端节点之间通信所起到的架构作用至关重要，而且这在互操作性、集成和可组合性方面发挥着重大作用。其中，集成需要通用信令和协议（如以太网），而互操作性要求采用同一数据格式（语法）和理解消息（语义）中符号含义的通用方法。可组合性是指理解用户想要表达的意图的能力。

因此，在谈到技术互操作性时，我们指的是使用公用接口（有线或无线）的比特和字节。语义互操作性要求我们使用通用协议，通过通用接口进行通信。

IIS 连接由两大功能层组成：

通信传输层：由于该层提供了通用接口和协议，所以它提供了两个终端节点之间的通信方式，作用是提供两个节点之间的技术兼容性和互操作性。功能与 OSI 数据模型中的第 1 层至第 4 层相关。

连接框架层：该层的功能旨在提供明确的通用通信协议的格式、语法和语义。此功能贯穿 OSI 模型中的第 5 层至第 7 层。

OSI 通信层如图 4–6 所示。

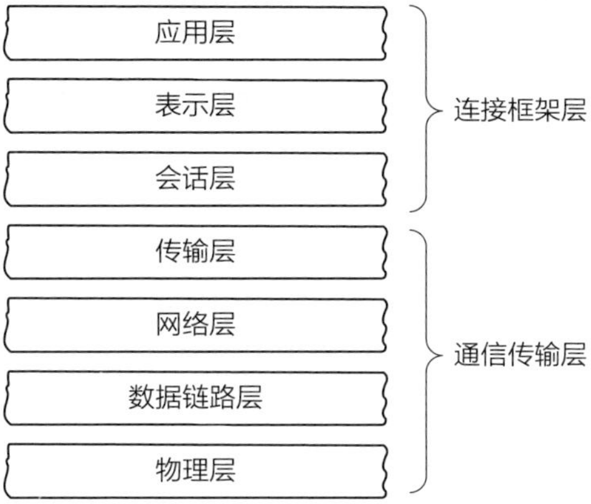

图 4–6 OSI 通信层

关键系统特征

连接功能的部分关键特征是性能，取决于低延时（延迟）和抖动（变量是延迟）、高吞吐量、弹性和可扩展性。在 IIS 中，延时和抖动可能是最重要的因素，由于其动作常常与实际流程密切协调，所以 IIS 通常要求反应时间非常短。可扩展性也是一个非常可取的因素，因为在部分 IIS 示例中，可能连接了数百万个传感器终端节点，这样 IIS 必须能扩展以能够容纳所有节点。

同样，可伸缩性是工业情景中的另一重大因素，因为可靠性是最重要的。网络必须足够强大以适应恶劣的现实条件。在这种恶劣环境下，终端会出现故障，所以有必要对通信损耗和范围进行定位。另外，终端可通过能量采集进行自我恢复，所以可以很好地恢复通信。

连接安全

数据通信要求遵循信息安全三原则，简称 CIA（机密性、完整性和可用性）。然而，终端情景对 IIS 安全有以下要求。

通过访问管理实施的明确的终端交换策略：

授权方法——通过身份识别和访问管理（IAW）方法和系统进行。

加密——针对身份验证过程和传输中的数据。

另外，由于 IIS 的生命周期可长达 20 年，在有些情况下，连接组件需要有比较长的寿命且方便替换或升级。

连接的关键功能特性

连接功能的关键作用，在于提供一个通用的语法（采用同一协议）并确定终端之间的互操作性，以便终端相互理解。因此，我们必须对信息进行结构化，让每个节点都能以通用格式构建其数据并理解信息交换。

另外，还有交付和权限，我们可以通过这两者实现智能判定、发现和节点之间的信息交换。因此，连接框架可支持身份验证和授权，例如读—写和交换数据的权限。

不过，在设计拓扑中，通信可以以点到点、客户端—服务器或发布—订阅的方式来进行。发布—订阅技术是基于发布者的协议，发布者发布订阅者想要获取的主题的日期。这使发行者与订阅者相分离，二者相互独立。在继续阅读本书时，我们会看到多种发布—订阅模式，如 MQTT 和 DDS。

还有数据服务质量功能，例如，以较高优先级传送数据以及提供更好服务质量的要求。通过终端发送的数据可以是尽力服务数据、邮件，或要求高性能和低延迟的数据，例如，流媒体、数据或语音。

因此，我们看到以下传送机制：

最多传送一次——通常称为即发即弃，采用不可靠协议，如 UDP。

最少传送一次——属于可靠传送，如 TCP/IP。通过此类协议，每条消息都将传送到接收者。

有且只有一次传送——该技术用于批量作业，这种传送方式可确保数据包延时（因为过度延时、延迟或者抖动）不会打乱结果。

另外，还需要考虑很多其他因素，例如生命期限，这与 IIS 丢弃旧数据包有关，很像 IP 数据包的生存期因素。还有容错能力，确保存在故障生存性和可选路线或者硬件冗余可用，硬件冗余将保证可用性和可靠性。同样，还有安全性问题，我们将在后续章节中进行详细讨论。

通信层的关键功能

通信层功能可将数据传送至正确的地址和应用。例如，如果某应用希望传达网页浏览的指令，它会使数据包带有接收者的 IP 地址（如 172.16.10.5），问题是接收者的网卡怎样才能知道传入数据包应传送至哪个应用。答案很简单，就像邮政服务 IP 地址发送数据至一个地址，这个地址可能是 172.16.10.5。然而，通过用于 HTTP 流量的端口号 80，网卡可以知道应将数据发送至哪个应用。这类似于将邮件送到公寓楼，可能数百套公寓共享同一个地址。端口（公寓门牌号）可确保邮件的正确投递。

不过，目前存在大量的潜在技术和协议。而且，终端通过 IP 进行通信的方式有很多，比如单播，即点到点直接寻址（我知道你的个人地址和端口，就可以将消息指定发送给你），或者多播，即信源将广播发送至选定的接收组。还有一种广播技术，通过该技术可以向网段上的每个节点进行广播，无论这些节点是否想要该信息，它们都会收到消息。当然这非常浪费带宽，然而在响应时间方面它非常高效。

包括 TCP/IP 在内的部分协议采用三次握手建立连接，从而在传输数据之前建立会话。TCP/IP 是几十年前的设计，旨在方便通过不可靠网络介质（例如那些老式 56 kbps 拨号上网调制解调器）进行的数据传输。另一方面，由于采用即发即弃模式，所以 UDP 是不可靠的，但是通过可靠的网络（如 LAN），速度会很快且极其高效。现在还有为解决 TCP/IP 和 UDP 故障以及满足特定技术（如 VoIP 和流媒体）需求应运而生的其他现代协议，这些新协议采用 RTP（可靠的传输协议），解决了 TCP/IP 长时延迟和建立时间的大多数问题，也减轻了 UDP 不可靠性的威胁。

但是大多数通信协议都是异步的，而这是一个重大问题。我们以节点与发送警报的服务器的通信为例，这需要实时操作或接近实时的操作。幸运的是，现场总线和其他同步通信技术支持此类操作，进而能够实现精准通信。然而，通过设计或使用定时协议（如精确时间协议），或者部署同步的以太网接口，我们可以实现以太网同步。

在最后一部分，我们超越了设计和物理连接，不过我们仍须考虑目前的网络也被用于高效数据管理，因为数据处理技术是必须的，而且与我们减少和转换用于输入分析引擎的数据的方式相关。此外，管理大量的数据是工业物联网要解决的问题，也是能够实现大量设备之间高效通信的方式。

数据管理

在处理我们希望从工业互联网场景中获取的大量数据（如客机的喷气式发动机或风力涡轮机生成的动态数据）时，需要考虑一些特殊因素。例如，我们必须考虑如何管理数量如此庞大的数据，即使能够管理这些数据，还要考虑这出于何种目的。一个石油钻井平台能够生成大量数据，但是其中大多数被认为毫无价值而惨遭抛弃，直到大数据理论出现——该理论认为要保存所有数据，不能丢掉任何信息。

但问题是，随着时间的流逝，传感器会产生大量数据，这些数据需要耗费巨大的代价来处理、管理以及分析。在面对传输和储存这些数据需要花费的成本时，企业往往会望而却步，因为分析仍有赖于数据专家们提出正确的问题，但他们做出的分析却越来越让人讨厌。然而，这并未阻止他们在无意图或不讲究策略的情况下收集数据以获取价值。因此，工业必须寻求有效方式来减小他们所收集数据的绝对数量。同样地，他们也应该寻求有效方式来分析数据，从而从收集的数据中获取最佳效益。

数据缩减趋向于通过采样或过滤来实现，这样能够减小收集数据的总量和速度，而不损失信息内容的价值。采样和过滤属于数据缩减技术，不具备任何分析因素。然而，实际的分析过程会总结数据并产生近似值，因此数据缩减可以与数据压缩相提并论，也可以大幅降噪，但保留信号的真实性。

重要的是，如果努力收集一个工业程序产生的所有重要数据，我们就必须用有效方法去鉴定并收集我们感兴趣的数据，同时忽略其他数据。发布—订阅模式是一种可以仅接收我们想了解的信息的有效方式。我们可以自由选择希望接收信息的话题和种类，而非接收一切信息。发布—订阅模式在面向对象程序设计（OOP）以及在通过网络管理大量不同数据分配时，效率极高。

发布—订阅模式技术，有助于在松散连接的分布式系统之间对更新信息进行高效分配和交换。发布—订阅模式可促进优化某些系统之间的跨网络通信，这些系统包括能产生感兴趣内容（例如，警报和戒备）的系统，以及尽快高效收听更新的系统。

这一模式的优点在于它能够将发布者和订阅者分离。这意味着无论订阅者的网络位置或时间是什么，他们都能立刻收到发布者的状态更新,这降低了由订阅者频繁更新导致的通知和警报延迟的风险。除此之外，该模式还具备其他优点，例如，若网络不可靠，发布者将在恢复连接时储存并更新订阅者。

发布和订阅的目的，是在边缘层节点和云端服务之间提供低延时数据流。相反地，它也可向终端节点设备提供来自平台层及企业层的系统的控制流数据。另外，发布—订阅模式具有可扩展性，这是由于它可以处理大量的充当数据源的发布者以及充当数据使用者的订阅者。

发布和订阅支持的操作方式有：警报和事件、命令和控制以及配置。它可以像总线或代理拓扑一样工作，具体取决于协议和技术（稍后将深入探讨发布—订阅协议）。

查询

IIS 有两种软件查询方式：其一是一次查询，它与传统的数据库查询类似，是批作业流程；其二是持续查询，它与数据流分析和内存数据库相关，支持实时数据处理。

查询可以对设备生成数据的所选子网进行询问。若为直接寻址，所请求的数据会应用户要求进行拉取或推送至为无址可寻设备处理输入 / 输出的网关。用户可以选择手动查询或通过软件进行自动查询。使用软件自动查询，通常被用于批量运行分析和报告。

存储、保留和检索

存储、保留和检索可以实现一些很重要的用途，例如生成审计记录、支持通过重播进行模拟，以及通过云存储提供可靠存储和可扩展性。

IIS 中支持的数据存储有多种形式：

记录——支持按顺序定义数据的持久子集，类似于数据库。然而，记录数据通常不用作查询的主题，而是用于保存、后处理和分析。

重放——支持将数据作为一个集合进行检索，这使先前记录的数据能够按照之前接收的顺序作为数据项重放。

历史库——从本地机器进程中收集和存储数据以进行批处理。

大数据——用于管理和存储大量系统数据的现代首选解决方案。存储大量数据的能力取决于云的灵活性和成本效益。

高级数据分析

像工业互联网中的许多技术或方法一样，高级分析并非新鲜事物。事实上这一概念已经存在了几十年，只是其算法和方式有所改变。随着大数据和物联网的引进，人们对高级分析的兴趣突然增加。以前，人们对高级算法的兴趣仅限于某些业务领域，如保险、营销和金融。在这些部门中，风险和机会是关键的驱动因素。而随着大数据和云资源的出现，工业中许多其他领域的兴趣在于寻找改进决策、降低风险和优化业务成果的方法。

这导致了传统商业智能的巨大转变，传统商业智能更侧重于描述性分析，使用历史数据来确定即将发生何事。而现在，企业领导者向高级分析寻求解决方案，这种分析法不仅询问发生何事，而且询问为何发生，通过这一诊断性的深入分析，对描述性分析进行补充。此外，现代商业智能使用预测分析来询问即将发生何事。最后，它使用规范分析来询问你应该做什么（如图 4–7 所示）。

虽然基本描述性分析提供了历史数据的总结，但高级分析可使用更大的样品池，提供更深入的数据洞察，并最终通过更精细的数据分析获取知识。数据驱动决策不仅能够降低风险，提高业务成功的概率，还可以揭示数据中隐藏的相关性。例如，石油钻井平台应用程序在许多其他数据源中对一系列结构化和非结构化来源，包括地质学报告、地震数据研究、潜孔钻机数据、卫星照片和海底声纳数据申请分析，以便推荐最佳勘探和钻井计划。

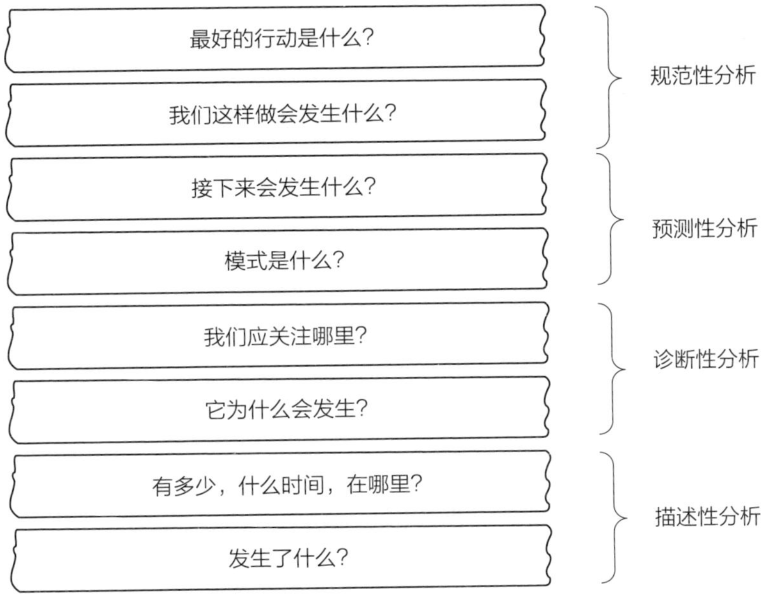

图 4-7　分析的类型和方式

然而，从数据中提取价值需要一系列技能，包括数据集成和准备、创建数据库模型和计算环境、数据挖掘以及开发特定的智能算法。这是因为了解数据的含义并非易事。

市场的剧烈波动，使预测未来趋势以及业务决策的潜在影响变得极为困难。拥有精确数据和可靠预测使商业领袖能够在做财务规划和分析时自信地做出决策。

标准商业智能软件工具可用于大数据分析，如预测分析、数据挖掘、文本分析和统计分析。同样，一些企业商务智能软件和数据可视化工具在分析过程中也被证明具有一定的价值。然而，大数据的特征之一是数据兼具结构化和非结构化特点，这种半结构化的聚合数据可能并不适合传统的关系数据库。

此外，传统数据仓库中可用的计算资源，可能无法满足大数据的处理需求，例如，石油和天然气管道数据的实时数据分析。因此，这催生了一批新的大数据技术（如 Hadoop——一种分布式非结构化数据存储解决方案）和相关工具（如 YARN、MapReduce 和 Spark）。同样，NoSQL 数据库比传统的 SQL 关系数据库更适用，因为它们可以保存所有结构化格式的数据。这些开源的新技术提供了支持处理大型、多样化数据集的框架。

第5章 设计工业互联网系统

换能器（传感器和制动器）是所有 M2M 或工业物联网架构的基本核心。它们是所有系统的边缘设备，使我们能够感知和操控我们的环境。然而，换能器只有在可以与其他设备或中央处理机通信时才可行，并且需要相互连接。

正如之前所见，M2M 和工业物联网共享同一参照及其架构。两者的相同点是都用于托管设备的邻近网络区域。邻近区域是连接所有设备和应用程序回程、后端服务器和存储连通性的关键。回顾前一章，从 M2M 到工业互联网的唯一真正变革，是工业物联网具有互联网的连接性。

因此，当比较和研究 M2M 和工业物联网的架构时，我们可以将有关云计算系统中的智能和接口中间件看作工业物联网的一部分，而不是每个工业物联网或 M2M 系统的不可或缺的一部分。因此，我们可以撇开公共邻近区域，独立地评估每个系统的后端联通性。

随后，我们如果考虑组成工业物联网和 M2M 架构的基本要素，即构建互连系统的基本要素，就可以将它们视为等价要素。本章涵盖了“物”——在 M2M 和工业物联网系统中起感知和操控作用的设备连接。

设备可以采用多种形式，这是了解如何构建互连系统的关键先决条件。并非所有设备都相同，或有相同的复杂性、连通性要求。设备可以以多种方式部署在服装、信用卡、机械、智能手机、喷气发动机，甚至在你的身体里，这意味着试图创建一个万能系统来监视、管理和控制这些设备，纯属无稽之谈。

此外，我们还有大量的换能器可供选择，无论是简单、便宜、无源的模拟传感器、TTL 数字传感器和驱动器、复杂嵌入式系统和芯片高级系统，还是内置于支持自有协议的工业机器中的高级定制专有逻辑。我们不可能只有单一的连接方式。此外，每个设备将根据其角色被赋予独特的通信特点，并且这将决定它们所传数据的频率和数量。一方面，设备的角色和类型将具有有限的物理特点，比如型号和能量，智能工厂中的某芯片系统，很可能使用外部电源；另一方面，部署在远程现场的设备可能是自供电设备，也许使用能续航数年而非数月的一小块纽扣电池。当然也存在其他替代电源，如太阳能和风能，但这些能源仍然只提供非常有限的能量，并且不太可能适用于为卫星或 3G/4G/LTE 无线电广播发射机供电。

在设计设备和系统的互连时，我们必须考虑每个设备的物理特性和性能要求，这一点至关重要。这些问题将决定哪种通信方法和协议可以适用于所有情况。设计系统互连并不复杂，而且针对每种情况都已经配备了合适的工具。这只是将需求与可用工具进行匹配的问题。

工业物联网的概念

在设计用于连接工业物联网设备的系统时，我们至少需要考虑 4 种基本情况。每个应用案例都是一个特定的类型，它们来自物联网的单独横向概念。互联网连接的物联网概念，是物联网的通用术语，是一项涵盖众多学科的广泛横向技术。

随后，此概念的更具体的子集作为纵向市场出现，这些子集包括：

- 企业物联网
- 消费物联网
- 商业物联网
- 工业物联网

一方面，每个场景都有不同的特性，这些特性基于其通常被部署的环境和通信要求。例如，在企业场景中，物联网设备通常使用以太网（有线或无线）进行连接，因为以太网实际上是企业内的通信协议。此外，这些设备仅支持本地连接，并在网关、后端系统和存储设备之间通信。当企业物联网设备需要互联网连接时，实体将通过互联网网关进行通信。

另一方面，商业物联网（例如，部署在郊区或农村地区的电表或水表）不会受益于本地可用的无线或有线以太网，并且可能需要直接与服务提供商的互联网网关进行通信。这类似于工业物联网，但工业物联网（例如，智能工厂部署）要求甚至强制要求许多 M2M 通信必须是实时的。因此，要了解如何构建和互连工业互联网设备网络，你需要深入了解的不仅是传感器如何与世界其他地区通信，还有网络的延迟和可预测性。

邻近网络

通信技术的选择将直接影响设备互联系统的成本、可靠性和性能。然而，虽然系统设计人员可以以众多方式部署设备，但是没有哪种技术适用于所有场景。

例如，在智能建筑中部署物联网这一简单场景下，我们需要在整个建筑物中对传感器和驱动器进行定位。整个建筑物可能需要数千个传感器监测环境条件，例如温度、湿度、烟雾、声音或压力，还可能需要数百个驱动器来控制基础系统。在复杂的地方将所有这些设备的供电系统和通信系统进行物理连接，将是一项非常昂贵、繁重且耗时的任务，因此部署电池和无线传感器网络用于供电和通信是一个理想的解决方案。

因此，当我们设计网络时，必须考虑需要低功耗、但要通过短距离传输数据进行通信的简单节点的要求。这是无线节点网络（WSN）局域网的基础。

WSN 网络由许多 WSN 节点组成，并且这些节点通常是廉价的传感器，互相连接构成网状或星型拓扑以覆盖某局部区域，例如智能工厂车间或智能建筑物中的物理空间。

每个 WSN 节点都像一个廉价的嵌入式传感器，这些节点智能程度有限，只能执行单一的功能，如监测温度或水位。由于价格便宜，它们可以大规模部署在无线传感器网络中以覆盖大型战略区域。因此，WSN 是由一系列分布式 WSN 节点（比如在星型或网状拓扑中被策略性部署和互连的传感器和驱动器）组成的。在此种拓扑结构下，每个 WSN 节点将数据传输至相邻节点，直到该数据到达通常为中心控制器的边缘节点。执行控制功能的回程流量会以类似的方式从后端应用程序发送至驱动器。

WSN 节点的另一个特征是低功率，因此它们可以通过电池驱动或通过太阳能、动能、风能或电磁辐射来收集能量。WSN 节点仅生成或消耗少量的数据。它们可以检测和传达任何温度变化、开灯或激活继电器。WSN 节点通常使用非常基本的通信接口，因此它们需要连接 IP—感知边缘设备，以与系统的其余部分设备通信。

WSN 边缘节点

WSN 边缘节点是 WSN 网络和 IP 回程网络之间的网关。边缘节点也可能会对 WSN 节点和 IP 边缘节点之间的本地通信协议进行转换和重构，并且它将对来自所有节点的数据进行聚合和关联。此外，边缘节点将能够通过其标准接口来识别每个 WSN 节点。另外，边缘节点将对数据进行一些本地处理，并且通过穿越回程 IP 网络链路来过滤掉大量不必要的流量。我们在边缘设备上进行本地处理的原因是，在 WSN 网络中，我们真的只需要了解传感器状态的变化。如果无任何变化，我们就不需要通过 IP 网络从传感器发送恒定的相同数据流到控制应用。因此，边缘控制器仅向上传递给定传感器状态改变的通知。这会大大减少传递至控制器的流量，且不影响其性能或效率。

WSN 网络协议

所有 WSN 节点都有一个共同特点：它们仅需要低功耗的通信技术和协议。在一些企业和商业用例中，Wi-Fi 明显具有竞争性，因为它在大多数商业及工业场所中无处不在。然而，Wi-Fi 需要相当大的功率并且可能与现有 WLAN 冲突。而在工业用例中使用的物联网设备的选择依据，是其无线电功耗低且不与现有无线电广播冲突。目前还有许多竞争技术可被应用。

低功率技术

工业物联网网络技术的最新研究和开发，旨在加快低成本、低功耗连接方案的发展。这些新的低功耗技术支持超大型智能网络和微型 WSD 节点网络的设计和创建。目前，主要的研发工作包括对低功率和高效无线电的研究，这将使电池寿命延长至数年。能够收集太阳能、风能或电磁能作为电源的物联网设备的生产，也引发了人们相当大的兴趣，因为这对于在农村地区部署远程 M2M 类型网状网络而言，是一项重大的技术进步。如应用在智能农业场景中。能量收集物联网设备将通过网状 M2M 网络，为高度容错且无人照管的长期解决方案提供了方法。它仅需要最小限度的人工干预。

然而，研究和技术不仅仅关注技术方法，研究人员也正在尽力研究使应用协议和数据格式更加高效的方法。例如，低功率节点要求在最小功率级上运行，以较低的能够维持自身运行的水平获得电源供应的设备必须以高效及时的方式传送数据，这对协议设计有严重影响。另外，我们还需要考虑一些重要的权衡，例如，较高的数据速率需要较高的功率级，以使无线电在较高频率上发射，因此较低的频率通常被认为是更好的。然而，对于相同数量的数据来说，频率较低也意味着传输较慢，因此无线电将保持较长时间，从而消耗额外的功率。因此，我们必须仔细考虑频率（频带宽度）、发送消息的大小以及可用的技术和协议，以将无线电功率—传输时间降到最小，从而保持电池寿命。

设计低功耗设备网络

问题在于，在换能器的工业物联网部署中，并非所有的技术和协议都适合每个场景。还有另一个问题就是存在会造成混乱的技术难题。例如，通过网状或星型拓扑连接的设备（换能器）如何与其他设备或网关边缘设备进行有效通信？

这里存在几个问题，其中一个是采用的物理层技术（比如采用有线技术还是无线技术）。无线技术、无线通信必须满足部署所需的标准。毕竟，在目标行业中生产一个使用非标准接口的新产品毫无用处。标准在此处尤为重要。

目前，标准极其重要，但同时也十分稀缺，所以我们将只介绍所有行业特定产品应该遵守的主要行业标准。

这方面的一个例子是，开发伟大产品的创业公司必须遵守现有的相关行业标准，否则将永远不会在商业上被认可。行业决策者善于规避风险，因此不太可能采用不符合现有行业标准的方案。

例如，设想一个车辆总线采用一个专用内部通信网络，该网络能使车辆（汽车、公共汽车、火车、船舶或飞机）内的部件互连。车辆使用特殊的总线拓扑，因为它对控制车辆以及乘客安全有特殊要求，例如车辆系统需要严格保证消息能够传递至每个部件。车辆系统还要求存在非冲突消息，即满足消息传递的确定时间，这需要冗余路由。然而，低成本和对 EMF 噪声的弹性，是强制使用不常见的网络协议的两个其他特性。

流行协议包括控制器局域网和本地互连网络等。除了像航空电子全双工交换以太网的 ARINC 664 这样的飞机，很少有飞机使用常规的计算机网络技术（比如以太网和 TCP/IP）。使用 AFDX 的飞机型号包括 B787、A400M 和 A380。

另一个成熟的标准是 IEEE 1451。IEEE 1451 是智能换能器接口标准系列，此标准系列描述了用于将换能器（传感器或制动器）连接至微处理器、仪器系统和控制—域网络的一组开放、公共、网络独立的通信接口。

这就向我们提出了应该使用何种技术和协议的问题。要回答此问题，我们需要了解，仅在较高的层次上，设备（M2M）如何进行通信。

要理解这一点，我们需要回到一些基本点 [如分层网络通信的 OSI 表（见图 5-1）] 上。

图 5-1 所示的 7 层 OSI 表，列明了数据通信中的每个结构层。

参考图 5-1，我们可以分离出 7 个功能层：

图 5-1 OSI 表

第 1 层——物理层，硬件在这里生成电信号或光信号来表示穿过物理网络的数据，无论是光纤、铜（5 或 6 类线），还是无线网络。

第 2 层——数据链路层，它使每个主机系统能够理解数据成帧的协议。例如，哪些数据与主机寻址相关，以及哪些数据为有效载荷。

第 3 层——网络层，该层与网络地址相关，网络地址是 IP 地址且用于标识主机。

第 4 层——传输层，它是 TCP/IP 特定的，能处理丢失的数据包和失序的数据包，并可以请求发送者根据这些数据包的序列号重发或重组数据包。

第 5 层——会话层，它用于维护两个主机之间的会话信息，这对于 TCP/IP 来说尤为重要，因为它可以执行加密和其他安全措施。

第 6 层——表示层，它以接收方要求的格式提供数据。

第 7 层——应用层，它包含用于通信的端到端协议。例如，Web 客户端与 Web 服务器通信时的 HTTP。

这就是 OSI 结构，它已通过数据通信为我们很好地服务了几十年。然而，基于 Web 的应用需要更加精简的结构。于是就出现了 5 层 TCP/IP 层模型（见图 5-2）。

同样，要实现实时应用和服务所需的性能，工业物联网需要一个更加简洁的框架。

其重点是端点之间的数据通信变得更加重要，因为我们已经采用了先进的技术和服务水平协议。这就是物联网的情况，因为实时通信对工业至关重要。

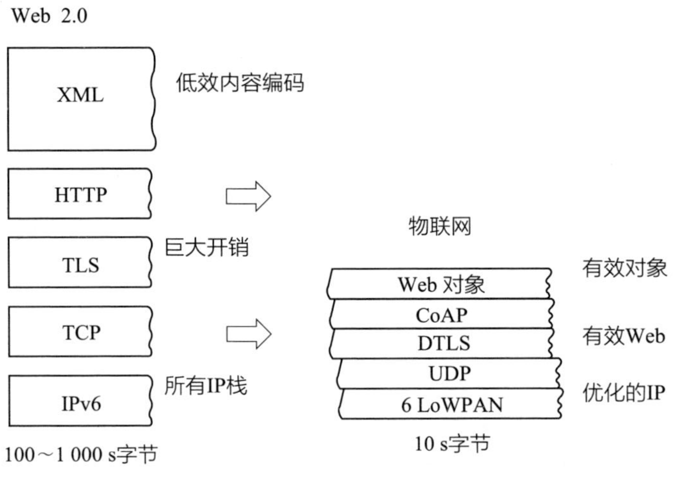

图 5-2 Web 2.0 层

不管消费物联网能否成功，它都不必须支持实时通信。早期采用智能家居、运动或健康可穿戴设备的用户，可能会备受物联网自动化故障的困扰，但这些故障并不是灾难性的。然而，在制造业或其他行业中，操作或系统故障可能会造成数百万美元的收益损失。这当然会使工业物联网在具有强大吸引力的同时存在巨大风险隐患。

问题是工业物联网如何解决这些问题，这可能会减轻首席执行官规避风险的压力。答案是通过不同的协议结构来解决。因为其中基于 Web 的应用程序将 OSI 协议栈减至 5 个级别，所以物联网结构精简幅度更大且依赖于更高效的协议。

例如，比较图 5-3 中的模型。

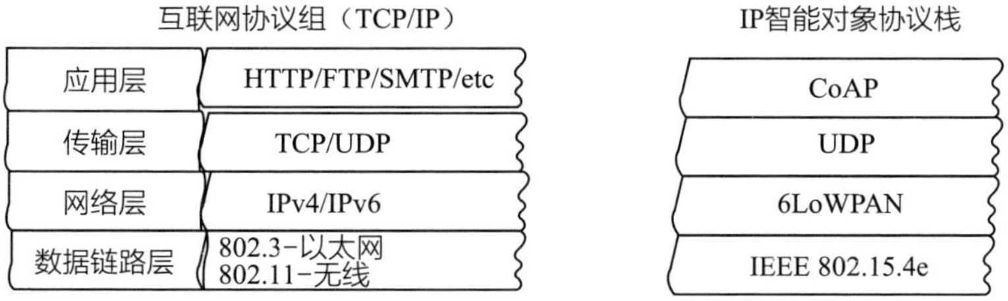

图 5-3　IP 层与工业物联网层的对比

OSI 模型的演变清楚地显示了技术和协议效率的重大进步。工业物联网迎接这些挑战，并利用先进的物理技术和通信协议发展来解决现有的 IP 问题，例如，处理等待时间、抖动和延迟，这些都是传统 IP 网络的烦恼之源。

因此，我们现在有一个缩减的 OSI 协议栈，它可以提供更有效的节点到节点的通信，并提供更好的性能，以满足行业的效率标准。最终，物理层的无线技术和有线技术性能显著增长。毕竟，在 10 年前谁会相信，我们在主干网会拥有以消费者为主的 1 GB 无线技术和部署 40 GB/100 GB 有线以太网技术的运营商？同样，我们已经见证了数据成帧协议效率的巨大改进：在低功率网络上传输的 IP 数据包的开销—数据比，已经急剧下降。

此外，我们过去无法想象的技术和网络协议取得的重大进步，会使物联网成为现实。下一节将介绍设计工业物联网系统时可用的大量技术和协议。我们只需要记住：没有适用于所有问题的解决方案。

对于工业互联网来说，为整个网络选择一个公共协议（如 IPv6）并非易事，因为我们必须考虑如何整合众多不同的传统通信技术。这一点很重要，因为许多现有设备，特别是传感器（属于非智能设备或无源设备），没有托管 IP 堆栈的能力。这些设备可能已经被设置为通过电缆直接连接至可能使用 RS232 串行连接的 PCB 或 PC。生产环境中的许多现有传感器将以这种方式配置，因此我们需要确认一些现有的通信技术，并决定如何利用它们进入新的工业互联网架构。

传统工业协议

如果考虑到许多工业技术应用的生命周期可长达 20 年，那么许多传统技术仍留存至今也就不足为奇了。事实上，那些被认为过时的通信协议在工业环境中依然活跃，而且这些协议表现良好，能提供工业环境所需的性能。

RS232 串行通信

串行模拟通信和 RS232 规范回到了使用大型主机和通过调制解调器来通信的时代，这些调制解调器使用标准电话电缆和连接器、9 针串行 DIN 插头，甚至装有电话听筒。通常，RS232 以 9 600 bps 的速度运行，但目前其速度已经增加至 56 kbps 甚至更高。RS232 规范针对端对端通信，其中只有两台机器（即端点主机）可以直接通信。这是因为 RS232 在单芯电缆（例如连接两个主机的电话线）上运行。事实上，RS232 和其他串行通信模式在 OSI 模型的第 1 层运行。这意味着没有共享数据链路层或 MAC 寻址，因此一旦确定波特率、奇偶校验和停止位具有兼容性，主机就会彼此连接。认证取决于主机系统，而非通信技术。因此，即使是在物理上最受限制的设备上，RS232 的运行也极其简单，因为不需要处理器和更高的协议栈，如 TCP/IP。

运行 RS232 的设备易于安装，尽管它们缺乏通过廉价的串行至 USB 转换器的 IP 能力，我们可以将该设备直接连接到邻近区域网关。此外，作为模拟通信形式，RS232 可以跨越比数字通信方式更长的链路，甚至在长距离传输过程中也不易受到噪声和信号衰减的影响。因此，如果这些设备只是执行其设计初衷所对应的任务，我们就没有迫切的理由去升级或替换它们。

4~20 mA 电流环路

在工业环境中传输数据的另一种传统模拟方法，是通过名为电流环路的技术，尽管技术人员通常将其称为 4~20 mA。4~20 mA 一词源于该技术的工作原理。环路上的接收器将从温度传感器等设备中接收模拟输入。发射器使用大于 4 mA 小于 20 mA 的 DC 数据源调制该模拟信号。这 16 mA 的扩展被分成数个微小的数字分配，并且电流环路发射器会为输入模拟信号分配适当的电平，相当于 0 对应

4 mA，最大值对应 20 mA。通过调制由电源而非发射器提供的直流电流中的输入信号，我们可以准确再现模拟信号。

电流环路具有其他形式模拟通信的所有优点，例如，不易受噪声影响，并且可以长距离传输。此外，因为电流环路使用伪零（4 mA），所以任何地面电平噪声实际上位于信号下方，具有 4 mA 的最小基数电平。因此，任何低电平噪声都很容易与信号分离。电流环路的另一个优点是较容易排除故障，因为它遵循电学定律和回路属性。环路中每个点的电平都相同,这意味着仅通过数字电压表即可轻松检测。如果它在源头处显示 12 mA，那么接收器处也会显示 12 mA。

电流环路广泛被应用于传统制造环境和工厂的模拟设备连接。它可靠、牢固，并且不易受噪声和干扰的影响。

现场总线技术

前两个工业技术示例引用了两种速率较慢但可靠的模拟技术，它们在今日的数字化市场中仍有用武之地。这些技术在非关键应用场合下可用于处理传感器数据。但遗憾的是，在如今的现代化工厂中，大部分的制造和加工系统都需要具有实时或接近实时的性能。已发展多年的实现实时性能的方式，就采用了分布式总线的概念。在分布式总线中，如果获得许可，总线上的每个节点都能够通过总线直接与其他节点通信。这种方式不仅是工厂车间里机器设备实现通信的方式，还是汽车、飞机、卡车和火车自动化、控制和管理系统通过控制器局域网实现通信的基础。控制器局域网专为车辆中的微处理器实现通信而设计，无须部署本地主机。

但是，控制器局域网并不是唯一的现场总线技术。现场总线技术还有许多，诸如 EtherCat、Profibus、Foundation FieldBus、Modbus、BitBus 等其他版本和标准。

遗憾的是，尽管我们有多种现场总线技术可供选择，但是互操作性往往是一个问题。这是因为现场总线技术采用的是 OSI 模型的第 1 层、第 2 层和第 7 层。第 1 层和第 2 层描述了技术的物理特性，如位定时、同步、如何格式化和组装信息、错误处理方式以及其他技术细节；而第 7 层涉及如何与终端应用程序互动。因此，互操作性的目标就是实现一个公共的应用层，不管底层的技术规格如何，它均可以提供多种服务。

尽管现场总线技术在互操作性方面折戟沉沙，但是由于包括成本在内的多种原因，其应用及标准却越来越普及。由于大多数设备与单点共用一条总线，因此现场总线走线一般比 4~20 mA 便宜。除了成本效益方面的因素，现场总线技术还很高效，采用现场总线的分布式网络，每台设备能够处理多个变量，而 4~20 mA 只能处理和调制一个变量的一个实例。易维护是现场总线技术的另外一个优势，因为采用现场总线部署，我们通过使用现场总线设备的诊断数据，在第一次就能预测出问题所在。这为预测性和主动性维护策略奠定了基础，而这些维护策略通常被认为是促进工业物联网部署的推动因素。

由于生产设备较长的使用寿命以及出于保护工业标准的期望，在目前以及今后一段时间内，现场总线技术仍会存在。但是，工业以太网正在逐渐取代现场总线技术。

现代通信协议

工业以太网

工业以太网与我们在业务中使用的以太网并无二致。工业以太网采用与以太网相同的架构和协议，但不同的是工业以太网采用比以太网更为稳健的布线和接头。这实际上意味着在数据和协议层面，工业以太网与标准以太网能够100%地实现互操作。

工业以太网采用牢固的布线，以便抵御高温、强震、干扰及潮湿等恶劣环境，而标准以太网的5/6类线缆以及廉价的塑料RJ45接头无法适应这些恶劣环境。采用光纤技术能够规避部分问题，例如干扰。

由于碰撞检测和早期规格的半双工性质，某些早期部署的以太网会出现问题。但是，全双工技术解决了这些早期出现的问题，并且由于其固有的能够在MAC地址层实现通信的能力，其传输速率比TCP/IP更快，因此，目前以太网大量用于实时部署。

采用802.xx以太网标准协议等通用标准的优势，就是与IP网络（例如商业局域网、广域网和互联网）的集成会变得相当容易。同样，由于不需要网关就可以实现数据包的转换，与云中可用的业务应用和服务集成也非常简单。它们都可以通过以太网进行通信。此外，工业以太网的另一个特点，就是能够通过使用较大的数据包以更大的带宽和更快的速度连接多个设备。但是，因为以太网数据包最小字节长度为64 bytes，而一般情况下在工业系统中常常在小数据包中传输8~10 bytes的数据，所以该特点同时也是一个弊端。

遗憾的是，正如我们所了解的，许多工业以太网格式不具备互操作性。尽管它们都支持核心以太网和 TCP/IP 模型的 4 层结构，但还是在第 7 层应用层，以及在通用的封装和管理通信模型下，工业以太网的实现方式出现差异。例如，有些差异体现在封装模式，以太网 /IP、基金会现场总线以及像 Profinet 这样的分布系统上。

通过采用封装技术，现有的现场总线报文可以很方便地封装于 TCP 或 UDP 容器中。完成封装之后，包含现场总线数据报文的 TCP 或 UDP 数据包就会像其他 IP 数据包一样，作为以太网帧通过以太网进行传输。这种方法的优势在于无须改变底层的现场总线技术，只需一个合适的现场总线到以太网的网关即可。该方法有助于快速且高效地部署，而无须对机器设备或可编程逻辑控制器（PLC）系统做任何工程变更。在这种配置下，以太网作为骨干网能够提供现场总线技术所欠缺的高带宽和高传输速率。

工业互联网最关心的问题就是处理对时间要求严格的流量，因为大多数生产设备及流程对处理时间有严格的要求。在要求响应时间达到微秒级的生产系统中，大约 100 ms 的典型以太网远程 I/O 响应时间是无法接受的。因此，工业以太网必须解决此问题，而该问题目前可以通过以下几种方法解决。

封装的现场总线或应用协议

对于对响应时间有严格要求的流量而言，其中一个方法就是将现场总线流量嵌入 TCP/UDP 容器中，并且通过以太网网络进行隧道传输。尽管这种方法可以将本地较小网段内的响应时间缩短至大约

20 ms，但它仍然不能大幅地缩短响应时间。但是，如果使用同步以太网端口或采用精确时间协议（IEEE 1588）与直接 MAC 寻址（使用不带 IP 寻址的本地以太网寻址技术），将会使响应时间缩短至 1 ms。

另外一种技术就是提供 3 条传输通道。如果你在某个网段进行流量传输，且待传输的流量包含以下三种——应用协议和数据、非关键且对响应时间较敏感的流量，以及关键的、对响应时间有严格要求的流量，则该种技术比较适合。对于应用协议和数据，采用标准的 TCP/IP 协议以及“尽力而为”的传输机制（5~10 ms）对于非关键但对响应时间较敏感的流量（1 ms），可以对数据包进行分级，为优先传输的数据包分配较高的优先级。最后，对于关键的、对响应时间有严格要求的流量，可以在以太网环境下安装快速的硬件交换设备，将响应时间缩短至 0.2 ms。

从工业以太网可用的多种标准中，我们可以看出，没有一种标准可以满足所有要求，在某些情况下，我们必须将现场总线、4~20 mA 和 RS232 与以太网集成，以便为邻近网络中的设备提供连接。

但是，在此讨论的只是生产、加工、机车自动化、电网等系统中过去和目前使用的一些通信技术。我们仍需考虑那些能使物联网切实可用的对响应时间无严格要求的通信技术。可问题是，目前无线技术的数量众多，但是没有一种解决方案能够满足所有场景的需求。

标准以太网

作为目前商业和企业普遍选用的网络技术和协议，802.3 以太网协议如今已无处不在。以太网既是一种协议，也是一种技术。在近、中和远程部署中，以太网可以通过铜线（5/6类双绞线）、光纤和无线电波（Wi-Fi和微波）进行数据传输。以太网很受欢迎，因为早在20世纪80年代初期，它就已经成为日益增长的商业计算机网络行业中的一种主要网络技术。与令牌环等竞争技术相比，以太网布线成本较低，而且网络设计师更容易规划网络拓扑。此外，技术人员可以更轻松地部署和排除网络故障。

因此，凭借这些优点，以太网已当仁不让地成为企业首选的组网技术，并且在如今的商业或商业计算机网络中，很少能够见到除以太网之外的其他技术。

以太网协议的工作原理是安装在每个设备中的网卡都有一个独特的MAC地址，并且该地址通过硬编码或烧录在网卡的只读内存中，因此它是独一无二的。正是因为MAC地址的唯一性原则，所以可以很轻松地利用MAC地址对设备进行寻址。因此，以太网将帧头封装入待发送的数据，该帧头包含发送方和接收方设备的源和目的MAC地址。于是，以太网可以将该帧发送至物理层驱动程序，使其能够通过选择的媒介（铜线、光纤或无线）进行传输。和网络上的其他以太网设备一样，接收方侦听带有其唯一地址的所有流量，并且仅处理带有其唯一地址、广播地址（一条至所有设备的消息）或多播地址（一个组地址，如果接收方是签约用户）的数据包。

这使得以太网在高层比较容易被理解。

当然，以太网也存在一些限制，至少在发展早期是这样的，这使其不适合工业用途。例如，早期的以太网标准是半双工，这意味着它一次只能发送或接收数据，而不能同时发送和接收数据。此外，以太网基于共享介质，所以网卡必须检测何时没有其他通信流量以及介质何时可用。由于这种共享广播介质的机制和潜在的冲突域，以太网需要进行碰撞检测，这就意味着网卡必须侦听和检测碰撞并且为数据帧的重建做好准备。这些早期设计在当时较常见的小型网络中还能够满足企业和商业用途，却不适合对实时性要求更高的工业应用。

在工业应用中，以太网获得市场认可的速度较慢，所以现场总线技术应运而生。但是，随着以太网的快速增长，以太网标准有了大量的技术改善。如今，以太网不再囿于早期设计的限制，并且先进的全双工以太网交换技术的应用使碰撞检测变得多此一举。以太网还能通过长距离光缆实现高达 100 Gbps 的波特率。

因此，以太网正从企业应用渗入行业应用。它已经在 DWDM 长距离核心数据传输网络中应用，并且在移动运营商网络（3G/4G/LTE）的无线回程解决方案中取代了 TDM 技术。

因此，考虑到以太网的灵活性、普适性以及与 TCP/IP 协议族的密切关系，我们可以预料到以太网能够在工业互联网中发挥重要的作用。

无线通信技术

在过去 20 年中，无线通信技术的大量采用已成为推动消费者和行业采用物联网的因素之一。在无线技术的家用普及之前，消费者就已经掌握了建立智能家居所需的所有技术。事实上，该技术早在20世纪80年代初就已经出现。但问题是，我们无法在室内不走线的情况下将小巧的微机控制器与传感器和制动器连接。当然，室内走线会导致混乱且具有潜在的破坏性，因此不必这么麻烦。Wi-Fi、蓝牙和ZigBee技术的出现已经解决了最大的问题，现在我们已经可以实现设备无线连接。但是，没有一种无线标准能够满足所有应用需求，这是一个老生常谈的问题。一大批用于满足不同应用目的的无线技术已经出现。有些技术设计——例如Wi-Fi（802.11）——用于在高带宽和大流量的场景下浏览网页或从互联网下载数据。而设计蓝牙技术的目的是提供一个个人局域网，以无线连接用户穿戴的设备，如移动电话或手表与耳机实现无线连接，因此，该技术需要较短的传输距离、较低的功率和吞吐量。

而ZigBee技术则适用于在家庭范围内实现设备连接，所以其传输距离和性能处在Wi-Fi和蓝牙二者之间，或至少在ZigBee技术出现的初期是这样的。现在，ZigBee技术在工业物联网场景下能够覆盖邻近局域网络（NAN），并且蓝牙技术的传输距离和性能也已经提升至超过个人局域网（PAN）的工作范围。无论采用何种技术，它都会存在一些局限性，例如，传输范围、吞吐量、功耗、物理尺寸和成本，等等。因此，在评估最能满足需要的无线技术时，必须采取审慎的方法。

IEEE 802.15.4

低功耗的IEEE 802.15.4标准是物联网的早期推动因素之一。首次将IEEE 802.15.4设定为低功耗商业无线电通信标准是在2003年。

该标准在 2006 年和 2011 年进行了两次升级，以用于更节能的无线电技术。IEEE 802.15.4 是 ZigBee、ISA100.11a、WirelessHART 和 MiWi 协议的基础，每种协议都通过开发 IEEE 802.15.4 中未定义的上层来进一步扩展该标准。或者，802.15.4 可与 6LoWPAN 以及标准的互联网协议搭配使用，以构建无线嵌入式互联网。

低功耗蓝牙

低功耗蓝牙（也称为蓝牙 4.0 或 Bluetooth Smart）是专门为物联网设计的蓝牙技术版本。正如其名所示，低功耗蓝牙是蓝牙技术的一个低功耗和资源友好型版本，专门用于低功耗设备，通常这类设备的运行时间较短，通过能量收集的方式或微型电池来供电。

蓝牙的主要优势之一在于它已有几十年的发展历史，所以支持蓝牙的设备有数十亿台。另外，蓝牙是一项公认的较完善的标准无线协议，具备规模庞大的厂商支持和互操作性，这使蓝牙成为开发人员的理想之选。蓝牙的其他优势包括超低峰值、平均和待机模式功耗，其中，平均和待机模式功耗低能使设备在低功率电源的条件下运行。

蓝牙技术是工业物联网和 M2M 边际网络中的低功耗设备（例如 WSN 节点）的理想之选。蓝牙是一种近距离工作技术，支持蓝牙的设备与另一设备以主—从关系进行配对以实现通信。蓝牙标准有多个版本，这些版本可针对具体的使用情况进行优化，例如基本速率和增强型速率适用于扬声器和耳机，而蓝牙智能则适用于物联网智能设备。

然而，蓝牙技术适用于WSN节点是因为，通过该技术，我们可以搭建微微网这种自组网络。微微网是一组可随着设备进入或离开无线邻近区而动态组成的配对蓝牙设备。微微网包括2~8台进行短距离通信的设备。（蓝牙作为个人局域网络，其设计初衷是以无线方式连接耳机、手机和其他个人电子设备。）另外，蓝牙的普遍性、微格式、低成本和易用性使其成为非常有吸引力的短距离无线技术。

ZigBee和ZigBee IP

ZigBee是一种开放的全球无线技术，专为消费、商业和工业领域用户而设计。ZigBee具有低功耗和易用性特点，在物联网联网、传感和控制应用与设备中普遍存在。ZigBee是在IEEE 802.15.4标准的基础上建立的，该标准对物理层和MAC层进行了定义。ZigBee与IEEE 802.15.4标准的不同之处在于ZigBee是IEEE 802.15.4标准的超集，因为它能提供应用和安全层支持。这一特性使ZigBee能够与来自不同厂商的产品实现互操作性。

ZigBee的工作距离约为70米，而如果在网络中采用一个ZigBee节点至另外一个节点的中继通信，可实现更远的通信距离。

ZigBee 802.15.4主要应用于较低数据吞吐量和较低功耗的控制和监测场合。

ZigBee有3个免许可工作频段：2.4 GHz、915 MHz（北美）和868 MHz（欧洲）。因此，尽管每个频段的具体规格有细微差别，但ZigBee标准在全球通用。2.4 GHz频段有16个可用频道，最大数据速率为250 kbps。915 MHz频段（北美）有10个可用频道，该标准支持的最大数据速率为 40 kbps，而 868 MHz 频段（欧洲）仅有一个频道，最大数据传输速率为 20 kbps。

ZigBee 支持三种网络拓扑：星型网、网状网和树型网或混合网。最常用的结构是星型网，因为其部署最简单。而通过网状网或点对点网络配置可实现较高的可靠性。在 ZigBee 网络中，消息通过不同的中继基站进行路由传输。用户通常可选择要使用的路由，这使得 ZigBee 网络非常稳定。如果网络的一个网络节点出现干扰，则可以使用另一条路径。

ZigBee 基础标准支持 64 位 IEEE 地址以及 16 位短地址。通过 64 位地址，ZigBee 可以对网络中的每个设备进行唯一识别，识别方式与识别拥有唯一 IP 地址的设备类似。一旦创建网络，ZigBee 就会使用短地址，从而使 ZigBee 最多支持 65 000 个节点。

ZigBee IP

ZigBee 标准最初是不支持 IP 协议的，因此在实际应用 ZigBee 网络时会存在问题。然而，ZigBee IP 规范具有分层的体系架构，因此适用于 802.15.4 标准家族中的所有链路层。ZigBee IP 采用了这一分层法，并融合了专为无线传感器网络进行组网和 IP 路由优化的多种技术，如 6LoWPAN 和 RPL。这种技术融合催生了一种非常适用于将 IP 网络扩展至基于 IEEE 802.15.4 的 MAC/PHY 技术的解决方案。

通过将 6LoWPAN 融合至其堆栈，ZigBee 可支持 IP 组网和路由。因此，ZigBee 可在 IPZigBee 网络根据节点位置和功能为它们分配不同的功能。

这些节点可能是ZigBee IP协调器、ZigBee IP路由器和ZigBee IP主机。一方面，ZigBee IP 协调器控制组网和安全，需要一个智能可编程设备。另一方面，由于扩展了网络范围，ZigBee IP路由器可以是任何智能设备。同样，ZigBee IP 主机在边缘执行特定的传感或控制功能。

ZigBee IP 专为支持 IP 和最新的 ZigBee Smart 2.0 NAN 的要求而开发。ZigBee IP 支持用于报头压缩的 6LoWPAN，用于身份验证的 IPv6 和 PANA，用于路由的 RPL 和用于安全的 TLS 和 EAP-TLS、TCP 和 UDP 传输协议。其他互联网应用，例如 HTTP 和 mDNS，可作为通过 ZigBee IP 运行的应用进行支持。而 ZigBee IP 节点和 ZigBee 标准或 PRO 节点不能驻留在同一网络中。要实现互操作性，它们彼此之间需要一个网关。ZigBee IP 可无缝衔接其他支持 IP 的 MAC/PHY（例如以太网和 Wi-Fi）层。

Z -Wave

Z-Wave 是一种低功耗射频通信技术，主要用于家居自动化产品（如灯具控制器和传感器）。Z 轴向波专为可靠和低延迟通信而优化，采用小数据包格式，传输速率可达 100 kbit/s，Z 轴向波在 1 GHz 以下的频段上运行，并且不受来自 2.4 GHz 频段（例如蓝牙或 ZigBee）的 Wi-Fi 和其他无线技术干扰的影响。Z-Wave 支持全网状网络，而无需协调节点，并且具有很强的扩展性，最多可支持 232 台设备。Z-Wave 采用的协议比其他射频技术更简单，能够实现更快、更简单的开发。然而，Z-Wave 唯一的芯片制造商是西格玛设计的，相比之下，其他无线技术（如 ZigBee 等）有多个芯片厂商的支持。很多无线网络技术可用于不同行业的专业用途。

Wi-Fi 后向散射

Wi-Fi 后向散射是一种新技术，它与消费互联网相关度更高，但在工业物联网占有一席之地。该技术依赖于这样一个事实：无线电波及其能量能够从一个 Wi-Fi 路由器反射到不需要电池的无源设备。该无源设备不仅接收其运行所需的能量，还能将其中部分能量反射至另一 Wi-Fi 节点以发送无线传输信号。

物联网最大的问题之一是如何为所有的设备提供电源。Wi-Fi 后向散射可能就是该问题的关键。Wi-Fi 后向散射可为所有设备提供电源，而无须依靠扣式电池（有时需要更换）供电。

该项技术由华盛顿大学发明。华盛顿大学开发了一款带天线的超低功耗标签样机。这些小标签可连接到所有设备上，且可与具有 Wi-Fi 功能的笔记本计算机或智能手机进行通信，但功耗极小。

这些标签监控路由器和笔记本计算机或智能手机之间的 Wi-Fi 信号。它们对其正在反射的数据进行编码，这会导致无线信号有细微的变化。然后，具有 Wi-Fi 功能的笔记本计算机和智能手机会检测到这些细微变化，并对信号进行辨别，接收来自标签的数据。

尽管信号会存在细微的变化，从周围射频信号中收集能量的无源设备，可通过将部分信号反射至其他节点进行通信。

射频识别

另一种在零售、商业和工业物联网中极为普及的无线技术是 RFID

系统。RFID 使用标签存储可通过电磁场进行无线通信的电子信息。标签可以是有源或无源标签，视系统而定，标签的类型决定了标签和 RFID 读取器的工作范围。例如，有些标签将使用阅读器传出的询问无线电波能量，仅充当一个无源转发器；有些无源标签可通过电磁感应获得能量，电磁感应在其靠近阅读器时产生，由于这些类型的标签需要靠近电磁源，其工作范围非常小；另一些标签由电池供电，并主动进行信号传输，这些标签可置于离阅读器几百米的位置。

由于标签用途广泛，且几乎能附于任何东西之上，所以 RFID 技术在多个行业被用于识别和跟踪库存、人员、物体和动物。RFID 也被用于无接触式支付系统，操作方式为将卡片或智能手机置于离 RFID 阅读器较近的位置。RFID 并非始终要求近距离的接触，在有些情况下只需要远距离的短暂接触即可。其中一个例子就是对跑车绕赛道一圈进行计时。即使在这种高速的移动下，RFID 也能高效而可靠地工作，并且进行准确计时。

RFID 的另一优点是标签不需要在视线内或者可见，所以它可以方便地将标签隐藏在包装或产品之中。如果 RFID 标签在工作范围之内，那么阅读器可以同时读取多个标签。相比条形码，这是一个很大的优势，因为条形码一次只能读取一个，而阅读器可一次性读取数百个 RFID 标签。

由于现在标签的尺寸可以被做得很小，这大大提升了 RFID 的使用率。到目前为止，日立生产的最小微型 RFID 标签的尺寸是 0.05 mm × 0.05 mm，这些灰尘般大小的标签可在 128 位 ROM 存储 38 位数字。

近场通信

近场通信（NFC）由 RFID 技术进化而来，现在是无接触式支付系统中一种常用的短距离无线通信方式。NFC 的工作方式类似于嵌入银行卡的芯片，当该芯片通过另一个 NFC 芯片供电时，它充当无线链路的一端。因此，少量数据可在两个芯片之间传输。通过 NFC，设备之间不需要进行配对，且工作距离只有几厘米。NFC 在智能手机应用开发商中非常流行。NFC 可用于创建支付系统或通过让两台手机靠近来相互传送联系人信息。

线程

线程（Thread）是一种非常新的基于 IP 的 IPv6 网络协议，专门针对家居自动化而开发。Thread 基于 6LoWPAN，并非一种类似蓝牙或 ZigBee 的物联网应用协议。从应用的角度来看，设计 Thread 的主要目的是把它作为 Wi-Fi 技术的补充，因为虽然 Wi-Fi 适用于众多消费者设备，但其在家居自动化方面存在局限。

Thread 这一免费协议由 ThreadGroup 于 2014 年推出，它基于多种标准，包括 IEEE802.15.4（作为空中接口协议）、IPv6 和 6LoWPAN，并为物联网提供了弹性的基于 IP 的解决方案。Thread 专门针对在低功耗的 IEEE802.15.4 无线芯片（例如：飞思卡尔和芯科科技生产的芯片）上运行而设计，通过 IEEE802.15.4 无线收发器支持网状网，并能处理多达 250 个支持高级身份验证和加密的节点。用户可通过相对简单的软件升级到现有的支持 IEEE802.15.4 的设备上运行 Thread。

6LoWPAN

低功耗无线设备必须以及时有效的方式传输数据，而要做到这一点，我们必须对通信协议进行改良。对于大多数嵌入式传感器来说，现有 IP 协议的数据包含了大量的开销字节，而实际传输的净荷数据却非常少。由于开销—净荷比无法接受，所以需要一种更高效、兼容 IP 的新通信协议，这种协议就是 6LoWPAN。

6LoWPAN 是低功耗个人局域网 IPv6 的简称。6LoWPAN 为 IPv6 数据包提供封装和报头压缩，这缩短了数据传输时间。

6LoWPAN 是一种对封装和报头压缩机制进行定义的网络协议，而不是类似于蓝牙或 ZigBee 的物联网应用协议。6LoWPAN 标准支持自由选择应用频段和物理层，可跨多个通信平台使用，包括以太网、Wi-Fi、802.15.4 和低于 1 GHz 的 ISM 频段。6LoWPAN 的关键属性是 IPv6 协议栈，IPv6 是近几年为发展物联网而引入的一个至关重要的协议栈。

IPv6 可为全球每个人提供约 5 × 1 028 个地址，这一特点能够使全球所有嵌入对象或设备都拥有唯一的 IP 地址，并连接到互联网。IPv6 专为家居或建筑自动化而设计，它提供基本的传输机制以生成复杂的控制系统，并通过低功耗无线网络以较低的成本与设备实现通信。

设计 6LoWPAN 标准的目的是通过基于 IEEE802.15.4 的网络发送 IPv6 数据包，实施开放的 IP 标准，包括 TCP、UDP、HTTP、CoAP、MQTT 和 WebSocket，并提供端到端的可寻址节点。通过路由器可将

6LoWPAN 网络连接至 IP 网络。6LoWPAN 是一个稳定、可扩展和具备自我修复能力的网状网络。网状网路由设备可转发送往其他设备的数据，而主机则可长时间休眠。

RPL

路由问题对于像 6LoWPAN 这种低功率网络而言非常具有挑战性。这是因为设备运行在较差的有损无线链路上，这种情况也会因为由电池供电的节点功率较低而出现。而多跳网状拓扑和频繁的拓扑变化使这一问题更加复杂，尤其是当移动性是另一个设计考虑因素时。

要克服在有损网络上运行时出现的问题，RPL 是一个很好的解决方案。RPL 可支持大量不同的链路层，包括受限和可能存在损耗的链路层。设计者通常将 RPL 与资源非常有限的主机或路由设备搭配使用，应用场合包括建筑 / 家居自动化、工业环境和城市应用。

RPL 快速高效地建立网络路由信息，RPL 在所有连接的节点之间分发该信息。在网络中，RPL 节点通常通过多跳路径连接至一组根设备。根设备负责收集路由信息。每个路由设备创建一个面向目的节点的有向无环图（DODAG），DODAG 是对周围网络的一种可视化表示，它参考了链路成本、节点属性和状态信息，以便规划出连接至每个节点的最佳路径。

RPL 可以包含主机间交换的不同类型的流量和信令信息，支持多点对点（MP2P）、点对多点（P2MP）和点对点（P2P）通信。

临近网络通信协议

在为临近和接入网选择通信协议时，必须考虑现有设备和低层通信协议的多样性和功能。正如前一节中所述，并非所有协议都支持 IP，所以在尝试寻找一种通用数据和网络层协议时，我们必须要仔细研究这些协议。

网络协议（IPv4）

IP 协议有两种不同的版本：IPv4 和 IPv6。有人认为 IPv4 已经快要被淘汰了，过渡到 IPv6 势在必行。然而，尽管每年都有厂商鼓吹大规模 IPv6 部署，但十多年过去毫无进展。这是因为迁移至 IPv6，企业、商业和工业用户从中看不到什么优势，反而这一可能会产生巨大的影响，增加改造成本。因此，其迁移速度远远落后于预期。而工业互联网可能会改变这一现状，因为 IPv6 被视为工业物联网的一个很关键的技术推动力。

目前，IPv4 在全球范围内的应用更普遍。由于技术人员已经找到了克服 IPv4 的诸多可感知缺陷的方法，IPv4 在将来很长一段时间仍有可能持续存在。在工业物联网的背景之下，由于 IPv4 将至少在下一个 10 年会继续存在，我们必须同时考虑这两大变体——IPv4 和 IPv6。

因此，我们将从一个较高的层面简略地研究一下这两种协议，包括其工作原理、采用每种协议时应了解的知识以及如何使两者在物联网中共存。

这两种协议之间最明显的差别就是地址格式。IP 地址是互联网协议分配给网络中每个节点或主机的唯一标识。主机是指任何需要与网络其他主机通过网络进行连接和通信的设备。主机可以是计算机（服务器和个人计算机）、网络打印机、智能手机、平板电脑，甚至是电视和电冰箱。网络由两个或两个以上主机组成，使用通用通信协议（语言）进行连接。目前，最流行且最广泛使用的主机连接方式是以太网或 Wi-Fi，而最流行的协议为 IP 协议。

IP 地址实际上是一个 32 位的二进制地址，因为计算机和嵌入其他主机的处理器以二进制方式进行通信。不过，为方便人们阅读，它们通常用点分十进制表示，由 4 个十进制整数组成并且用点号分隔，每个整数的取值范围在 0~255。因此，32 位二进制地址分成 4 个 8 位分组，并对应由点号分隔的 4 个十进制整数。所有 IPv4 地址均符合此四字节格式。

表 5-1 四字节格式

IP 地址			
172	16	1	254
10101100	00010000	00000001	11111110
32 位二进制地址 → 4 × 8 位二进制			

IP 协议已存在了很长一段时间，其寻址方法随着应用环境的需要而演进。在前互联网时代，IP 地址可自由使用，对于哪部分是网络地址，哪部分是主机地址并没有达成任何真正的共识。很明显，协议要想被广泛采用，必须有一致的架构，以便接收地址数据包的每个人都能清楚地了解其归属网络及主机标识。因此，IP 地址划分

为A、B、C、D和E，共5类，其中，E类是保留地址。

表 5-2　四类 IP 地址

类别	起始地址	结束地址	网络位数	主机位数	子网数量	主机数量	主要ID位数
A	0.0.0.0	127.255.255.255	8	24	2^7	2^{24}	0
B	128.0.0.0	191.255.255.255	16	16	2^{14}	2^{16}	01
C	192.0.0.0	223.255.255.255	24	8	2^{22}	2^{14}	11
D	224.0.0.0	239.255.255.255	多播地址空间				11

A类地址分配给大型企业或技术型企业（例如IBM、微软和苹果），B类地址分配给较大型的企业和大学，而C类地址分配给小型企业。这一标准政策持续了一段时间，直到20世纪90年代初互联网出现快速扩张。为应对市场对IP地址的庞大需求，给用户分配更小的地址段，IANA于1993年推出了无类别域间路由（CIDR）。CIDR基于长度可变的子网掩码（VLSM），没有固定的网络和主机段，而是使边界变得更加灵活。灵活掩码的优势是网络设计师可对掩码进行调整以创建任意大小的子网。

VLSM是长度灵活的子网掩码的基础，它使得固定类别这一概念变得多余。VLSM的工作原理是位借用，它告知子网掩码可落在任何位边界上。VLSM改变了之前网络部分限制为8位、16位和24位的状况，现在位边界也可以是17位或28位。因此，VLSM引入了灵活的子网掩码，这些子网掩码可以简单地表示为/（位数），比如/8，或者以传统的点分十进制表示。

互联网的发展也带动了其他方面的改变。在互联网出现之前，IP 地址可分配给有地址请求的任何用户。那时候，因为实际需求较少，所以不存在 IP 地址不足的问题。现在看来，这是一个非常浪费的策略。然而，随着 20 世纪 90 年代中期 IP 地址的需求呈现爆炸式的增长，尽管看似有 2^{32} 那么大的地址空间，或者超过 40 亿个地址，但是很明显，IPv4 已无法维持现状。为解决 IP 地址紧张这一问题，人们引入了私有 IP 地址。

私有 IP 地址是缓解长期 IP 地址不足这一问题的妙招。从原始 IP 地址 A、B 和 C 类中获取的三个地址块指定为私有地址，仅在私有网络内部使用。

表 5-3 私有 IP 地址

地址范围	地址块	最大CIDR块
10.0.0.0 - 10.255.255.255	24 位	/8
172.16.0.0 - 172.16.255.255	20 位	/12
192.168.0.0 - 172.16.255.255	16 位	/16

IANA 指定这些 IP 地址范围可供任何人用于设定其私有网络地址。这一决定基于这样一个假设：私营企业或政府使用的电脑很少需要连接到互联网。事实也的确如此，网络管理员逐渐开始在其企业网络内部采用私有地址。随着互联网安全问题开始显现，私有地址变得更容易让人接受。而随着一项新技术的出现，企业不再勉为其难地接受私有地址，而是发现它极为可取。

网络地址转换

网络地址转换（NAT）是一种在路由器和防火墙中实施的技术，可将私有（对互联网而言是非法的 / 无意义的）地址转换成真正的公共 IP 地址。这意味着现在配置私有地址的计算机可以通过路由器或防火墙访问互联网。

管理员可以使用访问列表管理这些单点退出，其好处为单向控制。拥有私有地址的计算机可以向互联网上某个网站发起通信，建立 TCP 会话，并且与互联网中的另一台计算机进行通信，但该计算机可以安全地被互联网系统直接访问。这是因为 NAT 会阻止互联网主机访问（发起 TCP 握手 / 会话）私有网络上的私有地址主机。

私有地址和 NAT 在延长 IPv4 的寿命方面功不可没，就像网站的虚拟主机和互联网云服务一样。然而，好景不长，其他颠覆性的产品提升了对 IP 的需求。ADSL 和智能手机技术以及平板电脑再次将 IPv4 推向枯竭的边缘。而且，市场对后继技术 IPv6 的兴趣已经降温，随着时间的推移，不迁移的借口也越来越多。

IPv6 通过无限制的 IP 地址供应和自动选址解决了 IPv4 的所有问题，子网划分的难题不复存在。IPv6 是未来之星，这一点没有争议，但是其发展道路却十分艰难。也许这可以理解为对 IPv4 的最大赞美。

IPv6

如果 IPv4 如此广受欢迎，那么我们为什么需要新的 IP 版本？

改进 IP 版本的第一个关键推动力是互联网呈指数级增长，全球对 IPv4 地址空间的需求已经使可用的地址池达到饱和。物联网也使得提供更大的地址池成为必要，因为它要求协议具有足够大的地址空间来应对数量庞大的“事物”，这些事物最终要连接到互联网。IPv6 通过将可寻址的地址空间从 32 位扩大至 128 位，从而解决了这一问题。

另一个原因是 IPv4 是在互联网之前被设计出来的，更确切地说是在互联网的发展初期，当时仅有少数大学和政府机构有联网需求。因此，IPv4 缺少现代互联网需要的很多功能，例如 IPv4 本身不提供任何安全特性。数据通过 IPv4 在互联网进行传输前必须使用其他的安全加密应用（例如 SSL/TLS）进行加密。相比之下，IPv6 有网际协议安全要求，所以每个数据包都是加密的，而不需要其他的安全机制。

IPv4 报头 / 净荷比相对较低，且报头过于复杂。IPv6 通过删除很多 IPv4 选项或将其移至数据包末尾的扩展位以简化报头，因此，IPv6 数据包的大小是 IPv4 的 4 倍，但报头大小仅为其两倍。虽然数据包更大，但 IPv6 提升的报头效率和简易性使其路由速度更快。

同样地，IPv4 缺乏高效的方式来提供满足严格服务质量要求的数据，因为 IPv4 中的优先级基于优先级等级和下降资格。IPv4 通过 6 位区分服务代码点和显式拥塞通知来实现这一功能，以提供每个等级之间的一些基本粒度。而 IPv6 在所有支持 IPv6 协议的节点具有内置的服务质量（QoS）。IPv6 通过使用流量类别（8 位）和流标签（20

位）来实现这一功能，流量类别和流标签用于告知底层路由器如何高效地对数据包进行处理和路由。该流量类别将相同的6位区分服务代码点和2位显式拥塞通知用作IPv4，然而，20位流标签由信源设备设置，用以识别流媒体应用中的会话流。IPv6报头的改进意味着即使是在公共互联网中，服务质量（QoS）也能得到保证，这对于IPv4来说是不可能的。

IPv4的另一问题是维护启用IP客户端的地址配置带来的管理负担,因为这些地址可能需要手动配置或者通过地址配置机制进行配置。为了解决这一问题，IPv6配置了自有的全球唯一地址，以及其自有的本地链接地址，不会为管理员带来任何管理负担。

IPv6还有很多其他优于IPv4的特色功能，例如可扩展性。与IPv4相比，IPv6可支持更多功能，具备更强大的未来可扩展性。另外，IPv6支持更好的移动性，这一特性在市场上有很大的需求，因为它能够使手机在各个地理区域漫游，而仍然保留其自身的IP地址。

IPv6还简化了数据包和交付方式，其操作方法是摒弃带宽要求极高的广播方式，转而选择单播、多播和任播传送机制。

地址类型

IPv6拥有128位地址空间，分成两个部分，每部分64位，第二部分也就是后64位用作接口地址。为使接口地址成为唯一地址，IPv6协议将网络接口的48位MAC地址用作唯一标识。为确保地址的唯一性，主机采用自身的MAC地址，并将其分为两部分，然后将字节的 FF FE 插在两个部分之间，形成一个唯一的 64 位网络接口地址。

IPv6 与 IPv4 寻址概念的明显不同之处在于 IPv6 的每个接口都具有多个地址。例如，IPv6 拥有一个相当于 IPv4 公共地址的全局地址。IPv6 还有一个本地链路地址，IPv6 使用该地址与共享链路或子网上的其他主机进行通信。最后，IPv6 还有一个相当于 IPv4 私有地址的唯一本地地址。三个最高有效位可将这三个地址类型与其他地址区分开。全局地址始终有三位设置为 001。本地链路地址设置为 FD，唯一本地地址设置为 FE。

IPv6 子网

IPv4 最糟糕的功能之一就是可变长度子网掩码，可变长度子网掩码用于将地址空间分成网络部分和主机部分。有了 IPv6，就简单很多。这是因为 128 位地址的 64 个最低有效位（后 64 位）始终用于表示主机地址。IPv6 的子网 ID 为 16 位的单独比特数据，可支持超过 65 000 个网络地址，这已经绰绰有余。

图 5-4 的内容显示了路由地址（48 位）、子网（16 位）和主机地址（64 位）如何从 128 位 IPv6 地址衍生而来。

工业物联网 IPv6

在前一节中，我们探讨了 IPv4 和 IPv6 之间的差异，然而，到底是哪些特定功能使 IPv6 成为工业物联网的理想选择的呢？

选用 IPv6 而不是 IPv4 的最显而易见的原因是前者可提供大量的全球 IP 地址。单就可扩展性而言，IPv6 的表现是惊人的。IPv6 地址

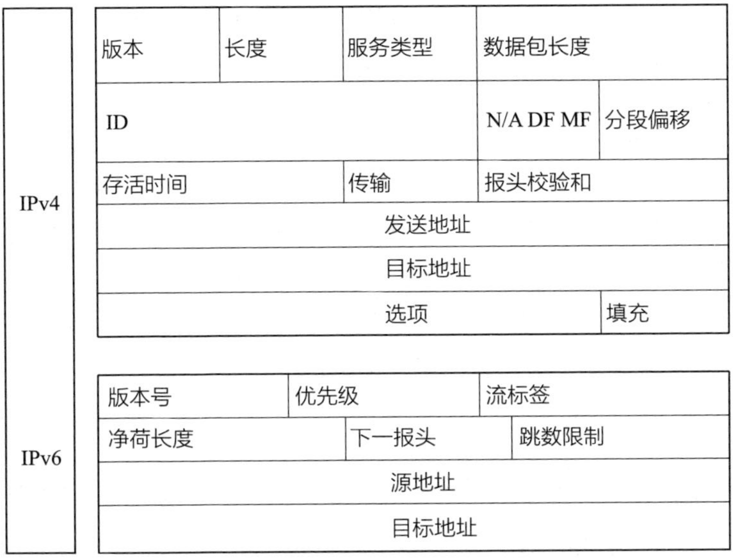

图 5-4　IPv6 报头

空间支持 2 128 个唯一地址，这意味着其可以支持 3.4 × 1 038 个地址，这个数量确实相当庞大。不仅是因为这些地址取之不尽，还因为 IPv6 不需要网络地址转换（NAT）。NAT 打破了真正的互联网模式，因为虽然私有网络中的主机可以访问互联网上的网页服务器，但是我们却不能从互联网访问 NAT 主机。在某些情况下，在安全的环境下，或在企业环境中，这算 NAT 的一个主要优点。然而，在工业互联网背景下，NAT 的这一特性却“失宠”了，因为我们需要对“万物”进行全球访问。

此外，由于 IPv6 有一个压缩版的技术——6LoWPAN，所以 IPv6 尤其适用于物联网。对于受限设备，6LoWPAN 是一种很简单有效的机制，它可以压缩 IPv6 地址，而边界路由器可将这些压缩的地址转化为正常的 IPv6 地址。

另外，关于使用 IPv6 协议栈的受限设备的问题，已经通过代码大小不到 11.5 kB 的小协议栈（例如 Contiki 协议）解决。

网关

在了解了大量的使各种设备（事物）在邻近网络中互联的有线和无线通信技术之后，我们有必要考虑一下如何连接所有协议变体，以便与 IP 骨干网进行互联互通。最初，作为将边缘设备连接至应用服务器与控制器的通信信道，接入网络设置是一个无关紧要的过程。然而，事实远非如此，我们必须转化非 IP 协议（例如 Rs232、4–20ma）、无线协议（例如 ZigBee、蓝牙），甚至有线实时协议（例如 Profinet 和现场总线），以便与标准 IP 接口互联互通。毕竟，这些协议存在较大的电气和工程差异。

与 IP 接口的互联互通是通过网关来实现的。网关是指那些在网络上部署的将一种协议的电气特性转换成另一种的设备。RS232 到 USB 串行转换器就是一个简单的示例。当然，还有很多可封装数据并通过以太网传输的其他技术，例如现场总线转换到以太网和 4~20 ms 转换到以太网。有时，我们可能只是要将本地净荷通过以太网传输，以发送至另一现场总线节点。在这种情况下，封装在以太网入口进行，而解封装在出口进行，因此数据报文的发送格式相同。而且，我们可以采用类似的方式传输各种无线技术下的数据包，例如 ZigBee 和蓝牙等，以将其净荷发送至类似应用或云应用。

网关是指能够将一种协议转换至另一种协议的设备。在工业互联网场景下，它通常指涉及本地协议和以太网之间的转换。网关的工作原理如图 5-5 和图 5-6 所示。

图 5-5 表示的是通过以太网骨干网进行通信的现场总线节点。在图 5-6 中，我们可以看到 ZigBee 和蓝牙设备与运行 IP 的 IP 接入网络互联互通。然后，铜缆以太网转换成基于光纤的 MPLS 网络，以建立专线。

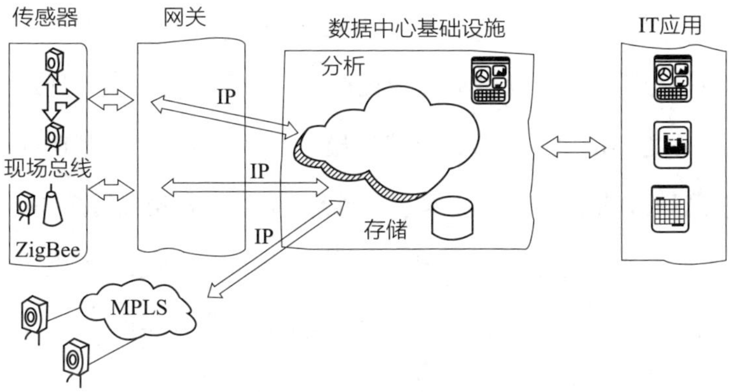

图 5-5　异构网络

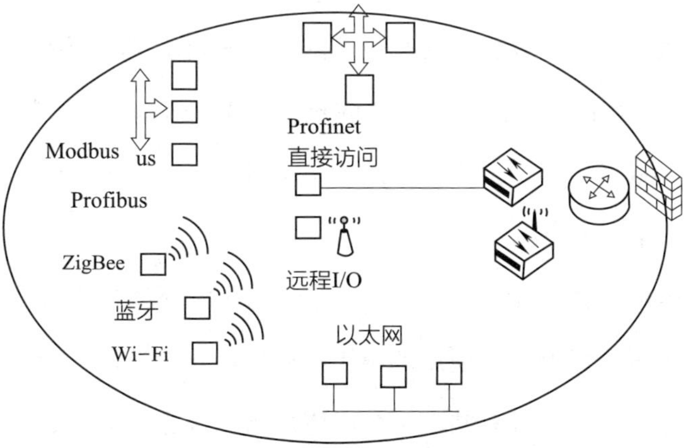

图 5-6　邻近网络中的不同协议

我们可以通过网关将不同的技术和协议集成到一个通用的网络上，这在构建互联网络时非常重要。人们可构建如图 5–5 一样接口复杂多样的异构网络。

这里的主要关注点是，在邻近网络中使用哪种技术连接设备并不重要，因为我们可以通过网关连接通用 IP 基础设施。再看看如图 5–6 所示的原始简单模型。

我们可以看到，只要有网关，便可进行从自然格式（例如 RS232）到 IP/ 以太网的转换处理，而不会只限于使用邻近网络中的 IP 协议。

可能会有人问一个比较重要的问题，即是否有网关可处理此类不同技术之间的电气和数据格式转换。答案是肯定的，从图 5–6 中我们可以看到很多不同的技术通过网关设备进行桥接或转换。

这听起来可能很简单，但是存在一个问题。细想一下汽车现场总线技术 CAN。研发此技术的目的是使其在 OSI 模型的第 2 层工作，这样，安装在汽车内的所有设备都可以进行通信。然而，CAN 在没有汽车的情况下不能进行通信，因为第 7 层没有建立应用协议。因此，我们需要开放版本的 CAN，这样，来自不同厂商的汽车便可通过建立通用的第 7 层协议——OpenCAN 和 DeviceNet——进行通信。两辆车（或者更确切地说车上的设备）可以进行通信，因为它们共享通用的第 7 层应用设计。

同样地，通过 IP 和以太网，所有共享同一标准的设备都可以进行通信，因为它们共享通用的第 1~4 层协议。然而，尽管设备之间可以通信，但由于没有共享第 7 层应用语言，它们不一定能互相理解。商业 IP/ 以太网解决这一问题的方式是使用标准软件协议，例如

HTTP、FTP 和 SNMP，以形成通用的语言。然而，工业以太网不需要这些高级应用协议。它需要的是能够将数据作为消息交换进行处理的实时协议。

然而，这些网关如何将流量从一个网络发送到另一网络？答案是使网关拥有多种技术。例如，路由器带有多个不同的接口，且本身具备智能，能够对流量进行传输和路由。因此，一个标准的工业路由器可以接收以太网端口的流量，并将该流量以正确的帧格式路由到 WAN DSL 端口之外，而不会出现任何问题。同理，工业路由器可以接收通过一个端口的以太网流量，并对帧进行转换，以并入 ATM 信元流，反之亦然。

市场上有支持 RS232 到 USB 的转换或者光电（光纤到铜缆）转换的媒体转换器。另一种看起来与媒体转换器类似的技术，是设备服务器将串行 RS232 转换为以太网，其工作原理是设备服务器将串行数据封装为以太网帧以通过 LAN 进行传输。然后，数据包在接收端解封装，并还原成串行数据。不过要实现上述过程，定时至关重要，由于串行只在第 1 层工作，串行通信转换到以太网会比较麻烦。由于串行通信没有应用层协议和应用端口号，所以数据很难关联到一项应用，必须以编程的方式才能实现。

工业网关

工业网关的工作方式是将一个系统的流量发送至另一个系统。尽管事实上这些系统可能并非使用同一通信协议或类似的数据格式结构，但这并不妨碍工业网关的正常运作。和现代路由器一样，网关采用 1~7 层的整个 OSI 模型。这样，网关就可以对两个不同网络之间的流量进行真正的数据转换和处理。与路由器不同的是，网关的成本更低，因为网关只执行协议和帧转换，并且只执行特定的转换。然而，在使用 IP 时，无论是在邻近网络中，还是在接入网络中，我们都要用路由器来管理子网或 VLAN 之间的 IP 流量。

第6章 接入网络技术和协议

在前一章中，我们探讨了工业互联网场景中目前正在使用的很多不同种类的技术和协议。然而，由于接入网属于相对传统的网络领域，且涉及的主要技术和协议相对成熟且稳定，因此，在本章中，我们将简略地了解有可能在工业互联网部署中实施的通信技术与相应的协议和应用，这些协议和应用会作为中间件进行部署，以满足某些工业互联网场景的特定需求。

接入网络

IIC 工业互联网架构中的接入网络只是简单的过渡性传输网络，其目的是使不同的网络和协议实现互联，这些网络和协议主要存在于复杂的邻近网络中，而这种复杂的邻近网络通常含有企业和商业环境下常见的标准 IP 网络。因此，我们将要研究的技术和协议可用于域互联以及传输数据，它们和通常在企业中部署的技术和协议相同。

接入网络的唯一目的是聚合数据，将其从设备网关回传至操作管理域中的系统和应用程序。由于该域是纯粹的 IT 域，采用基于 IP 和以太网的传统 IT 架构，因此，接入网络的组件的主要任务是尽可能高效地通过以太网传输 IP，这就要求采用铜缆、光纤，甚至无线和高速以太网交换机的千兆以太网干线。

以太网

什么是以太网帧？以太网链路或 LAN 上的数据包实际上是以太网数据包，它有一个作为净荷的以太网帧（见图 6–1）。

层	前导码	帧开始分隔符	MAC 目标地址	MAC 源地址	802.1Q 标签	以太类型	净荷	帧校验	帧间隙
	7个八位组	1个八位组	6个八位组	6个八位组	4个八位组	2个八位组	46~1 500	4个八位组	12个八位组
2	第2层以太网帧（64 k-1 518 k）								
1	第1层以太网帧（1 530 个八位组）								

图 6–1　以太网帧

以太网帧的首字段是目标 MAC 地址，第二个字段是源 MAC 地址。MAC 源地址之后的帧被称为 802.1Q 标签。

VLANs

由于流量从多个边际网络聚合，所以我们必须部署某种形式的标签，以跟踪流量所归属的边际网络。我们可以通过标记流量来有效地隔离单个数据流，并提供虚拟化网络。这项以太网技术称为 VLAN 或虚拟 LAN。虽然广播域的数量实际上会增加，但因为广播域的大小和范围缩小了，所以 VLAN 可以提供较为基础的隔离、安全性和效率，并且这会大幅减少广播流量以及相应的主机响应次数。

VLAN是网络管理员分割两层交换网络的常见方式，其做法是为本地以太网交换机配置VLAN ID，然后将选定端口置于指定的VLAN。这对单一交换机的本地管理非常有用。然而，如果要求是VLAN跨越包含1 000台交换机的整个网络，那么必须采用VLAN中继和VTP管理域技术。

当在以太网交换机上配置VLAN时，端口可以直接连接至主机的接入端口，或者连接至另一交换机的中继端口。不过两者之间有另一个差异：接入端口只能从一个VLAN接收和转发数据包，而中继端口可以从两个或更多VLAN接收和转发数据包。

中继端口是连接到另一交换机或路由器的点对点链路，该交换机或路由器转发流量至多个目的地。因此，中继端口在同一条物理链路上携带来自多个VLAN的信息，这种方式可使VLAN跨越整个网络。然而，要使数据包离开本地交换机（其中VLAN是已知的本地VLAN数据库），我们必须拥有一种使另一交换机能够确定该数据包所属的VLAN的机制。

以太网处理这个问题的机制就是对每个数据包用VLAN ID进行标记。每个进入本地交换机上的VLAN端口的数据包都用VLAN标识符进行标记。因此，VLAN中的每个数据包都带有标明其本地VLAN ID的特殊标签，这样，网络上的其他交换机就可以进行相应的检查和转发。交换机将一个标签插入以太网帧的其中的一个字段来实现标记。

此VLAN标识符实现了对以太网帧进行标记，以区别于其他帧。VLAN标签定义了其VLAN归属。网络交换机接收数据包时，可以查看数据包内部，并为源地址和目标地址以及 VLAN ID 检查其数值。另外，管理员现在可将位于不同网段（这些网段之间相隔多个交换机）的主机聚合到同一虚拟 LAN，就像位于同一个本地交换机一样。

随着网络的不断发展，维护和管理 VLAN 架构逐渐成为一种负担，因为网络中的所有交换机必须配置和更新 VLAN 配置信息。管理员需要使用 VTP（VLAN 中继协议）或类似的协议以维持网络的一致性。通过 VTP，网络管理员可以实现全网的 VLAN 维护、重命名、更新和删除。VTP 可以极大程度地减少不一致的配置，例如名称或 VLAN 类型错误。

IP 路由

高速以太网交换（第 2 层）的替代方案是在各种边际网络和操作管理平台之间进行 IP 路由（第 3 层）。路由通常要比以太网交换慢得多，因为路由主要是一种带有多个 IP 路由和转发表的软件功能。

IP 路由支持 IP 地址空间的子网划分，提供与前面讨论过的与以太网 VLAN 类似的功能，通过子网划分，IP 路由实现了网络隔离与安全，并且能够分割较大的广播域。IPv6 不需要子网，这是其最大的优点之一。

如果不以纯粹的传输速度作为终极目标，路由有很多明显的优势，例如，它能为业务流、流量管理和服务质量（QoS）提供更多的细粒度控制。

在这种情况下，我们假定边际网络和操作管理平台处于同一位置或者至少在第 2 层交换 LAN 内，而在商业和制造业中，情况通常就是这样的。然而，如果这些边际网络位于远端，它们之间可能相隔几百英里[①]，或者分散在全国甚至全球各地，那么我们该如何构造接入网络？

连接远程边缘网的接入网络

通过 WAN 链路进行路由是最常见的方案，我们稍后会在 WAN 部分中讨论该方案。而在大多数情况下，我们仍然可以使用快速以太网交换技术。例如，我们可以使用服务提供商的 MPLS 网络（多协议标签交换）连接远程办公室、生产基地或工厂。该服务提供商可以在其 MPLS 网络设计二第 2 层 VPN，以提供第 2 层叠加，通过第 2 层 VPN，所有的远程地点都连接起来，就像所有设备都位于同一个第 2 层网段一样。这种服务可被称为虚拟专线或 LAN。同样地，暗光纤（备用光纤）可在地铁和市区使用，以通过光纤长距离点到点连接数据中心到以太网接口。

运营商级以太网

以太网的另一个工业变体是运营商级以太网，在工业场合中用于交换机房和变电站的互联。比如，移动运营商通过这种方式连接

①1英里≈1.609千米。——译者注

远程和位于各地铁塔处的交换机房。通过运营商级以太网或 MPLS，移动运营商可以交换来自铁塔的回传流量，其可靠性和采用同步技术（ATM 和 TDM）时一样。

无论选择哪种方法（路由或交换），最终目标都是一样的——将来自边际网络的流量发送至操作管理平台。实现同一目标的方式有很多，至于哪一种是最佳方案，需要视具体的要求而定。

Profinet

交换和路由性能可能足以满足大多数企业和商业使用场合的需求。然而，在制造业，由于性能的非确定性，这些以太网和 IP 解决方案还达不到要求，尤其是制造业的工业解决方案，需要具备高度稳定、可靠和实时性的特点。IP 协议的问题在于，由于引入了过多延迟（延时），传输效率不高，此外，由于引入了过多抖动，稳定性也不够。

工业以太网涉及很多这类问题，而制造业中适用于工业以太网的领先开放标准是 Profinet。

在前面的章节中，我们简略地讨论过标准以太网和工业以太网之间的差异，在此不再赘述。在本章节讨论 Profinet 的目的在于说明 Profinet 作为一种领先的工业开放标准，能够解决困扰标准交换和路由技术的延迟和抖动问题的原因及解决方式。

Profinet 与以太网 100% 兼容，且遵循 IEEE 标准，所以我们可以采用铜缆和光纤解决方案，以灵活的线型拓扑、环型拓扑或星型拓扑进行部署。Profinet 还可以使用 WLAN 和蓝牙进行无线通信。

Profinet 还包括用于现场设备和网络的智能诊断集成工具。这些工具会提供关于设备与网络的状态和健康状况的重要信息，包括网络拓扑显示。Profinet 以非周期性的方式发送诊断信息，使高可用冗余设备能够自动对任何预期的故障做出反应，从而提升生产车间的稳定性和可用性。

然而，操作技术（OT）网络设计师感兴趣的是 Profinet 处理数据传输的方式。在这里我们可以看到 Profinet 通过同一电缆处理所有通信。Profinet 的应用范围很广，从简单的控制任务到要求很高的运动控制，我们都可以使用。事实上，对高精度闭环控制任务，Profinet 可以实现时间敏感型数据的稳定和同步传输，抖动小于 1 μs（见图 6–2）。

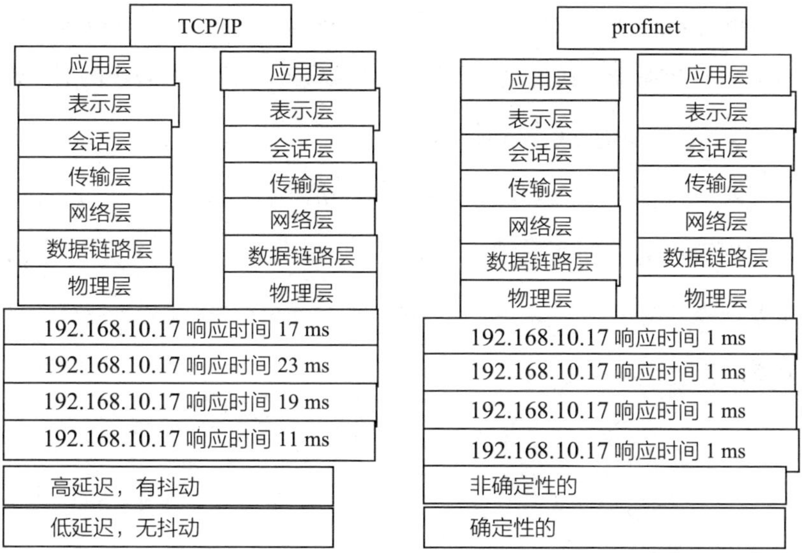

图 6–2　Profinet 的稳定性特点

同步实时

因为和所有以太网交换机一样，Profinet 使用 MAC 地址与本地

LAN 上的其他以太网设备进行通信，所以 Profinet 可以实现稳定的性能。在不使用 IP 地址的情况下，Profinet 可以大幅降低延迟和抖动。Profinet 按照其管理数据流的方式提供稳定性（非常小的抖动）。Profinet 将数据传输分为三类：

- 周期性 I/O 数据的实时传输。
- 用于参数数据和诊断信息的非周期性数据传输（非实时）。
- 告警数据传输。因为紧急维护需要状态告警数据，告警数据是另一种需要实时传输的类型。

Profinet I/O 控制器可使用专用周期性 I/O 数据输入输出通道设置子信道，并在 250 μs 至 512 ms 的范围内确定每个子信道的时钟相位。因此，I/O 控制器可通过设置周期性 I/O 数据信道至一个较小的值（如 1 毫秒）来控制传输延迟和抖动量。

因此，Profinet 控制器能够支持有最严格稳定性要求的应用。Profinet 控制器可以通过同步周期性 I/O 数据传输将抖动降至最低。然而，要处理最大偏差为 1 μs 的同步数据传输，所有设备都应该拥有一个共享时钟。

第7章 检查中间件传输协议

对于邻近边缘网络中设备之间的连接以及运行域和管理域之间的通信，我们需谨记：各种协议及第1层物理/电气特性都会有所差异。例如，在一个生产场地，我们可能采用蓝牙、ZigBee甚至以太网等科技使设备相互连接。但有个问题，即需要将这些协议整合起来，使之对系统透明。前文中我们已讨论过网关，它们会导致延迟、抖动和潜在的丢包现象。

这是因为并非所有协议都承载着相同的目标。例如很早开发的TCP/IP协议，该协议由一套协议组成，适用于在极不可靠的有损耗网络中实现可靠的数据传输。20世纪80年代网络普遍不可靠，该协议恰好在数据传输方面产生了不错的效果。

然而，随着时间的推移，网络技术不断发展，网络稳定性大幅提升。由于TCP/IP协议需要在通信双方之间建立连接，因此在本地传输时无须采用该协议。例如，如果在以太网上进行跨局域网通信，将不再需要TCP提供可靠性、丢包检测、丢包重发及数据包重排序（数据包顺序可能被打乱）等功能。

但这并不意味着仅凭互联网协议就可以满足工业互联网的要求。即使在局域网中或在跨专线/局域网的运营商MPLS网络中，我们也不能认为不存在丢包现象。因此，TCP/IP协议依然广泛应用于广域网链路和潜在的有损耗网络中。

TCP/IP

TCP/IP 协议为一组可实现 IP 数据穿越传统拨号网络和长途串行链路等不可靠网络的协议，可提供一定的可靠性。TCP/IP 协议提供具有如下功能的 IP 协议：通过对每个数据包重新排序以检测丢失数据包，使接收方根据序号重新排列数据包流。

问题在于 TCP 是面向连接的协议。例如，两个通信的主机之间需建立连接，即会话，才可传输数据包。主机之间可以通过三次握手建立会话，之后便可进行双向自由通信。

图 7-1 显示了如何进行三次握手以及维持连接，以保持双方的会话处于活跃状态。

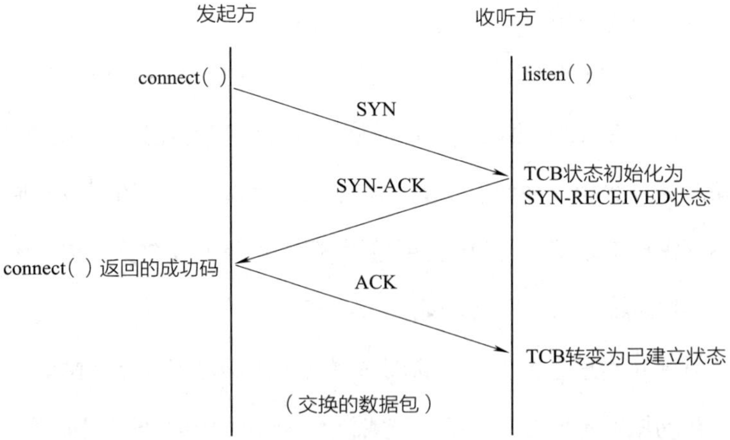

图 7-1　TCP 三次握手

TCP/IP 协议早在几十年前就已被开发，但时至今日，它依然是被最广泛使用的通信协议。这是因为该协议具有绝佳性能，甚至在较劣质媒体中也能实现可靠的数据通信。但问题在于，现代通信需要实时传输。例如，文件传输协议（FTP）等传统协议对于重新发送或排列顺序打乱的数据包、HTTP 下载等都是个不错的选择，但对于视频流或者网络电话（VoIP）却无法发挥作用。

既然有了网络对话等实时应用，何必还重新发送丢失的语音或视频数据包呢？这样做弊大于利。同样，对于视频流来讲，已丢失的数据包或顺序打乱的数据包会被视为已丢失，并且只要数量不太多，观看者都不会察觉。

此外，TCP/IP 协议还存在一个问题——本身速度太慢，甚至 IP 协议也是如此。要理解这点，我们需要了解数据从一个主机传输到另一个主机的实际过程。以网络客户端向网络服务器发送 URL 请求为例。客户端首先会通过动态域名服务器（DNS）将 URL 解析为一个 IP 地址，然后使用该 URL 对应的注册 IP 地址与服务器联系。

该服务器将通过有线接收请求，识别出其唯一的 MAC IP 地址和特定应用的端口号，并将该请求向上传送至应用层进行处理。接收者的应用层将处理接收到的请求，并沿 OSI 模型将回复消息向下传送，对将要发送至源主机的数据进行打包和装帧（如图 7-1 所示）。

问题在于 TCP/IP（第 1~4 层）和 IP（第 3 层）协议要求每个主机之间建立连接，且每层都必须处理数据，但以太网只要求在第 2 层处理数据。因此，与 UDP 等面向无连接的不可靠数据传输技术相比，

TCP/IP 协议传输速度非常慢。

不可靠数据传输协议（UDP）

UDP 是指不可靠数据传输协议，该名称恰如其分。此类协议为面向无连接协议，只负责把数据传输到媒体（有线、光纤或无线）上，并“希望”数据发送成功。

当我们谈到工业互联网协议的时候，UDP 通常被认为是低开销的高效工业物联网协议，这是因为 UDP 协议的净荷开销比率较低。事实的确如此，但该协议的名称本身就指出了其存在的问题，即不可靠。UDP 没有检查数据包是否乱序或丢包的机制，它只负责发送，不管结果如何。如果数据发送成功，当然最好；如果失败了，也不必在乎。

因此，不能仅仅因为 UDP 协议更快速高效的特点就将其用作时间要求严格和任务关键系统的替代性协议。UDP 协议在设计时已被定位为不可靠协议。

然而，在有些工业互联网场景（例如，从一个非关键仪表接收邻近网络中的传感器数据流，且数据依然在可接受阈值内）中，UDP 协议可作为替代性协议。接收此数据流的控制器会将数据丢弃，直到检测出超出预先确定的阈值并可触发某项操作的变化。

在这种情况下，面向无连接的低开销 UDP 协议更适合用于非关键数据交换。

可靠传输协议（RTP）

当在IT系统中处理实时IP流量时，RTP协议可以弥补TCP/IP协议的缺陷，因此常被用于网络电话和视频数据流中。

受限应用协议（CoAP）

CoAP专为受限制网络中的网络传输所设计，同时该协议的专业化也使其广泛运用于在受限设备上运行的M2M和物联网环境中，如智能建筑应用案例等。在邻近网络中，CoAP协议是一个非常重要的协议，因为它可以满足几千个受限设备的要求，这些设备没有能力或资源运行HTTP进行网络传输或交易。

由于受限应用协议专用于受限主机和网络，因此它所占空间极小，且可以运行在RAM低至10 KiB的设备上。然而这并未削弱该协议的功能。CoAP与HTTP的工作模式极其相似，两者都采用常用的代表性状态传输模式，使用一些简单的命令，例如，GET、PUT、POST和DELETE命令。类似地，CoAP环境中的服务器将服务公开为URL格式。由于CoAP和HTTP的概念模型极其相似，因此，当从一个受限网络转换到一个高带宽LAN或WAN时，我们可以通过代理将二者进行整合。

此外，与HTTP一样，CoAP几乎可以承载所有类型的负荷。但通常，由于CoAP被设计为轻量级协议，因此不能使用XML等冗长语言，而是采用低开销的JSON格式。尽管CoAP轻量级协议仅占极小的空间，但它可以通过运行在小至终端节点传感器上的DTLS实现强加密。

为在受限网络（低功率和低带宽）中工作，CoAP不能使用TCP协议或任何复杂传输协议，只能使用UDP协议。UDP协议为无状态协议，因此不要求终端与服务器之间建立会话，这样可以节省资源。但该协议也不具有可靠性。CoAP使用固定的4字节报头封装UDP数据包，以便控制消息的大小以及避免消息在链路层被分化。这样可以使服务器以完全无状态的方式工作。

CoAP并不只限于邻近网络，而是更多地用作完整的端到端解决方案，用于连接服务器与接入网和邻近网络中的终端节点设备。CoAP和6LoWPAN是一个特别常见的轻量级组合，该组合是IPv6和发布—订阅协议MQTT的限制版本，在IPv6网络中提供极其高效的端到端通信。这使得该协议成为工业物联网使用案例的理想选择。

第8章 中间件软件模式

如果要在时间要求严格的环境中工作，比如控制生产线上的机器或监控医院里连接病患的医疗设备的状态，必须进行实时检测和响应。如果状态上发生任何变化，超出预先确定的阈值，操作和管理域中的应用程序必须立即接收此类通知。消费者物联网领域应同样能够实现。但是，传感器数量众多，我们怎样才能做到全面监控呢？

应用程序可以通过两种方法检测边缘设备的状态变化，其中传统方法是对设备进行轮询，请求状态信息，或从集成电路的针脚上读取数值。实际上这些操作是相同的，它们都执行预设的批量作业，对每个设备进行轮询。

该方法的弊端在于设定程序较为复杂，而且要将这些完全点到点的设备通过物理方式连接到服务器也是个复杂的过程，容易变得杂乱。此外，轮询间隔须由程序员或系统设计师设定。例如，如果我们要对楼房中的 HVAC 系统进行管理，需要监控每个位置的温度，那么应按照何种频率对传感器进行轮询，读取当前温度值呢？同样，如果要监测楼房安全系统中的压力垫，应按照何种频率对状态变化进行轮询呢？

对于温度，我们大概只需每分钟检测一次，这是因为在温度超出阈值前或许会出现合理的、可接受的温度漂移量。对于安全垫，大家都希望立即知晓导致状态发生变化的事件。在这两种情况中，设计者需确定正确的轮询时间，并对几千个传感器中的每一个都进行配置，以监控烟雾、移动、亮度级别等项目。这些项目将在预先确定的时间内进行轮询。这种方法效率不高。实际上，在系统维护方面，我们就已经面对了重重困难，更别说增加传感器和电路扩展系统。

第二种方法是让传感器/设备级别的状态变化来触发事件。在该事件驱动的模型中，应用程序无须对传感器进行监控，仅在事件发生时接收通知。而且，为了实现实时检测和反应，此类通知会即时发送。

将事件驱动模型应用于温度传感器和压力垫的情境中时，设计者无须确定何时安全地对传感器进行轮询。一旦发生事件，即状态发生显著变化时，传感器的管理设备将给操作管理应用程序发送通知。

在工业互联网领域，事件驱动消息传递是必需的，因为它可以在时间要求严格的使用案例中实现实时反应。此外，事件驱动消息通过组播方式复制并发送消息给注册用户，用软件消息总线替代应用程序与传感器之间的点对点专用连接，从而简化了通信软硬件。

虽然消息总线在环形或总线型配置的情况下可被用于基础设施建设，但它依然是一个软件概念。但在通常情况下，物理网络可能会采用中心辐射式架构或远程点对点连接，尽管这并不影响发布—订阅模式这一概念，这是因为不管订阅者位于何处，代理服务器都可以对发布—订阅服务器上的订阅者进行注册管理，并处理发布者与订阅者之间的消息分发。

因此，发布—订阅模式并不受物理网络结构的影响，这样能有效减少意大利面条式代码和网络连接，从而使整个系统更易于管理。由于添加新的传感器（设备）十分简单，因此使用消息总线模型可以轻松实现系统升级。

事件驱动消息系统的性质决定了系统升级将变得十分简单。为实现高效率，所有的传感器（设备）都作为订阅者通过代理服务器与注册用户连接。代理服务器负责对发布—订阅流程进行管理，并通过消息总线分发流量。同样地，所有的应用程序都是订阅者，都与消息总线连接。

发布—订阅模式

通过使用发布—订阅协议，应用程序可以单独订阅它们感兴趣的服务，例如智能楼房场景中的温度和压力垫状态服务。发布—订阅协议可以对单个或多组传感器进行监控，并向注册用户发布传感器的任何状态变化。通过这种方式，应用程序可以立即获知服务中出现的变化。

此外，发布—订阅代理还有一个好处，即使用该代理的应用程序可以仅订阅希望获知的服务，忽略其他无关的服务，从而减少不必要的流量和服务器中的I/O需求。

事实上，由于发布—订阅代理会发表新服务或删除已到期服务，因此设计者无须顾虑如何通过编程将传感器/服务通知发送至应用程序。

此外，该代理并不要求始终保持连接状态，因为它具有缓存功能，可以在订阅者上线时从发布者处获取更新。这对于许多工业物联网应用程序（例如偏远地区自动贩卖机的监控）来说都尤为重要。偏远地区的自动贩卖机（订阅者）无须随时随地与代理保持连接，可能只需每天连接一次，上传本地库存报告、储钱箱内的现金量以及其他维护数据。另一方面，如果贩卖机储钱箱上报箱内已满，无法再接受现金交易，则发布—订阅协议可立即向代理发送警报。同样地，订阅者服务无须在线进行，这是因为代理会存储来自发布者的信息，并在可能的时候将其转发给订阅者。

发布和订阅可以采用多种分发模式，但常用的是后期绑定，这是软件中一个非常强大的概念，指的是将传感器 / 服务从应用程序中分离。后期绑定可以在不重新配置网络或重新对设备或程序编程的情况下添加新服务，从而使系统变得十分敏捷。借助发布—订阅协议还可以重新使用服务，包括创建新服务或使现有服务增值。例如，将三项服务的输出进行平均就可以生成一项新的服务，并发布给任何感兴趣的订阅者。

虽然发布—订阅协议看起来是一个完美的解决方案，可当它用于大量的工业物联网案例时，必须意识到它也存在缺陷。例如，在贩卖机案例中，如果某个特定贩卖机中某品牌汽水没货时，我们并非一定要立即知晓这一情况。虽然缺货有点烦人，但又不是世界末日。然而，如果将发布—订阅模式用于追踪股票市值，情况会怎样？

那么问题来了。当某台贩卖机缺少库存或储钱箱已满时，人们将无法再进行交易，而且，如果不及时对操作和管理域发出警告，就可能会造成财产损失。但对于股票估价等变化迅速的标准来说，我们必须掌握实时信息，因为哪怕只是一秒钟的延迟都可能带来灾难。

集中式发布—订阅模式存在以下问题。将代理服务器以内联方式置于发布者和订阅者之间将增加延迟。毕竟代理服务器需要处理来自发布者的消息，并确定哪些订阅者需要它们。该代理服务器将进行查阅，并把消息复制给每位订阅者。该过程虽然仅需数微秒，但对于股票市场来说时间太长了。

而且，代理服务器需要按先后顺序执行这些功能，这样部分订阅者可能比其他人抢先得知股价的变动。因此我们需要找到一种实时分发订阅者消息的方法。于是出现了无须代理服务器便可部署发布—订阅模式的其他方法。其中一个较简单的方式是使用用户数据报协议（UDP）将发布的消息广播至网络中的所有主机，但这样会造成资源浪费，因为大部分主机会直接丢弃数据包，并且这种方式也不太可靠。但迟几毫秒接收信息总好过接收不到信息。尽管UDP协议具有准实时的效果，对于实时应用程序来说非常具有吸引力，但不要忘了：它只负责发送，不管结果。因此需重申一下，由于不同应用程序要求的服务级别不同，因此必须考虑使用其与协议的搭配。

发布—订阅协议的另一好处在于它不仅可以通过“总线”将所有的应用程序（订阅者）与所有的传感器（发布者）相连接，而且能将所有设备连接到与总线相连的设备，这对于某些案例来说十分重要。在工业物联网的环境中，这指的是设备之间可以通过发布—订阅协议相互连接与通信。这意味着设备之间有可能进行协议与资源共享。例如，如果每个设备都必须含有3G调制解调器和SIM卡等远距离通信技术，则设备的尺寸、重量和价格都将增加。但如果更小、更便宜并且不那么先进的设备可以与它们的重型邻居协作的话，它们便可通过资源共享，使尺寸较小的设备使用另一设备的通信信道。

发布—订阅服务和事件驱动消息服务极大地促进了工业物联网系统的效率，并且可根据应用程序通过某些发布—订阅模式进行部署。海量的工业物联网协议让人难以选择，接下来将对所有常用的发布—订阅协议逐一进行讨论，包括每种协议的利与弊，并以工业物联网为背景进行比较。最常部署的协议有：

- MQTT
- XMPP
- AMQP
- DDS

以上协议都声称自己是真正的实时发布—订阅协议，能够处理数以万计的设备。但其实它们各有差异，并且有些协议在不同的层次工作。例如，倘若我们把这些协议按照工作层次大致分成设备与设备之间的协议、设备与服务器之间的协议和服务器与服务器之间的协议，我们便能更清楚地理解每一项协议，并对其性能（以时间衡量）有更好的预期。

图8-1列出了每类协议的性能预期。

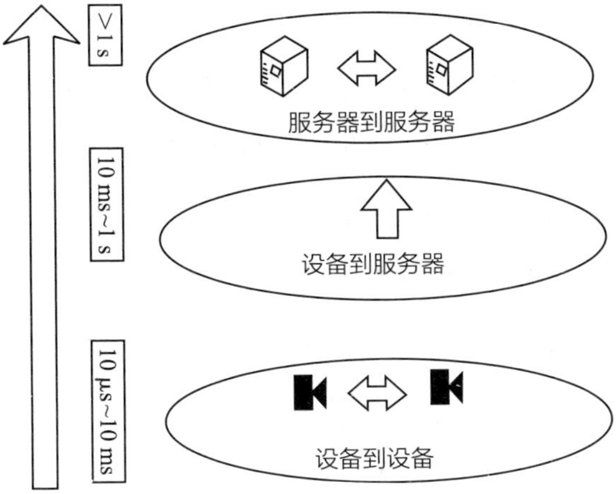

图 8-1　实时性能预期

MQTT

MQTT（消息队列遥测传输）协议是一项专门用于收集设备数据的发布—订阅协议。MQTT 协议的设计宗旨在于进行遥测或远程监控，因此该协议可用于建立连接，从成千上万边缘设备中检索数据，并将汇聚的流量传回操作和管理域。因此，按照一般的分类原则，MQTT 是一种设备与服务器之间的协议。

消息队列遥测传输协议是专为 M2M 通信设计的开放信息协议，用于高延迟或受限制网络，将遥测式数据以信息的形式从普适设备发送至服务器或小型消息代理。

因此 MQTT 协议基于中心辐射式拓扑结构，但不强制要求基于这种结构，因为该协议的目的是从边缘传感器收集数据，并将其发回操作和管理域内的一个数据采集服务器上。这种设计决定了 MQTT 协议对于设备与设备之间的连接不能发挥作用，而应该应用于设备和数据采集服务器之间点到点连接的环境中。由于这是 MQTT 协议的一个明确设计目标，因此它提供的配置选项很少，实际上也不需要任何选项。MQTT 的工作任务仅仅是从设备中收集数据，并以可靠的方式将其传回数据采集服务器。

但要实现可靠的传输就需要使用可靠的传输协议，因此，MQTT 协议是基于 TCP/CP 协议的。这意味着设备和采集服务器之间需要实现完全的 TCP/IP 连接。这将带来很多问题，原因如下：首先，设备必须能够支持完整的 TCP/IP 协议栈；其次，由于必须始终保持 TCP/IP 连接，所以网络连接必须合理；再次，TCP/IP 协议或许可以提供 MQTT 所需的可靠性，但在已经存在可靠网络的 LAN 或其他非 WAN 的基础设施中，它可能会对性能和数据包开销产生不必要的影响。

MQTT 的设计规范决定了其适用于对设备进行外部远程监控，例如对油气管道状态的监控，或者当数千个不受约束、支持 TCP/IP 协议的传感器 / 设备需要将数据发送至同一个服务器 / 应用程序时的类似应用。在某些应用场景中，例如，在恶劣环境中进行远程遥测监控时，最大的优点是 TCP/IP 协议的可靠性，其次才是性能。因此，MQTT 协议并非为高性能而设计，设备与服务器之间的通信速度并不能按秒计算。

XMPP（Jabber）

XMPP 是指可扩展通信和表示协议，是一项用于获取一系列应用程序的开放式实时通信协议。XMPP 重点用于技术发明，如即时消息、在线状态和视频会议等，Skype 和 WhatsApp 在这些技术中占据主导地位。同时，XMPP 也可用在为开发轻量中间件和内容聚合而进行的协作中。

要了解 XMPP 协议，就需要了解该协议最初的设计宗旨，即在即时消息中检测在线状态，使人们可以相互建立连接，交换短信。XMPP 协议的设计宗旨在于方便人类式沟通。例如，它使用 XML 作为原始类型，并使用对人类来说较直观的寻址方案。因为 name@domain.com 寻址格式为电子邮件和即时消息程序普遍使用的格式，较容易识别，因此可促进人与人之间的交流。

在工业物联网环境中，XMPP 可能会提供一些有用的功能，如易使用的设备寻址手段。这样人类控制器就可以通过智能手机和一个简单的 URL 轻易地识别设备，并对其进行寻址。

但是我们必须意识到，XMPP 协议最初是为人类的使用而设计的，因此并不具有高速性能。的确，大部分 XMPP 部署都使用轮询的方式，或者仅按需检查在线状态。XMPP 的性能基于人类对实时性的感知，即以秒而不是微秒为单位进行计算。

此外，XMPP 协议通过基于 TCP/IP 协议的 HTTP 协议进行通信，结合了XML净荷,因此适用于对协议开销没有要求的智能手机和设备。小型低功率设备不具备处理 TCP/IP、HTTP 和 XML 协议组合的能力。因此，XMPP 协议最适用于带有人为管理界面的工业流程，它们对安全性、可寻址能力和扩展性的要求高于对实时性能的要求。

AMQP

AMQP（高级消息队列）协议并不是严格意义上的发布—订阅协

议，而是更多地作为列队协议出现。AMQP 协议并非起源于物联网领域，而是起源于金融和银行业。因此，AMQP 协议可以看作经验丰富的列队协议，甚至可以在处理成千上万条消息队列的情况（比如处理银行交易）下提供高可靠性。

由于 AMQP 协议根植于银行业，因此其设计宗旨就是提供高可靠性，并能够跟踪接收到的每一条信息或交易。AMQP 协议必须在 TCP/IP 协议的基础上工作，并严格要求信息接收方确认已收到消息。

虽然 AMQP 协议并不是真正意义上的发布—订阅协议，但它却与其他发布—订阅协议形成高度互补。这是因为它可以提供某些工业物联网使用案例中所需的高可靠性信息队列和跟踪。AMQP 协议也可以将服务器级别部署在操作和管理域中，以帮助分析和进行数据管理。

DDS

与发布—订阅模型相反，DDS（数据分发服务）针对的是直接使用设备数据的设备。举例来说，DDS 不像 MTTQ 协议一样用于设备与服务器之间的通信，且服务器并不通过点到点式或星型拓扑结构从设备中收集数据，而是将消息分发给总线上的其他设备。因此，DDS 可以被视为设备与设备之间的协议。

虽然 DDS 的设计宗旨在于与其他设备建立连接，意味着同一网段内设备之间需实现高速通信与协作，但该协议同时也支持设备与服务器之间的交互。

DDS 协议的主要目的是设备互相连接。DDS 是一个以数据为中心的中间件标准,源于高性能技术、太空探索、防卫和工业嵌入式应用。DDS 支持远程访问，并可高效地以每秒几百万条信息的速度同时将消息分发给众多用户。此外，如果某用户意外下线，那么 DDS 还可以存储并转发消息。

DDS 处理发布—订阅模式的原理在于设备的高速运行要求其实时获取数据。在这种环境下,“实时性”通常是以微秒来计算的，原因在于在工业物联网场景中，设备需要以复杂的方式与众多其他设备进行通信，以实现对时间要求严格的应用程序。而 TCP/IP 协议提供的面向连接的、可靠的点到点数据流太缓慢，且具有限制性。相反，DDS 提供详细的服务质量（QoS）控制、组播功能、可配置可靠性以及普遍冗余。DDS 还可对特定用户进行过滤及消息发布，支持同时向数千个目的地发送消息，而不会造成代理模型中的延迟。DDS 还提供 DDS 轻量型版本，可在低功率设备等受限制环境中运行。

DDS 之所以能达到高性能工业物联网系统的要求，是因为它直接采用设备与设备之间的“总线”进行通信，并使用关系数据模型。其中，关系数据被称为“数据总线”，其原理与数据库控制对存储数据的访问时采用的原理十分相似。这一点体现在它可以有效地控制对共享数据的访问并保证数据完整性，即使这些数据可以被众多用户同时访问。多设备网络中的这种数据控制水平恰好是许多高性能设备作为单一系统协作所必需的。

DDS 专为高性能系统而设计，因此特别适用于工业物联网，如生产系统、风电场、医院整合、医学影像、资产跟踪系统和汽车测试和安全。

其他发布—订阅协议使用TCP/IP协议以取得可靠性。但是要想提供可靠的通信，TCP/IP协议需建立点到点会话以传输数据。相反，UDP协议则为面向无连接的协议。它只负责发送，不管结果。UDP协议速度快但不可靠，这是由它的固有属性决定的。

然而，在不能始终保持连接，而又需要可靠的数据传输时，UDP似乎是个不错的选择。因为它速度快，并且能够对多个接收者进行组播，而不需要太多开销。但谁也不希望由于无法进行通信而造成宝贵数据的丢失。请记住，UDP协议仅支持一次发送。如果无法建立连接，TCP/IP协议也同样无法传输数据。当前数据只有在建立会话后才能进行传输。因此，工业物联网场景的理想协议需具有存储和转发功能。

容迟网络

这是美国国家航空航天局向太空发射航天探测器时曾经遭遇到的问题。由于无法确保始终与航天探测器建立连接，因此无法使用TCP/IP协议，而UDP协议只负责发送，不管结果如何，都可能导致宝贵数据的丢失，因此也不宜采用。NASA遇到的难题在于如何确保即使地面与探测器之间失去无线电连接（如探测器被某行星遮挡），在重新连接上之后，探测器生成的存储在本地的数据也可以完整地发送至地面控制台。

经过研究，美国国家航空航天局采用了DTN协议，该协议具有存储和转发功能等一系列属性。DTN 协议是远距离移动工业物联网设备和应用程序的首选解决方案。现在在实时工业互联网场景中使用的中间件协议就是以 DTN 协议为基础的。

由于 DTN 协议采用存储、携带和转发的工作机制，因此该协议成为众多物联网应用的最佳选择（如图 8–2 所示）。例如，发送节点相当于物联网中的传感器，它收集并存储数据（存储），直到它与另一节点建立联系（携带）才传送信息（转发），然后接收者节点存储数据，携带这些数据进行传输，直到将这些数据转发至另一个节点。通过这种方式，数据可以穿过网络到达目的地。这里的关键在于该网络是一个不可靠的间歇性网络，人们的首要关注点是将数据传送至目的地，因此较长的可变延迟是可以容忍的。

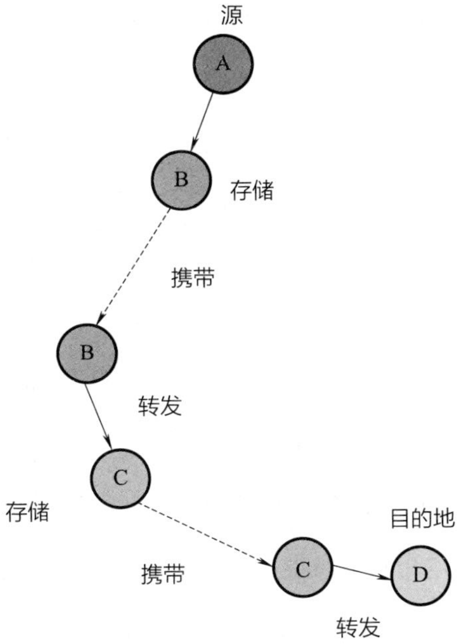

图 8–2　DTN 协议采用存储、携带和转发的工作机制

DTN 协议广泛应用于物联网领域，如星际网络、野生动物监控、战场通信和农村地区的互联网通信。在缺乏通信基础设施的农村地区，尽管通信速度较慢，但至少可以通信，其工作原理是在村落建立一个通信站，里面放置一台 PC 和其他运行 DTN 协议的通信设备。从该村落发出的消息将存储在本地 DTN 设备上。本地总线为该地区提供服务并使村落之间相互连接，该总线携带了 Wi-Fi 路由器，这些 Wi-Fi 路由器进入覆盖范围后将与 DTN 设备连接 / 对等。

这样，消息就可以从村落的DTN终端转发至总线上的数据设备了。总线携带着这些数据在村落间传输，一路上会收集并存储更多的数据。当总线最后返回城镇或城市站点时，它将一路上收集的数据转发至一个联网路由器，并最终通过互联网传送至目的地。回程的互联网流量的处理方式与此类似，由总线在下一次传输中将回程流量（消息）传回每个村落。该过程相当于旧时邮件递送的电子版本。

DTN 协议支持长距离的数据存储—携带—转发，源与目的地之间无须建立任何直接连接。虽然在前文的例子中，总线可以看作源与目的地之间的路径，且并非是随机的，应对随机网络中的通信时，比如，在进行野生动物跟踪时，由于没有固定的总线经过，人们必须使用其他中继节点来存储、携带和转发数据。使用此类随机自组织网络时，可以采用一些策略来提升效率。其中一种方法称为传染技巧，是指数据持有者将数据传递至遇到的任何中继节点上。此方法虽然比较有效，但由于可能存在多个数据副本在网络中携带转发，因此开销大，浪费资源。要解决传染技巧的低效率问题，可以采用 Prophet 协议，即利用节点间相遇的历史信息和传递性的概率性路由协议。Prophet 协议通过使用算法尽可能地利用移动节点相遇的非随机性来缓解传染技巧的低效问题。具体方法是依照一组概率确定比自身更好的数据传输节点。

另一种传递方法为喷洒和等待，该方法可以限制临时网络中允许的副本数量。使用此方法不仅可以增加消息传递成功的概率，同时还可以控制资源浪费。此方法的原理是当在源节点上创建消息时，人们可以指定可在网络中共存的固定副本数量，这样源节点只能将消息转发至此数量的中继节点。中继节点接收消息后并不转发至其他中继节点，而是携带着消息，处于等待状态，直到它们与预定的目的节点相遇，才会结束等待状态，并将消息转发至预定接收者。

如上所述的 DTN 协议的功能使得物联网甚至可以在最偏远地区及恶劣环境中工作。因为它无须持续的连接，能够应对间歇性临时网络连接及传递中的长时间延迟。但这只针对在偏远地区专业应用领域内的少量数据传输，比如野生动物跟踪和战场环境。大部分物联网应用中存在另一个问题，即对海量数据的处理。

因此，对于多数工业互联网应用案例来说，重点在于使用具有确定的、可靠的协议和架构的可扩展的可靠系统，如当前部署于生产领域 M2M 环境中的系统。

第9章 软件设计概念

工业互联网将需要把移动和社交设备、云与大数据分析成功地汇聚起来。传统的 M2M 架构基于面向服务架构（SOA）原则，现在随着工业物联网的问世，SOA 在传递服务、提供见解和整合系统方面发挥着越来越重要的作用。企业可以将 SOA 原则运用于工业物联网架构中，从而管理并控制业务和 IT 变革。SOA 原则的优势包括可实现的机器、设备、服务以及支持云的软件、基础设施和服务与解决方案平台之间的无缝集成，从而提供全局性的商业洞见。SOA 还具有一定的敏捷性，可外化应用程序接口（API）。SOA 集成了物联网与美国工业互联网委员会参考架构的域，例如控制（OT）域、操作域和企业（IT）域等。

在工业物联网领域，SOA 是一项“伟大的设计”。由于 SOA 依靠的是长期以来支撑着工业 M2M 架构的坚实的技术和实践基础，因此它在工业企业和工厂的应用方面深受理解与信任。

应用程序接口

API 是应用程序的可编程接口。当前较普遍的 API 类型为通过简单对象访问协议（SOAP）和代表性状态传输（REST）等网页服务提供接口的API。这些面向服务、基于Web的API已成为当今与基于Web的应用程序和移动应用程序之间接口的普遍公认规则。

在面向对象应用（SOA）环境中，我们可以与CRM和ERP等更高级的应用程序进行通信，在这种情况下，API可以说是一个非常复杂的概念。这些可编程接口由软件供应商发布，比较复杂，且通常功能有限，其中的原因更多地在于供应商希望保留对开发的控制，可以将一些功能和与其他企业应用程序和数据库的整合作为附加服务以更高的价格提供。然而，随着IT行业从SOA到Web和移动应用程序的转变，API已成为相对较简单的模板，可应用于Web和移动应用程序与其他后端数据库和企业应用程序之间的通信。接下来我们将会对其进行细分，以便读者了解每个部分。

我们首先了解一下API的组成部分。

应用程序

如果你有一台笔记本电脑、一台平板电脑或一部智能手机，那么你应该对应用程序的概念非常熟悉，工具、游戏、社交网络和其他日常使用的软件都属于应用程序。

编程

编程是指软件工程师创建整个软件时使用的编码，这些软件构成设备上的应用程序。

接口

接口是指用户、应用程序和设备之间进行交互的一种常用方式。如果在两个应用程序或程序之间共享接口，该接口便成为二者之间的共同通信方式。

因此，从本质上来说，API是程序员通过一个软件定义的模板与特定应用程序之间进行通信的一种方法。

API：技术层面

API必须先由应用程序程序员（通常情况下还需要数据库设计人员）对其进行配置和详细编写。这是因为在一般情况下，将应用程序中的数据注入主应用程序，意味着这些信息需要永久地储存在数据库中。因此，以下关于API的描述很形象：

“……是指由服务提供商编写且程序员在使用该服务时必须遵守的明确规范。API给出了可用的功能、规定的使用方式，以及会接受（即输入）的格式或返回（即输出）的格式。”

——凯文·斯坦顿（Sprout Social API分部经理）

因此我们可以将API视作一个指定的模板，用于将数据输入或检索到应用程序或其数据库中。

API类比

为了更清楚地了解API（模板）的使用方式，我们做一个合适的类比。为了便于讨论，设想每次要提交数据至应用程序或访问其中的一组数据时，必须调用API。但是你必须遵守一些规则，这些规则由程序员在构建API模板格式时确定。程序员在设计API时必须确定在使用应用程序时只允许访问某些数据类型，同时只允许向数据库输入特定的数据，所以必须采用特定的协议和格式——每个应用程序专有的语言进行通信。

为了更好地理解这一概念，我们可以将API想象成程序员与应用程序之间的保安人员，接受程序员的请求，并对其进行身份验证。同时为程序员提供带有正确请求格式以及数据的表格。当程序员将请求与具体请求标准（例如，希望储存或检索的数据）填入表格后，保安将检查格式是否正确。如果表述正确，保安会将该请求转发至应用程序。应用程序接着执行下一步的验证与授权控制，如果该请求通过了安全检查，应用程序将允许该请求/输入，并且返回或储存数据，或为程序员代储存数据。

API示例

公司可能允许员工运行各自的数据、报告或者公司数据库中的社交媒体。而为了运行这些数据库查询，必须对照数据库输入SQL查询。

用户无论在什么时候需要该信息，都不能发送电子邮件给数据库管理员（DBA）。出于安全和操作方面的考虑，DBA 无法直接给予用户权限让他们自己查询。

这时，API 便可发挥作用。DBA 已在脚本中编写了独特的 SQL 查询，当用户调用 API 时便可将其触发。然后，数据库可以把从库中获取数据的请求实时返回给用户。因此，无论何时使用 API 请求数据分析，用户都无须懂得编程或 SQL，也无须直接与数据库系统交互，便可获得返回结果。

API 调用的概念

用户、开发商或系统无论何时向应用程序请求信息或希望将信息发布至另一应用程序，都需要使用预格式化的模板向 API 发起请求。当然，如果有外部用户或系统向 API 发起请求，那么相应的安全措施只有落实到位，才能限制带宽、使用以及非法请求。基于 Web 的 API 为 URL，通过使用 PUSH 和 GET 等常用 HTML 命令可激活 API 调用。单击这些 URL 并不能将其激活，通常只会返回空白的屏幕（除非这些 URL 在构建时已设定为将数据发送回网页），因此这些 URL 通常用于程序和脚本中。而程序员在建立 API 时可有多种语言选择，如 PHP、Ruby 和 Python，等等。程序员可以将 API URL 嵌入编程语言脚本中，并从中调用。

API 对于企业的重要性

接下来我们将讨论为什么 API 对于企业而言非常重要。

企业利用API创建应用程序

企业可以通过 API 与应用程序进行实时通信。只需点击一个按键，会计人员就可以在每日上午运行前一日的工作报告，销售人员可以按照相似的方式在每日工作结束时发布数据。API 可以使我们直接与应用程序进行通信,而无须了解如何编写查询和编码。我们使用开发者创建的 API 作为模板，用于上传电子表格或格式化文件中的销售数字。

商业人士对外部API的使用

商业人士可借助 API，通过推特、Facebook 和亚马逊等社交媒体和外部应用程序实现互动和协作。API 同时支持用户通过 Dropbox、Box 和 Google Apps 等应用程序实现协作。谷歌和其他网络规模扩展巨头公司也开放了 API 供大众使用。例如，程序员可以使用谷歌地图和地理定位器 API，在自己的应用程序中运用这些功能。开发人员通过使用胶水代码链接到谷歌或雅虎的开放 API，便可制作完整的移动应用程序，这种方法被称为“混搭”。

企业对开放API的依赖

开放 API 对于提供对第三方和受信任合作伙伴的访问权限具有至关重要的作用，因为它可以提供安全的数据访问，以及实现项目协作。面向服务的架构和企业级应用程序为开发人员、合作伙伴和 IT 提供开放 API，用于系统集成、创新和开发。人人都可使用基于 Web 的开放 API。

Web 服务

API 有多种类型，它们都可以在多种语言中构建，但当今在面向服务的架构和现代 Web 和移动应用程序中普遍使用的是 Web 服务 API，例如 SOAP 和 REST 架构。

SOAP 是最初由微软公司开发的一项基于标准的 Web 服务协议，该协议作为一种 Web 服务选择已在 SOA 环境中获得了一定的认可。不过 SOAP 的名称却并不恰当，因为它代表的含义远比这几个缩略字母代表的含义更复杂。该协议之所以仍称为 SOAP，是因为它在 SOA 环境中得到了普遍应用，并且该协议由来已久，开发人员和程序员已经习惯，并且能够熟练地使用该协议。正因如此，SOAP 获得了长期使用为其带来的优势。

而 REST 架构则出现较晚，且设计简单，至少要比 SOAP 更简单。设计 REST 架构是为了将其运用到 Web 和移动应用程序中，以及修复在 Web 环境中使用 SOAP 时存在的一些固有问题。REST 架构的设计准则是提供一种真正简单的方式，以便通过 URL 访问 Web 服务，并且不再使用 SOAP 中的 XML 包。尽管如此，在有些情况下使用 SOAP 协议却更方便。

原因在于 SOAP Web 服务 API 通过 Web 服务描述语言（WSDL）文件进行了良好的接口说明。此外还有一个文件与 SOAP 相关联，该文件通过 API 的 XML 模板提供 Web 服务工作机制的定义。WSDL 以一种可读形式对格式进行了详细描述，包括服务使用的规格、要求和选项。因此，尽管人们经常重复使用 SOAP Web 服务，但这样做的效率可能很低，因为可能会检索大量无关的数据。IDE 可以在你创建参考时利用 WSDL 提供 Web 服务工作机制定义，使该过程完全自动化。因此，使用 SOAP 协议的难度很大程度上取决于使用的语言类型。

另一方面，由于不存在类似 WSDL 的对应文件，所以理解 REST 架构并不容易。该架构的特征是由编码决定的，因此对于非程序员来说，其本身就存在困难。

尽管如此，SOAP 协议和 REST 架构依然存在相似之处，即两者都可以在 HTTP 协议的基础上工作。SOAP 协议可以在其他网络协议，甚至 SMTP 协议的基础上工作。由于 SOAP 协议是标准化协议，并且在 SOA 环境中得到了普遍的应用，因此，作为一项消息模式来说，该协议比 REST 架构更严格。SOAP 协议中的规则非常重要，没有这些规则，就没有标准可言。REST 作为一种架构风格并不需要进行处理，因此自然就更加灵活。

SOAP 协议和 REST 架构都依赖其本身的一套完整规则，人们要遵守这些规则才能交换信息。因此，在协议之间进行抉择时，人们需要考虑两种技术存在的问题。

SOAP 协议概述

微软公司最初开发 SOAP 协议的目的在于替换那些早期开发的无法在互联网中有效工作的技术，例如分布式组件对象模型（DCOM）和通用对象请求代理架构（CORBA）。由于这些技术采用的是二进制信息，因此被认为不适用于互联网。但 SOAP 协议采用 XML 提供服务。因此，SOAP 协议能够在互联网中发挥更出色的性能。SOAP 协议比较有趣的一个特征是它不需要使用 HTTP 传输，因为它可以在其他网络协议的基础上工作。

微软在首次发布 SOAP 协议后将其递交至互联网工程任务小组（IETF），以实现该协议的标准化。在设计伊始，SOAP 协议的目的是支持、容纳扩展，因此该协议伴有各种支持模块和选项。由于 SOAP 协议具有多种可选功能，因此其扩展性极高，但它只针对人们在特定任务使用其中某些功能的情况。例如，当你使用免费、开放的公共 Web 服务时，就无须使用 Web 服务安全协议。

SOAP 协议存在的一个问题在于该协议在发出请求和接收响应时使用的 XML 可能会非常复杂。在某些编程语言中，程序员可能需要根据要求手动建立 XML 所定义的请求。而由于 SOAP 协议不具有容错机制，手动建立请求时可能会出现问题。因此，某些 Java 开发人员觉得 SOAP 协议特别不好用，因为在 JavaScript 中使用 SOAP 协议时必须每次都创建规定的 XML 结构，这样就比较麻烦。即使最小的任务也需要大量的编码。但 JavaScript 中的这个问题不一定每次都存在，有些语言可以使 SOAP 协议和 XML 协议更好用。SOAP 协议提供语言的快捷方式，使创建请求和解析响应更容易。实际上，当你使用微软公司自有的 .NET 语言时，你从来都看不到 XML。

SOAP 协议并不具有容错机制，但有趣的是该协议最重要的功能之一却是对内置错误的处理。如果 SOAP 协议发现你的请求存在某个问题，那么响应消息中会包含错误信息，人们可以利用这些信息解决该问题。这是一项非常重要的功能，因为在很多情况下人们可能无法拥有 Web 服务，因此无从判断失败的原因。该协议的错误报告机制甚至可以提供标准化的编码，这样就有可能使编码中的错误处理任务自动化。

REST 协议概述

与SOAP相比,REST可为网络服务API提供一种轻量型替代方案。REST 与 SOAP 的不同之处在于它通过使用基本的 HTTP 的简单 URL 而非 XML 来发出请求。在一些高级或复杂情况下，REST 可能必须提供其他信息，但是大多数使用 REST 的网络服务仅通过 URL 获取所需的信息。由于 REST 使用 URL 方法来调用 API，它可以使用 4 个不同的 HTTP 1.1 动词（GET、POST、PUT 和 DELETE）来执行任务。

对开发人员和程序员等类似群体的一个主要好处是，REST 无须像 SOAP 一样使用 XML 来做出响应。基于 REST 的网络服务可将响应作为数据传输回到逗号分隔值（CSV）、JavaScript 对象表示法（JSON）和简易信息聚合（RSS）内的程序中。因此，程序员能够使用对于他们编写应用程序所使用的语言来说较容易分析的形式获得他们需要的输出。

SOAP 与 REST 的对比

毫无疑问，SOAP 是网络服务访问的重量级选择。与 REST 相比，它具有以下优势：

- 独立的语言、平台和传输（REST 需使用 HTTP）。
- 非常适用于分布式企业环境（REST 采用直接点对点通信）。

- 标准化。
- 以 WS* 标准的形式提供显著的预构建可扩展性。
- 内置错误处理。
- 与某些语言产品配合使用时具有自动化功能。

在大多数情况下，REST 更易用且灵活。与 SOAP 相比，REST 具有以下优势：

- 无须昂贵的工具即可与网络服务进行交互。
- 更简单易学。
- 高效（SOAP 对所有消息都使用 XML 格式，而 REST 则可使用较小的消息格式）。
- 快速（无须大量处理工作）。
- 在设计理念方面更接近其他网络技术。

高速缓存

在 HTTP 规范中使用 REST 标准时需要注意一种网络服务 API 行为，即它会使用 HTTP 中的可用功能，如高速缓存、传输层安全（TLS）和身份验证安全性。然而，这未必是件好事。对于某些应用，这甚至可能是一个非常糟糕的选择。例如，设计时不应缓存动态资源的情况，这是因为资源会实时变化，缓存资源并不可取。例如，当采用股票代码触发轮询时，REST 网络服务可用于轮询股票报价。股票报价在每一毫秒都有可能出现变化，明白这一点很重要。因此，如果轮询和发布了 BARC（巴克莱银行）的股票价格请求，那么很有可能在随后的轮询中收到的报价会不一样。

然而，如果 REST 使用 HTTP 高速缓存功能，它将返回的股票值就会与最初轮询并在缓存中存储的股票值相同，在随后的轮询中也是如此。这表明，在使用动态内容和资源时，我们并非始终可以使用协议中的高速缓存功能。HTTP 高速缓存在客户端 REST 静态内容请求中十分有用，但 HTTP 的高速缓存功能不适用于动态要求，在这种情况下，SOAP API 更合适。

HTTP 动词绑定

REST 与 SOAP 之间还有一项功能可以比较，即 HTTP 动词绑定。很多 RESTful 的面向公众的 API 更类似于 REST，因为它们并不像期望的那样能够执行所有的 HTTP 动词。例如，在创造新资源时，大多数开发人员会使用 POST 而不是 PUT。甚至现有资源的删除也是通过 POST 请求发出的，而非 DELETE 命令。

SOAP 还定义了对 HTTP 协议的绑定。当绑定 HTTP 时，所有的 SOAP 请求都是通过一个 POST 请求发出的。

安全性

当我们讨论 REST 相对于 SOAP 的优点时，很少会提及安全性，原因在于 HTTP 协议层提供了 REST 安全性，例如通过 TLS 进行基本身份验证和通信加密，WS-SECURITY 对 SOAP 安全性进行了标准化。作为一种协议，HTTP 并不安全，因此使用该协议的网络服务需要严格执行自身的安全标准。确保安全性不只是简单的身份验证和保密，还包括授权和完整性。在实施难易度方面，SOAP 是最领先的网络服务协议。

微服务

在网络和基于云的应用中使用微服务和网络 API 已成为一种非常普遍的方式，它们尤其适用于工业物联网。

微服务这个术语没有标准的定义，然而此类服务具有一些可识别的特征。从本质上看，这种可辨识的微服务架构，提供了一种将软件应用作为一套小型模块化服务来开发的方法。这些独立的服务能运行一个独特的流程并采用一种界限清楚的、轻量级的网络服务或其他机制进行通信，以达到某种特定结果。

在构建应用程序时，微服务可以将主机系统的底层复杂性与应用程序的目的相分离，这便是微服务的价值所在。我们如果观察一下客户端—服务器网络应用，就会发现它们是被构建成整体应用的，在这种情况下，编码的服务器部分处理 HTTP 请求，执行逻辑并检索，或者与数据库传输数据。此模式的问题在于，任何更改均要求整个应用升级至新的版本，因为每个功能都是交织在一起的，并不独立，也不便于更新。通过微服务，我们引入了一种不同的方法，这种方法适用于物联网，并能扩展至工业互联网。

微服务方法旨在构建自身或使用一种针对某个特定功能的开放的微服务。程序员可以使用这些微服务的独立模块构建应用，程序员可以对其进行独立的扩展和修改，而应用的其余部分保持不变。

在不影响应用程序总体完整性的情况下，程序员可在重新部署前对单个服务进行调整。同样，他们也可以在任何现有设备类型的用户体验中对一个模型的新设备类型添加或自定义服务，而不会影响应用中的任何其他服务。

微服务具有可扩展性、自适应性和模块化特性，这使其成为基于云的应用的理想选择，这些应用必须在各种各样的、不断变化的设备上提供动态而又一致的用户体验。

为了阐述微服务的优势及其可扩展性，我们来看一看这些超大规模的网络公司，包括耐飞、亚马逊和亿贝。所有这些网络巨头在过去 10 年中已逐渐开始采用基于微服务的应用。耐飞每天从 800 多种不同类型和型号的设备中收到大约 10 亿次 API 调用，亚马逊每天从众多设备类型的各种应用中收到无数次 API 调用。如果这些公司采用的是单体或两层架构，他们就不可能支持或扩展到这样的规模，只有采用基于微服务架构的服务才有可能实现。

由于微服务架构取消了将整体应用托管于一个服务器上的限制，这使得开发者能够将资源更有效地分配至需要资源的应用部分。然而，一个明显的缺点是，将业务功能和服务分离之后，在执行这些远程调用的服务之间需要一个通信系统，这需要额外的集成开销。集成常常是一件棘手的事，因此过量集成操作并非好事。然而，如果服务之间正在进行通信，那么 HTTP 网络服务或发布—订阅协议均可用于简化安全、性能和可靠性请求。在决定该使用哪一种时，我的建议是：在提出需要直接回答的问题时，部署 HTTP 网络服务；而在使用无须即时反馈的语句时，选择发布—订阅。

第10章 基于中间件的工业物联网平台

在前面的章节中，我们讨论了设计人员在构建工业物联网解决方案时可用的一些不同的通信和无线协议、技术和软件模式。没有任何一种解决方案能够适用于所有情形，因此大多数情况下我们都需要部署几种协议和技术以满足需要，然后采用某种方式对它们进行集成。例如，我们可能会发现邻近网络中同时使用了传统和现代技术；有些网络可能不支持我们希望在设计中采用的 IP 或无线技术，因此必须对技术进行混合和搭配。这种设计就是异构设计，它能支持少量或大量不同的协议、技术和软件模式。

异构网络，即使算不上常态，也可以说是非常普遍的。除绿地模式（全新）部署外，同构网络中很少使用共同的协议。部署的终端节点和访问的网络能够支持同一种协议（例如，IPv6）的情况很少见。由于我们必须满足不同的协议接口、传输和双向数据转换的需要（因为它们通常是采用不同格式创建的），因此异构网络使得网络设计变得复杂是令人遗憾的。

由于工业物联网的概念处于高层次水平，因此它几乎是与底层技术不相关的，而当我们被迫解决如何集成、执行和管理所有这些异构网络时，底层复杂性显现了出来。

前面的章节讲述了如何在较高层次上构建工业物联网网络。简而言之，就是将换能器（传感器和制动器）与网关边界邻近网络连接起来，然后通过接入网络将数据传回，以进行聚合和转换，最终进行本地处理、将数据存储至本地或发送至云。工业物联网架构通常会在项目会议或工业物联网演示中进行描述，并且从业务目标中抽象出底层复杂性。有人会走到白板前，画出一幅与图 10-1 类似的示意图。

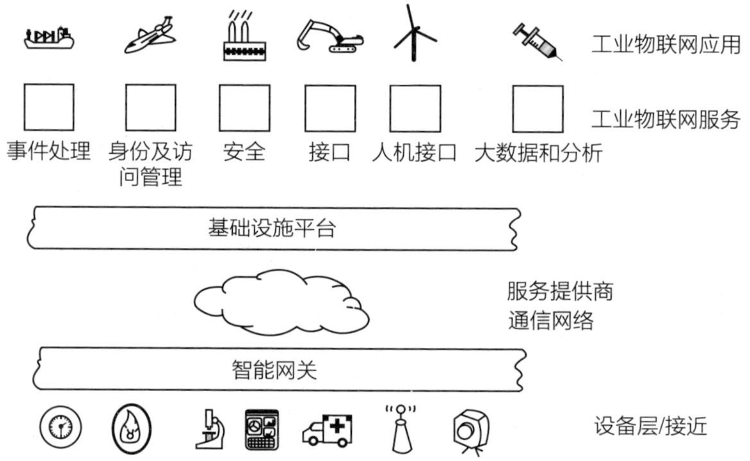

图 10-1　工业物联网概念图

这已经相当完善了。示意图可以清楚地说明各种组件是如何连接的，用户可以对原型设计或构建概念验证网络设计很有信心。你甚至可能有足够的信心来聚合多个异构网络。然而，不管技术如何，任何好的网络设计的关键要求之一在于它能够扩展。对于工业物联网来说，终端节点的潜在数量导致可扩展性成为一个问题。例如，设计标准可能需要连接数千个（如果不是数百万个）终端节点（换能器）。同样地，这些终端节点可能位于成千上万的异构网段中，这些网段不仅是远程连接的，而且分布于不同的地区。产生的问题不仅有怎样把所有这些异构组件和网络连接起来，还有如何保护、执行、调配和升级所有这些终端节点。

当迷雾渐渐散开，我们开始意识到工业物联网的底层复杂性。因为我们不仅需要识别和验证每个可能或不能连接的终端节点（因为终端节点可能长期处于休眠状态），我们将必须应用访问控制和授权策略。例如，包含数千个传感器或终端节点的网络必须能够识别和验证每个传感器或终端节点。毕竟，如果连保护的对象都不清楚，保护网络安全就无从谈起。同样，我们将如何处理网络添加的对象？如何配置和注册新的终端节点？如何执行和管理这个网络呢？例如，我们对终端节点的状态有了深入了解，就会知道终端节点何时发生故障或者终端节点何时需要更新它的软件吗？最后，我们将如何在分散于全国各地的成千上万的异构网络中检测、升级或调配成千上万的终端节点？

为什么需要工业物联网中间件

在白板上画出的高级图表掩盖了为构建工业物联网网络需要部署的技术的底层复杂性。在现实中，构建工业物联网网络基础架构是一项繁重且高度复杂的任务，因为需要集成许多不同的技术和协议，并且必须找到一种执行、升级和报告这些异构网络的方法。然而，有一种解决方案可以简化部署复杂性，不仅能够提供连接所有组件的黏合剂，还能提供一面使整个网络可视化的镜子，这种解决方案就是工业物联网中间件平台。

中间件架构

工业物联网中间件的目的是提供我们在不同的技术和层之间所需的集成、连接和数据转换。例如，中间件平台应该能够处理来自许多不同协议和连接器的连接，以及公开和使用 API 软件连接器。图 10–2 显示了中间件平台架构的功能和互连性。

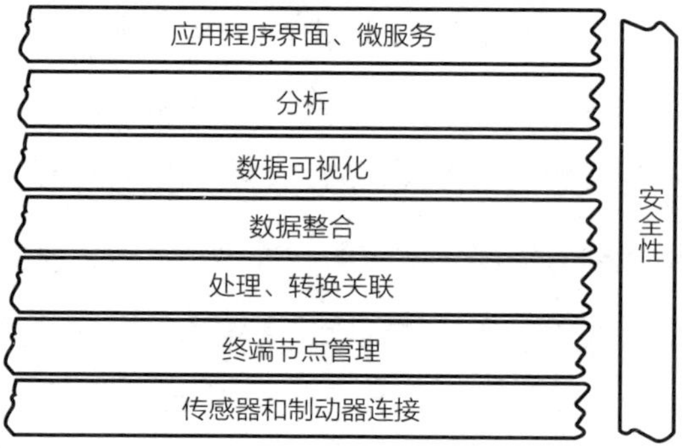

图 10–2　中间件平台架构

从图 10–2 可以看出，在端到端的工业物联网中间件平台中有 8 个理想的组件。这些元素提供的黏合剂，让我们能够构建大规模异构网络。

- 连接：该层提供了连接和支持传感器和驱动器的方法，因为它们通常具有不同的技术和协议。
- 终端节点管理：通过该层，能够识别、验证、授权和管理网络中的所有终端节点。
- 数据处理：该层能够对来自传感器的数据进行转换、准备和关联。

- 数据整合：该层提供应用和数据存储之间的连接器。
- 数据可视化：该层提供的工具和技术使数据能通过一种有意义的方式（如图形、图表和事件）来进行可视化。
- 分析：该层提供数据的实时处理和分析，这对于工业应用来说至关重要，因为它能够实现工业控制系统的快速反馈。
- 前端：该层提供应用和开发人员所需的连接器、API、微服务和 SDK 接口。
- 安全性：工业物联网网络的安全性至关重要，且需要在每一层都得到保障，以确保网络的保密性、完整性和可用性。

然而，这并不像选择任何工业物联网中间件平台那样简单，因为它们的形状和形式各不相同。通常，一个工业物联网中间件平台应该将异构系统整合起来，提供无缝的集成和互操作性，同时确保应用层的操作透明性。为实现此中间件，无论对于 IT 还是工业物联网，都需要一种在不同的技术和协议之间进行通信的机制，同时对硬件、软件和通信协议的底层复杂性进行抽象处理。这样做的目的还在于支持不同系统间的可移动性和无缝集成。

遗憾的是，并非所有工业物联网中间件平台都能涵盖所有的功能，一些平台只是基本连接平台或用来集成应用和数据库的 IT 应用中介平台；一些 IT 中间件平台实际上只是处理协议转换和分布物理接口，以进行物理连接的通信中介系统；其他的则是在应用和数据库后台系统之间扮演中介角色的数据管理中间件。最终，一种新类型的基础设施即服务平台已经产生，该平台对移动应用和物联网（也可称为物联网中间件）进行了优化。

对工业物联网中间件平台的预期

幸运的是，和大多数和工业物联网相关的事物一样，这些问题我们之前就已经遇到过。事实上，就算是应用到工业物联网的规模也算不上什么问题。

移动电话运营商数十年来一直受到此问题的困扰，解决方案是采用一种能够处理身份识别、身份验证和授权，且能够管理数以百万计的远程设备的自动调配的中间件平台。这同样可能适用于工业物联网部署，企业已经适应了这些高端移动运营商平台，以启用自带设备，通过自带设备，它们可以验证和控制对网络的访问并管理成千上万的移动设备，而这些移动设备通常不受它们的直接控制。

解决方案仍是使用自动化的中间件平台、身份识别、访问控制、安全性、调配和报告以及其他供应商的特定功能。这些移动设备管理（MDM）平台与面向中小企业部署的新类型的物联网中间件平台非常相似，下一节将探讨它们所提供的功能以及如何在工业物联网网络设计平台中对它们进行部署。

中间件平台的用处

也许有成百上千的换能器连接至互联网，我们希望它们能够安全地取代传统数据源，并且成为工业行业的主要数据来源。这些数据可能来自传感器，甚至可能来自正在制造的产品，或来自操作过程中的反馈，甚至是操作环境。然而，如果没有能力将那些位和字节转换成信息，然后解读它们，数据就没有意义。将数据、原始位和字节转换成信息，是一项技术性挑战。然而，每个挑战都代表一种机遇，许多供应商正在努力生产有工业物联网能力的中间件平台，以提供一种将所有没有关联的换能器、应用和数据库连接起来的黏合剂。

中间件对于构建和部署物联网应用来说至关重要。这是因为中间件平台提供了多重服务，例如为不同的协议和技术提供接口、转换和身份识别、身份验证和授权以及许多其他功能。中间件平台的一个示例是开源解决方案 Kaa，它可支持几乎数百万终端节点的连接、扩展、管理和数据流分析。此外，中间件平台提供多种额外服务，包括软件 / 固件级别的确定、隔离和远程调配以及升级。同样重要的是，中间件在关联和展示数据方面起着主要作用，能够帮助实现数据的处理和存储。这一点非常重要，因为在如今的工业物联网工业应用中，我们可能需要处理大量的数据。例如，波音喷气引擎每运行 30 分钟就可以产生 10 兆兆字节的数据。

对于可大幅促进工业制造、航空、智能公共设施、医疗和交通等行业运营效率的数据，我们可以采用多种方法，从中提炼价值。然而，随着生成数据量和企业对流程敏捷性和执行力的需求的快速增长，许多问题也随之出现。那么工业物联网中间件需要突破的限制是什么？

事件处理是物联网平台的一个主要元素。这是因为大部分数据可以从传感器中流出，因此平台需要理解哪些数据是重要的，哪些是不重要的，这一点很关键。毕竟，如果数据保持不变的话，在一个受限制的无线通信链路上持续发送来自受限制设备的相同数据是没有意义的。

然而，当一个终端节点的状态在可接受的范围内改变时，工业系统必须立即知晓这一改变，以便即时采取适当的措施。因此，工业和操作技术企业往往会采用实时数据流和分析，因为它们需要即时反馈，以维持可能超出可接受范围的进程的稳定。

因此，我们应该对工业物联网中间件平台进行设计，使其达到工业场景所需的关键性能的要求。例如，在处理大量设备时，可扩展能力和可靠性至关重要。中间件为构建、部署和管理可扩展的物联网应用的实现提供了平台。因此，中间件在工业物联网中的基本作用可以概括为企业所需要的几个关键价值主张。在一个非常高的级别上，要求是：

- 集成
- 保护、监视和报告
- 实时和批量数据分析
- 开源中间件解决方案

对于许多中小企业来说，中间件是一种非常昂贵的选择。幸运的是，现在有许多开源和商业中间件平台，我们可以对它们进行部署，以管理这些分散的技术和协议。如果没有这些能够集成并在不同的技术和协议之间进行无缝转换的开源中间件平台，工业物联网将不适用于负担不起大型工业物联网平台的中小企业。例如，大型企业可以利用西门子、美国通用电气公司和 SAP 公司提供的企业级解决方案，但这些通常超出了大多数中小企业的财务预算。那么，希望部署工业物联网的中小企业有哪些选择呢？

适用于工业物联网中间件的成熟开源解决方案有以下几种：

- Kaa：作为换能器、协议和应用之间的接口，能提供构建完整的工业互联网解决方案所需的工具。Kaa 同时提供监视和管理每个远程设备的方法。
- 开源物联网（OpenIoT）：一种实施和集成物联网解决方案的开源中间件平台。OpenIoT 的设计目的在于连接各种换能器并对其发送的数据进行收集和处理，而不受协议影响。OpenIoT 可以将收集的数据传输到云，并对收集的数据进行分析，使其可视化。
- Alljoyn：该平台使设备易于发现彼此并与彼此进行通信，而不受协议、制造商或传输层的影响。
- Mango：最受欢迎的物联网平台之一，过去一直应用于机器对机器、工业控制和监测控制以及数据采集（SCADA）工业环境中，并凭借其部署简易、功耗低以及能够在一台低成本私人计算机上托管数千台设备的特性，积累起庞大的拥护者群体。

尽管开源非常流行，但在可靠性、可用性和稳健性依赖于产品质量和技术支持的工业环境中，并非总能被视为最佳解决方案。因此，许多企业会购买商业产品，以获得心安，确保在出现问题时获得技术支持。最受欢迎的一些商业物联网中间件平台包括：

- ThinkWorx
- 甲骨文融合（Oracle Fusion）
- IBM Bluemix

这些商业平台拥有更多内置功能，如应用能力提高和开发工具，以及网络和设备管理支持，而且在通常情况下更容易部署，但也需要支付费用。然而，这些产品的许可费用一般比花费在部署、测试和支持开源软件包混合技术搭建上的费用和时间要少。

第 11 章 工业物联网广域接入技术和协议

机器对机器和工业物联网架构的核心区别在于与互联网的交互。通过互联网的连接，偏远地区的机器对机器系统能够超越其自然边界进行远距离通信。这促进了全球各地的设备、客户、合作伙伴和供应链之间的协作。

互联网带来了数据通信的变革。过去，我们必须从电信服务提供商那里租用昂贵的网状的点对点租用线路、帧中继或异步传输模式电路来管理地区性或国际性的远程数据通信。现在，仅需要将单个互联网连接到一个当地服务供应商，互联网就能找到远程实体并在这些主机之间建立必要的连接。想要提供安全性和模拟租用线路与中心辐射型多点电路（例如帧中继），企业可以使用互联网主干在站点之间建立 VPN，使站点间连接的调配高效、可靠、专用和廉价。

然而，可靠性取决于使用目的，例如，对于频繁出差的人士，若只是偶尔需要使用 VPN 连接至其总公司，则互联网宽带 VPN 的可靠性肯定是足够的。当许多企业和工业物联网应用程序需要一年 365 天、一星期 7 天、一天 24 小时都有可用的连接（如连接到云供应商）时，问题就出现了。在这种特定情况下，宽带无线互联网不可能满足服务可靠性和运行时间的要求。因此，我们必须明白，并非所有互联网都具有相同的质量和可靠性，所以在选择互联网时需要明智一些。

工业物联网在选择互联网连接时，主要根据不同的目的而变化。例如，邻近网络中设备对工厂的操作，相对于管理系统与云之间的互联网连接，存在着截然不同的性能和服务级别的要求。在城市地区我们可以选择无线接入网，这与农村地区运营商所提供的网络是不同的，后者的质量、可靠性和吞吐量可能远远低于前者。

因此，若某些项目对于远程站、总部、云或数据中心接口之间的互联具有高性能要求，在选择切实可行且经济适用的工业互联网连接广域接入技术时，可以考虑以下方面：

- 可用性
- 带宽
- 成本
- 管理
- 应用
- 服务水平协议（SLA）和可靠性
- 服务质量

那么服务供应商提供的WAN技术是什么呢？

在某些地理地区（例如非洲和亚洲的一些地区），你可能只能使用传统通信WAN通道，例如：

（1）综合业务数字网（ISDN）：这是一种电路交换技术，有两种版本。第一种是基本速率ISDN（B-ISDN），由两根基本电话线捆绑在一起，提供128 kbps的速率，在使用拨号调制解调器的时代通常安装于小型办公室和家庭内，以用于互联网接入；另一种是较大的ISDN基群速率（PRI），包括T1（美国）或E1（欧洲及世界大部分地区）两种制式，它们是标准56 kbps电话信道，分别能使速率达到1.5 Mbps（T1）和2.0 Mbps（E1），基群速率接口主要用于公用开关电话网络（PSTN）电话中继，但也广泛用于移动2G和通用分组无线业务（GPRS）网络回程。

（2）帧中继：该同步串行技术依然活跃于全球许多地区。帧中继由电信提供商提供，在其基础设施上构建了永久虚拟电路（PVC），用于构建全球多路接入网络。

（3）ATM：这是另一种传统电路交换技术，与帧中继使用的PVC概念相同。但是，ATM使用小的53字节信元和一个48字节有效载荷，使净荷开销比例不适用于大多数类型的数据流量。ATM的同步特点及固定大小的信元使之非常适用于可靠的语音和视频应用，因为其性能是确定的。ATM通常通过专用电路或2G/GPRS数据电路提供。

在发达国家，WAN 技术的选择随客户需求的不同而改变。最常见的有：

（1）各种数字用户线路（xDSL）：这是一个由电信服务供应商提供的非常受欢迎的固定电话技术，因为它可以利用现有的电话线路。通过使用本地环回铜缆，将一个本地数字储存媒体（DSM）调制解调器 / 路由器连接到一个电信公司用户端的数字用户线路接入复用器（DSLAM），便可以以较低成本有效地对数字用户线路（DSL）服务进行调配。另一种选择是使用光纤，这种方式过去很少见，并且很昂贵，但现在已相当常见，因为企业对数据速率的高要求似乎永无止境。DSL 快速而且可靠，适用于工业物联网后端和云互联。

此外，xDSL 电路可使用软件定义 WAN（SD-WAN）等技术，并通过汇聚可用带宽来提供更高的可靠性和吞吐量。由于尖脉冲 TCP/IP 的属性和互联网浏览习惯，xDSL 的一个缺点是用户之间共享推广的带宽，服务提供商过分吹嘘链路容量。因此，分摊率（与你共享带宽的其他用户的数量）在居民使用时可能高达 50∶1，商业使用时高达 10∶1。

（2）同步数字序列（SDH）/ 同步光纤网络（Sonnet）：光纤技术通常部署为服务供应商的核心传输方式，因为它可以提供高速、大容量、高度可靠和容错的数据传输，有时还可覆盖广大的地理区域范围。然而，对于在广大的地理区域内需要高速数据链路的客户来说，通常企业或大公司的光纤具有高性能、高可靠性和高成本的特征。同步光纤网络和同步数字序列是可以将有效载荷数据封装到固定同步帧中的传输协议。同步数字序列 / 同步光纤网络可以通过对帧进行汇聚来处理更高的有效载荷，进而形成更高的吞吐量。由于协议中立性和高速变体，以太网可以通过同步数字序列 / 同步光纤网络传输。10 G、40 G 和 100 G 分别直接映射到 OUT-2、OUT-3 和 OUT-4。同步数字序列 / 同步光纤网络被广泛使用，其中美国使用的是同步光纤网络，欧洲及世界其他地区则使用的是同步数字序列。

（3）多协议标签交换（MPLS）：IP/ 多协议标签交换是当今的服务供应商最常提供的现代主干技术。多协议标签交换取代了大多数但并非全部国家的传统租用线路、帧中继和异步传输模式。因此，在购买专用租用线路或 LAN 时，供应商最可能提供给你的是一个多协议标签交换专用线缆或 LAN。多协议标签交换使用快速交换技术，该技术用标签封装其他协议。多协议标签交换可以封装和交换任何东西，这使其在电信服务供应商网络中有巨大的灵活性。多协议标签交换可以使用第 2 层 VPN 在广大区域中交换以太网或使用第 3 层 VPN 路由流量。以太网服务可作为虚拟租用专线或 LAN 出售。多协议标签交换快速、极其可靠、安全并且便于用户管理。但是，它调配起来非常缓慢，在一些地区不支持，而且很昂贵。

（4）3G/4G/ 长期演进（LTE）：2000 年 1 月 1 日—2009 年 12 月 31 日是使用 2G 和通用分组无线业务的时代，载波宽带在过去 10 年中取得了很大进展，移动运营商宽带网络的数据处理也取得了巨大的进步。然而，通用分组无线业务具有工业物联网相关性，因为它仍然可用于偏远地区的设备互连。但是，随着 2G 网络的停用，它可能很快会消失。3G/4G 和 LTE 具有宽带功能和高数据吞吐量可用性。由于 3G/4G 和 LTE 的覆盖范围极广，它对于工业物联网城市和农村应用具有非常大的魅力。然而，当用于设备连接时，它自身也有缺点，因为它需要较大的功率，这会导致电池使用时间较短。这些问题可通过将众多设备连接至一个本地 3G 路由器来缓解，例如，使用一个中心辐射型拓扑，可以更好地利用可用服务。但是，由于移动网络是为语音和宽带数据而设计的，用于远程路由器的数据计划和用户身份识别卡（SIM）的价格可能会过高。移动运营商已开始提供物联网服务计划了，这种情况可能会改变，但即使价格降低，网络的固有设计依然未改变，这会使通信量少且间歇通信的设备在技术方面无法达到效率要求。

（5）密集波分复用（DWDM）：这是最先进的核心传输光网络，

通常只有服务提供商和大型企业才有购买能力。密集波分复用可在同一光载波中同时传输来自不同源的数据。它的管理思路是，利用光分插复用器，将每个数据源置于不同波长的信道上，通过光纤进行传播，这样就完成了不同数据源的多路传输。通过使用光过滤器，以不同频率传播的波长可在目的地进行分离和提取数据。密集波分复用大大提高了光纤的容量，因为通过使用不同的波长独立且同时在同一光纤束上传输不同的数据源，实际上，它们创造了虚拟光纤。密集波分复用目前可支持 80 个不同的波长通道，每个通道以 2.5 Gbps 的速率传输数据。密集波分复用通常用于服务提供商主干、移动核心网络、城域以太网网络，甚至用于使用 DWDM 的第二层交换连接企业数据中心。密集波分复用是当今最重要的大容量、高性能传输机制，而且将越来越普遍地应用于短距离和中等距离的点对点链路以及远距离核心环。

（6）光纤到一切（FTTX）：光纤到户 / 路边 / 街道均为服务提供商固线 WAN 产品组合的变体，用于通过光纤将高性能应用 [如互联协议电视（IPTV）和三网融合] 引入具体场所。光缆几乎拥有无限的容量和吞吐量，并可在光缆的玻璃导管中以光速传输数据。光纤到一切以多种方式从服务提供商传输到建筑物，并且一些使用了有源光网络，这些网络为单条专用光纤的运行做好了充分准备。其价格可能非常高昂，尽管对于高度安全的环境和应用来说是可以接收的。更常用的光纤到一切的配置是通过无源光网络（PON）传输。无源光网络使用无源光分离器对光信号进行分离，使其可以在用户间共享。光分离器可在任意位置创建 8~64 个分支，甚至更多。

（7）电缆调制解调器：该技术更适用于用户物联网应用，但毫无疑问，它在工业物联网中同样有大量的使用案例。电缆技术需要一种电缆调制解调器，该调制解调器可通过传输有线电视或三网融合服务的同轴或光纤线路提供高速数据传输。

（8）自由空间光通信：有时确实没有任何可用的通信基础设施，无论是固定的还是无线的。这种情况在发展中国家的偏远农村地区很常见。虽然有移动或固定线路的全国运营商，但由于经济原因，它们在这些区域不提供服务。唯一的办法就是构建自己的网络。自由空间光通信是构建点到点直线式的高性能以太网链路的一种理想解决方案。速度达到 10 Gbps，范围达到 3~5 km，这是回程流量或将远程位置连接到邻近网络的非常经济的方式。然而，自由空间光通信极易受恶劣天气或大气状况的干扰，大雾和沙尘暴都是它的“杀手”。因此，自由空间光通信往往与内置宽带无线装置搭配使用，以在自由空间光通信链路上的信号丢失时进行故障切换。尽管故障切换运转良好，但吞吐量会降到约 10~20 Mbps，这个水平一般是不可接受的。

（9）全球微波互联接入（WiMax）：一种高速无线射频微波技术，能以高达 1 Gbps 的速度，提供最后一公里宽带接入，可作为数字用户线路和电缆之外的选择。一开始，人们对 WiMax 产生了极大的兴趣，因为它被视为 LTE 移动技术的竞争对手；但由于 LTE 的优势地位，人们对 WiMax 的兴趣已经消退了许多。WiMax 的作用类似于 Wi-Fi，但它可以覆盖更远的距离，这使它可服务于可用的工业物联网应用程序。WiMAX 专为移动宽带接入、互联网协议电视和三网融合传输以及电信回程而设计，它像 3G/4G 和 LTE 一样获得了优化，能够实现大吞吐量。通过 WiMAX，范围可达 50 km，但要以数据传输率为代价。但如果高数据传输率不是优先考虑的问题（因为通常没有合适的工业物联网设备），那么数据就可以达到更远的距离了。

（10）甚小口径终端地球站（VSAT）：甚小口径终端地球站是一种卫星通信技术，用于传输宽带互联网和专用网络通信。甚小口径终端地球站尤其适用于可能没有移动网络覆盖的偏远位置，如海上的船只、油/气平台、采矿营地，或适用于偏远现场操作的通信。甚小口径终端地球站可用于互联网服务、电子邮件、网络访问，甚至网络语音电话业务（VoIP）和视频。在工业物联网的使用案例中，甚小口径终端地球站凭借其广泛的覆盖空间发挥着重要的作用。

这些是典型的远距离 WAN 替代工具，可将企业连接至数据中心，并能够根据配置运作。然而，在工业物联网设计中，尤其是在城市和农村地区，可能已经部署了数以百计或数以千计的传感器，我们需要其他可以处理低流量且其价格能够为我们所承受的技术。

M2M 工业物联网设备低功率 WAN 优化技术

在许多情况下，我们需要把位于户外（例如城镇或乡村地区）或附近没有连接可用的边缘设备接入互联网。这是工业物联网系统设计者在工业和市政工程应用中要面对的日常问题。

虽然用于低功率 WAN 通信的工业物联网应用程序多种多样，但是该技术必须具有常见的几个共同特性。这些先决条件包括以下方面。

第一，低成本。成本在工业物联网设计中一直扮演着很重要的角色，并且在考虑低功率 WAN 技术时显得尤为重要，其根本原因是设计者预测远程访问应用需要上百个终端节点设备、传感器或驱动器。如果考虑的是大都市智能流量管理的工业物联网计划，设计者会进行几百万个终端节点的广泛部署。因此，当将低功率 WAN 技术嵌入设备时，设计者必须考虑其资金和运作成本。

第二，低能耗。另一个关键的设计限制因素就是 WAN 技术的高能耗问题。从成本方面来看，该设计需要数以千计的终端节点，并且每一个终端节点可能都需要配备一个电源，不过，部分终端节点可以采集能量，这是一个重要的有利因素。无线通信的问题在于传送信号时需要消耗大量的能量，并且大部分远程终端节点可能需要小型纽扣电池供能，而这种电池的使用寿命不应该只有几个月而应该长达数年。在这种情况下，电池寿命缩短一点儿就会面临造价极高的棘手问题。例如，追踪、监测和更换大都市流量管理系统终端设备中的数以百万计的电池。

第三，覆盖范围。WAN 技术的覆盖范围关乎成本和效率，这可以通过以下现象来说明：全无线技术中的边缘设备需要通过终端节点和互联网或 IT 基础设施之间的无线接入点或协议网关来完成连接。也就是说所需的协议网关和无线接入点越少，设计的效率就越高，整体系统的成本也就越低。同样，每个无线接入点和终端节点的射频范围越广,可部署在无线接入点覆盖范围内的终端节点就越多。在市区或郊区，部署在战略位置的无线接入点能够扩大其覆盖范围，从而降低整体设计成本。

第四，小型化因素。不是所有的低功率 WAN 设备都需要小型化的设计，但是在某些情况下，这类设计却是设计中必不可少的因素。在几乎所有的应用案例中，轻而小的射频模块和天线都可以很轻易地完成安装和隐藏。但是，小型化因素会对选择或电源产生影响。

第五，可扩展性。网络必须具有扩展性，因为随着时间的推移，对网络的需求也不可避免地会增多。因此，无线接入点应该具备处理一些额外且合理的任务的能力，同时不额外增加无线接入点基础设施费用。同样，频谱是一个要考虑的因素，特别是在非授权频段运行时，因为在同一频率带宽和频道运行的邻近无线网络产生的噪声和干扰会造成冲突。所以，在城市地区最糟糕的网络情况下，可能没有可用的免费的非授权频道。

这些只是低功率 WAN 网络解决方案的部分要求。但是，还存在许多其他特定应用的理想因素，因此涌现出许多低功率 WAN 技术，以满足特定的使用案例,进而催生许多具有竞争力的技术和协议。仔细观察较低功率 WAN 网络的一些理想属性，我们就会发现新兴技术应该满足不同设计标准的原因。例如，漫游是指设备在网络中移动且在不中断通信的情况下无缝跨越无线接入点基站的能力。这不同于移动网络运营商术语中的漫游，因为在这种漫游中，设备可以在合作伙伴网络中实现无缝操行，例如，在开车环游全国时进入其他移动网络运营商地区使用的移动电话。当然，在一些案例中，漫游是必须具备的，但是在低功率 WAN 部署中，能够在该设备本身的归属网络中移动就可以满足要求。

关于低功率 WAN 网络的其他考虑就是此技术是否具有处理少量而非经常性传输的技术能力。许多应用（特别是在工业物联网中）都要监测设备中的远程传感器，可能只是偶尔需要少量的数据。例如，GPS 追踪应用可能每小时仅需要发送一次位置数据。同理，有些设备可能在启动少量数据传输之前连续几个星期处于休眠或离开网络覆盖区的状态。这些设备类型原本就不适合 3G/4G 或 LTE 数据服务，因为它们从不使用可用而成本高的带宽或服务。因此，通常的理想情况是低功率 WAN 网络的吞吐量非常有限，可以利用短的传输间隙处理少量信息，因为这样可以延长电池寿命。

即使一些设备从不需要接收信息以执行其日常功能，但是双向通信也是很重要的一点。例如，对于温度传感器或光传感器来说，这至少可以作为远程更新的一种方式，远程更新是工业物联网中设备管理中的大问题。另外，从安全的角度考虑，双向通信能够对无线接入点和设备进行双向身份验证，这可以防止恶意设备出于恶意目的加入网络。安全性也是无线接入点的一个问题，因为恶意无线接入点经常会突然出现在移动网络中，所以它们出现在工业物联网中也就不足为奇。

安全性也取决于低功率 WAN 技术定义的层，因为一些层可以提供更高层的服务，而其他层可能在最低的 MAC/PHY 层运行并且开放 OSI 上层供用户选择。

工业物联网包含了如此广泛的工业和使用案例，所以没有一个低功率 WAN 技术符合所有要求。因此，几种能提供不同选择的技术就应运而生。有时，在范围和吞吐量或电池寿命与工作频率之间存在着权衡关系。但是，每种技术都有属于自己的一组属性，所以就有可能找到一款符合要求的技术。

已有大量的研究和开发旨在生产适用于远程低性能设备的低功率工业物联网无线技术。而这产生的结果是新技术的激增，其中一些技术已经完成了实地部署和测试，而其他的仍然处于开发阶段，但是预计不久就会进入部署阶段。因为新技术和新协议会不断发展，所以我们还不确定。后续章节将对低功率 WAN 领域的主要技术参与者进行介绍。

SigFox

SigFox 低功耗广域网（LP–WAN）是一种端到端系统（见表 11–1），始于经过认证的调制解调器，终于基于网络的应用。开发人员必须从经认证的制造商处购买调制解调器，将其集成到物联网端节点设备中，或者采用第三方服务提供商提供的与 SigFox 兼容的接入点网络处理端节点与 SigFox 服务器之间的流量。SigFox 服务器管理网络中的端节点设备，收集其数据流量，并通过基于网络的 API 向用户提供数据及其他信息。

为确保安全性，SigFox 系统采用跳频技术，以降低消息拦截和信道阻塞的风险。此外，SigFox 服务器具备防止重现机制，以避免遭遇重放攻击。数据在传输过程中的内容及格式由用户定义，因此只有用户知道如何解释其设备数据。

表 11-1 SigFox

标准名称	SigFox
频率波段	868 MHz/902 MHz ISM
信道宽度	超窄带
范围	30~50 km（农村）
	3~10 km（城市）
端节点发射功率	-20~20 dBm
数据包大小	12字节
上行链路数据速率	100 Bps至每天140条消息
下行链路数据速率	每天4条8字节长的消息
接入点的设备数量	1M
拓扑	星型
是否支持端节点漫游	是

LoRaWAN

LoRaWAN（劳拉广域网）架构是典型的星形拓扑结构，其中端节点设备通过网关连接至网络服务器（见表 11-2）。LoRaWAN 架构的工作方式是，端节点与网关之间的无线跳频接口采用 Semtech 公司专有的扩频无线电通信方案，该技术被称为啁啾扩频技术（chirp）。当需要传输数据时，端节点会向网关发送线性调频脉冲信号，与之通信。该无线电通信方案允许网络服务器管理每个连接设备的数据速率，从而使 LoRaWAN 连接能根据本地无线电通信条件确定负载和范围。

LoRaWAN 网络拓扑支持三类端节点设备。A 类设备为双向通信设备，含一个预定上行链路传输窗口和两个短下行链路接收窗口；B 类设备含额外的几个预定的下行链路窗口；C 类设备拥有开放式接收窗口。LoRaWAN 架构采用唯一的网络和设备加密密钥来保障安全性。

表 11-2　LoRaWAN

标准名称	LoRaWAN
频段	433/868/780/915 MHz ISM
信道宽度	欧盟：8x125 kHz
	美国：64x125 kHz / 8x125 kHz
范围	调制：啁啾扩频
	2~5 km（城市），15 km（农村）
端节点发射功率	欧盟：< +14 dBm
	美国：< +27 dBm
数据包大小	由用户定义
上行链路数据速率	欧盟：300 bps~50 kbps
	美国：900~100 kbps
下行链路数据速率	欧盟：300 bps~50 kbps
	美国：900~100 kbps
接入点设备数量	上行链路：>1M
	下行链路：<100k
拓扑结构	星型
是否支持端节点漫游	是

nWave

nWave 技术是一种超窄带（UNB）星型拓扑无线技术和通信机制（见表 11–3）。nWave 公司可为开发人员提供无线模块、调制解调器和基站，帮助他们搭建自己的专有网络。

表 11–3 nWave

标准名称	nWave
频段	Sub-GHz ISM
信道宽度	超窄带
范围	10 km（城市），20~30 km（农村）
端节点发射功率	25~100 mW
数据包大小	12 字节的信头，2~20 字节的负载
上行链路数据速率	100 bps
下行链路数据速率	—
接入点设备数量	1M
拓扑结构	星型
是否支持端节点漫游	是

Dash7

Dash7 协议（见表 11–4）定义端节点、子控制器和网关之间的通信机制。在典型的网络拓扑结构中，端节点需通过子控制器与网关通信。这类配置要求端节点周期性地醒来并扫描来自子控制器的命令。然而，在有消息需要发送时，端节点必须先请求子控制器发起与它之间的通信，才可以发送该消息。然后，子控制器会将该消息转发给网关，并传输至互联网。端节点彼此之间可以直接通信。系统以命令/响应的方式采用异步通信机制与端节点通信。系统还可使用组播查询向端节点发送命令，只有身为组成员的端节点才可进行响应。例如，端节点具有温度传感器或符合特定运行条件（如温度传感器读数范围为 10~13 ℃）。

Dash7 协议使用 AES-128 加密算法对命令和响应进行加密，并支持“隐身模式”，在该模式下，端节点只会响应已预先验证的设备。

表 11-4 Dash7

标准名称	Dash7联盟协议1.0
频段	433、868、915 MHz ISM/SRD
信道宽度	25 kHz或200 kHz
范围	0~5 km
端节点发射功率	取决于FCC/ETSI法规
数据包大小	最大256字节/包
上行链路数据速率	9.6 kb/s、55.55 kb/s或166.667 kb/s
下行链路数据速率	9.6 kb/s、55.55 kb/s或166.667 kb/s
接入点设备数量	不涉及（无连接通信）
拓扑结构	节点到节点、星型、树型
是否支持端节点漫游	是

Ingénu RPMA

随机相位多址接入低功耗广域网（RPMA LP-WAN）为开发人员提供收发器模块，该模块可连接到 Ingénu 公司及其合作伙伴在全球范围内搭建的接入点网络（见表 11-5）。端节点内的收发器连接至本地接入点，然后将来自端节点的消息转发至用户的 IT 系统。你也可以不使用Ingénu公司的网络，因为你可以购买接入点设备和网络设备搭建自己的专有网络。

该技术的工作方式是，随机相位多址接入（RPMA）收发器和接入点协同工作，根据射频条件控制并优化通信容量、数据速率和范围。

表11-5 Ingénu RPMA

标准名称	Ingénu RPMA
频段	2.4 GHz ISM
信道宽度	1 MHz信道（2.4 GHz频段有40个可用信道）
范围	2 000英里
端节点发射功率	最大值为20 dBm
数据包大小	6 B至10 kB
上行链路数据速率	每扇区接入点总数据速率为624 Kbps（假设为8信道接入点）
下行链路数据速率	每扇区接入点总数据速率为156 Kbps（假设为8信道接入点）
接入点设备数量	每扇区最多384 000个
拓扑结构	典型星型结构
是否支持端节点漫游	是

Ingénu RPMA技术采用双向认证、256位加密和16位哈希算法来保护数据的完整性，进而保护数据隐私，保障消息的安全性。

低功率Wi-Fi

由于Wi-Fi在商业和消费物联网应用中无处不在，电气电子工程师学会（IEEE）正在研究将技术扩展到低功率广域网应用中。IEEE 采用的方法是，改进物理层和介质访问控制层，使物联网应用支持低功率。该标准的初始版本于 2016 年发布（见表 11–6）。

表 11–6　IEEE

标准名称	IEEE P802.11ah（低功率 Wi-Fi）
频段	低于 1 GHz 的免许可频段，不包括空白电视频段
信道宽度	1/2/4/8/16 MHz
范围	最长 1 km（户外）
端节点发射功率	取决于地方法规（从 1 mW 到 1 W）
数据包大小	最大 7 991 字节（无汇聚）， 最大 65 535 字节（有汇聚）
上行链路数据速率	150 kbps~346.666 Mbps
下行链路数据速率	150 kbps~346.666 Mbps
接入点设备数量	8 191
拓扑结构	星型、树型
是否支持端节点漫游	其他 IEEE 802.11 修订版支持（如 IEEE 802.11r）

LTE Category-M

3GPP 正在定义一种新版本的 LTE 蜂窝技术，这种技术将定义以物联网应用为目标的 M 类设备。该标准仍处于定义阶段（见表 11–7）。

表 11-7 LTE-Cat-M*

标准名称	LTE-Cat M*
频段	蜂窝
信道宽度	1.4 MHz
范围	2.5~5 km
端节点发射功率	100 mW
数据包大小	通常约100~1 000字节
上行链路数据速率	约200 kbps
下行链路数据速率	约200 kbps
接入点设备数量	2万+
拓扑结构	星型
是否支持端节点漫游	是

Weightless

Weightless（见表 11-8）是由 Weightless 特别兴趣小组（Weightless SIG）开发的三种低功耗广域网标准的集合（参见 http://www.weightless.org/）。

Weightless-W 最初计划使用白空间电视频段进行无线连接。数据包大小和数据传输速率相对灵活，由用户需求和链路预算决定。然而，由于对白空间电视频段的使用仍存在法律问题，Weightless-W 已被叫停。

Weightless-N 是一种基于 nWave 超窄带低功耗广域网技术，针对只需要单向数据传输的低成本应用而开发的标准。有趣的是，不同的服务提供商可以在同一区域内运行各自的 Weightless-N 基站，且这些基站仍可与设备进行交互。原因是，每个基站均是通过询问中央数据库来确定端节点所关联的网络。伦敦及其他欧洲城市已开始部署该标准。

表 11-8 Weightless

标准名称	Weightless		
	-W	-N	-P
频段	空白电视频段（400~800 MHz）	Sub-GHZ ISM	Sub-GHZ ISM
信道宽度	5 MHz	超窄带（200 Hz）	12.5 kHz
范围	5 km（城市）	3 km（城市）	2 km（城市）
端节点发射功率	17 dBm	17 dBm	17 dBm
数据包大小	最小10字节	最大20字节	最小10字节
上行链路数据速率	1 kbps至10 Mbps	100 bps	200 bps~100 kbps
下行链路数据速率	相同	无下行链路	相同
接入点设备数量	无限制	无限制	无限制
拓扑结构	星型	星型	星型
是否支持端节点漫游	是	是	是

Weightless-P 标准于 2015 年年底发布，硬件在 2016 年年初可用。Weightless-P 链路基于原本由 M2 Communications 公司开发的组网技术

提供完全确认的双向应答通信。Weightless-P 与 Weightless-W 共享 MAC 层，且支持快速网络获取，可在基站间实现漫游端节点设备的切换。

毫米波无线电通信

近来，毫米波频段中非授权频段 60 GHz 备受关注。曾专注于 Weightless-W 空白电视频段的 Starry 公司已在城市地区发布频率为 60 GHz 的宽带网络服务。Starry 认为它可利用尚未被充分利用的高频波段在城市地区提供高速宽带互联网服务。对于无线传输，有支持也有反对。但一个不变的事实是，你既可以凭借高频率的优势获得高带宽，又可以实现大范围传输（稳定的传输距离），但二者不可兼得。毫无疑问，60 GHz 频段可以极大地提高吞吐量，但是它支持的距离很短（小于 1 km），且需要无目视障碍物。60 GHz 毫米波无线电波的缺点是无法穿透内墙，更别说穿透阻挡视线的建筑物了。

Facebook 也在研究该技术。Facebook 正在尝试取得一项网状网络技术的专利权。通过在边远地区部署该技术，Facebook 可以将宽带网络覆盖到印度的农村地区，这是其 Ineternet.org 项目的一部分。与 Starry 一样，Facebook 坚信该技术在农村和城市环境中均适用。但需要注意的是，Facebook 试图使用网状网络，然而 Starry 计划使用点到点拓扑结构。

那么问题来了，无线电波的应用中存在另一条恒定法则：频率越高，越容易受到雨衰及大气环境的影响。因此，即使在微雨天气中，为使电波免受影响，也需要很高的功率，仅这一点就让它无法用于大多数（即使不是所有）物联网使用案例。

第 12 章 工业互联网的安全保障

安全性是阻碍工业互联网投入应用的重要因素之一。企业对于将工业流程暴露在遭遇潜在破坏的风险中或将重要商业机密信息泄露到互联网的忧虑来源已久。一般来说，工业网络已经能够对大多数互联网安全威胁（如病毒、蠕虫、木马病毒和 DDos 攻击）免疫，这是因为它们的架构和协议与 IT 企业、用户计算机设备的架构和协议大不相同。

工业系统几乎不使用 Windows 或 Linux 操作系统，大多数工业系统使用小型的专用操作系统，这些操作系统通过非 IP 协议和串行总线拓扑连接。此外，这些网络大多会在不同的部门（如财务部、销售部、客户支持部和 IT IP 网络部）之间设置“气隙”，起到一定程度的隔离作用。即使已经有直接到互联网的网络连接，要使远程设备彼此互联，进行 M2M 双向通信，只需一个 VPN 通道即可实现，其他非 M2M 流量将穿过 IT 互联网网关。由于具备这些特点，工业网络在某种程度上不会受到许多与互联网相关的安全问题的影响。

然而，人们的这一普遍共识似乎是错误的，一些安全研究学者称工业网络遭受的攻击被蓄意隐瞒了。的确，美国工业安全监管机构 ICS-CERT 称，在其 2014 年调查发现的 245 次可疑攻击中，有许多攻击因缺乏信息而无法确定。此外，在 2015 年的黑帽安全技术大会上，一名来自德国汉堡工业大学的研究者玛丽娜·克里托菲尔称以勒索为目的的工业设施黑客行为是向公众隐瞒的最大安全事件之一。另外，她还称，自 2006 年起，工业领域内以勒索为目的的大规模黑客行为便已十分猖獗，黑客的攻击目标是大规模公用事业公司，但近 10 年来，有关他们如何实施攻击的信息少之又少。

玛丽娜·克里托菲尔的研究十分有趣，它强调黑客攻击的背后动机是通过勒索而非物理性损害获取持续的经济收益，因此，企业不愿意披露这些攻击。有意思的是这表明黑客有着持久的攻击途径，该攻击途径在长时间内都不会被检测到。此外，该研究还表明，黑客具备详尽的工业系统控制和处理的专业知识，因此他们能够取得对系统的控制权，并操控某个流程，以达到期望的效果——展示控制权但不破坏流程。与此同时，他们能够掩盖其路径，以防被检测到。

由于害怕公司声誉和品牌形象受损，公司不愿意公布这些安全漏洞。然而，到 2016 年为止，事情发生了变化，因为安全研究员发现瞄准工业目标的安全攻击日益增多。最近的一起攻击导致乌克兰发生大规模停电事件。这是第一起被认为是直接导致停电事件发生的协同攻击。乌克兰电力公司遭遇的攻击绝不是第一起；它只是首个妨害生产的攻击，还有许多更著名的攻击，如以美国和欧洲电力公司为目标的“蜻蜓”（Dragonfly）攻击。

“蜻蜓”被认为是俄罗斯黑客组织，于 2011 年开始运营。“蜻蜓”黑客组织因攻击美国和加拿大的国防及航空公司而为人熟知。然而，2013 年，该组织的攻击战略发生了转变，突然将矛头对准了欧美能源公司。

随着“蜻蜓”频繁实施入侵，安全研究员现已详细研究并充分掌握了其运营模式。起初，他们使用阻力最小的方法，大规模发送定向钓鱼邮件，传播恶意软件。“蜻蜓”也会利用极其复杂的水坑式攻击，将访客重定向至包含漏洞攻击包的能源行业相关网站，该漏洞攻击包会利用主机 Web 服务器 Web 页面的嵌入式 JavaScript 代码感染受害者的浏览器。另一种攻击途径是通过感染三大著名工业控制系统（ICS）设备制造商提供的正版软件来实施攻击。

并非所有攻击都具备恶意企图，并受经济或个人收益驱使；有些黑客单纯是为了攻击而攻击。例如，哥斯拉攻击就是潜在工业互联网类安全攻击的完美示例，其攻击的对象是智慧城市交通系统，攻击者获得了交通信号灯和数字架空消息系统的访问权限。

2014 年 5 月，有行人拍到旧金山范尼斯大道的架空交通标志显示闪烁的交通警示语：“哥斯拉攻击！请后退。”

这一不失幽默感的攻击只是众多交通信号灯攻击中的一起，它对智慧城市交通管理系统构成严重威胁。如果交通信号灯易受攻击且攻击者可轻松对其实施攻击，那么总有一天，恶意攻击者会利用这一漏洞，引发大规模交通拥堵或制造可能会导致人员伤亡的危险交通流。

不仅仅是智慧城市，工业企业和工厂也是这些攻击者感兴趣的目标。克莱斯勒和波音公司从其吉普车和飞机攻击事件中发现，有时产品会因为太过智能化而成为研究对象和潜在攻击目标。这两起著名的攻击均发生在我们认为不易受到网络攻击的系统。吉普车和波音飞机均采用孤立的控制系统，因此制造商认为它们不会受到网络攻击的影响。两者使用的都是车辆标准控制局域网络（CAN）总线，用来连接车载和机载系统及模块，这些系统及模块均未连接到任何 IP 网络。从前可能的确如此，但是随着信息娱乐系统引入 IP 网络，这些系统和模块可以通过 Wi-Fi 接入点连接到 IP 网络。通过取得 Wi-Fi 信息系统的访问权限，吉普车攻击研究者发现了同时连接 CAN 和信息娱乐 IP 网络的设备——V850 控制器。

V850 控制器仅提供对 CAN 网络的只读访问权限，因此制造商对 CAN 总线的孤立性十分有信心。然而，该控制器是一台具备计算能力的设备，研究者可以通过编程来改变它的工作方式，并且通过升级固件，对设备进行重新配置，以提供对 CAN 总线的读 / 写访问权限。

由于 CAN 总线连接着车辆的所有部件，从引擎到变速箱，以及所有驱动器和传感器，而这些部件控制着从后视镜到传动链的所有装置，因此，一旦取得 CAN 总线的读写权限，他们就可以全方位控制吉普车。

通过 CAN 总线，研究者可以控制方向盘、引擎、变速箱、制动系统，甚至雨刮器、空调、车门锁等等。此外，他们还可以通过 Sprint 蜂窝网络远程控制所有这些部件。

在波音公司的案例中，研究者同样声称已取得对 CAN 总线的控制，能够操控重要机载系统，如：引擎、襟翼、尾舵和导航系统等。波音公司极力否认这一点，他们给出的牵强理由是，这些攻击报告是基于飞行模拟器而非真实的飞机做出的，并一再重申，重要机载 CAN 总线网络与 IP 信息娱乐 Wi-Fi 系统是隔离的。然而，值得一提的是，波音公司在2013年和2014年的确申请对747机型（研究者声称已成功攻击该机型）进行改造；他们声明，改造只是为了将机载娱乐（IFE）系统与飞机上的重要系统进行分离。

这种架构和网络配置可能会致使攻击者利用网络安全漏洞发起攻击，从而导致有意或无意的毁坏、破坏、坠机事故，或者控制对飞机安全及维护十分重要的数据、系统和网络。

——美国联邦航空局（FAA）

波音项目的研究者并无恶意，他们的目的是提醒制造商关注潜在漏洞；然而，并非每个人都如此好心。一家德国钢厂遭遇的攻击表明，攻击者的意图就是造成物理伤害。

2014年，攻击者利用一家德国钢厂的商业IT网络对其发起了协同网络攻击。一旦通过复杂的钓鱼和社交工程诈骗取得IT网络的访问权限，攻击者就会力图获取工业控制系统网络的控制权限。他们的策略是，将IT网络用作跳板，进而发现获取ICS网络访问权限和控制权的隐蔽方法。他们造成的损害导致熔炉的内部特征发生变化，无法响应控制系统发出的停止运行的命令。这造成了重大损害，包括企业声誉、生产率和收入损失。

制造过程中的安全性

由于工业操作技术（IOT）环境不同于IT网络，因此安全性是工业互联网应用面临的主要问题。由于IOT扁平网络是孤立的局域网，无互联网连接，因此它们几乎不需要防火墙和入侵检测设备，这导致IOT网络很少安装这些设备。当然，随着工业物联网的引入，这种孤立性不复存在，保障系统和应用的安全已成为企业的主要关注点。

其中的一个问题是，IOT网络与传统IT网络差异很大，例如，它们一般使用非IP协议进行机对机和机对可编程逻辑控制器通信。此外，IOT网络通常建立在使用Modbus等协议的现场总线或环形拓扑上，它们使用点到点串口RS232/422或RS485布线连接机器和设备。Modbus RTU等协议非常高效，因为它们采用主/从运行模式，并以9.6 kbps或115 kbps的速率传输异步的非调度消息。Modbus协议可在一个总线拓扑中同时向最多247个从节点进行广播。当然，对IT网络而言，这已过时，因为IT网络是基于100 Gbps以太网核心交换机和10 Gbps服务器的，并使用1 Gbps链路连接用户桌面。即使在无线部署中，IT网络也能提供数十兆字节的带宽。然而，这是其中的一个主要问题，IOT系统对吞吐量没有太高要求，它们通过局域网使用少量消息进行机对机或机对PLC通信，这种通信方式十分高效。同时，IOT系统对性能也无太高要求，或者说，它们并不像IT网络那样性能高于一切。操作技术和信息技术十分不同，因为操作技术与工业网络密切相关，而工业网络以可用性为王。

在工业操作技术环境中，系统可用性极其重要，OT技术员和工程师认为IT人员没有真正理解他们看待OT网络的方式。工业操作技术环境不允许有任何用于重启服务器的停机时间，这就是工业网络很少部署Windows服务器的原因，因为它不能满足OT网络对可用性的要求。OT 网络不能接受重启服务器，哪怕是每隔几个月重启一次。同样，以太网被认为是轻量而脆弱的，使用塑料 RJ45 接头的商用版本深受剧烈振动和过热问题的困扰。此外，早期以太网协议在半双工基础模式下存在不确定性。

工业 OT 网络不使用以太网和 Windows 服务器是 OT 系统与 IT 系统的另一个主要区别。在读到前文时，你可能会认为 OT 网络是过时的，这情有可原，毕竟以太网通过有线网络使用半双工模式的时代早已过去了。然而，你必须了解的是，OT 系统非常昂贵，且购买周期为 20 年。因此，当对一家现代化工厂的所有机器设备进行调查时，你很可能了解到 10~15 年前的可用技术和技术决策。从其初始设计和用途看，它们的运行状况相当好。尽管如此，OT 系统并没有止步不前；它们正在逐渐接受新的现场总线技术，并开始替换旧协议，就 Modbus 协议方面，它们转为处理 IP 流量。即使在工业版本以太网 / IP（IP 代表工业协议）中，IP 通信协议（如 Profinet 和以太网 / IP 协议）也在加速 IP 和以太网的使用趋势。

技术在飞速发展，近年来，一些新老技术的发展远超 21 世纪早期的所有预测。这些进步（如传感器技术、无线电技术、大数据分析）形成了工业互联网的概念，实现了它的所有承诺，也带来了与之相随的威胁。

与 20 世纪 90 年代早期的 IT 网络比较十分有意义，那时候互联网还未出现，网络还处于最初发展阶段。在那时，计算机是连接到在以太网和 NetBIOS 上运行的 Windows NT 服务器的。TCP/IP 已存在数年之久，但由于互联网尚处于萌芽阶段（与其后来的发展规模相比较而言），TCP/IP 并无用武之地。忽然之间，互联网不再是一个被炒作的模糊概念，不再是科技公司对世界的承诺，而成了现实。到 1995 年，网景（Netscape）等网络浏览器将互联网带向了大众。

在此之前，也存在计算机病毒、蠕虫等，但它们的规模绝对比不上伴随互联网的诞生而出现的病毒的规模。互联网在企业和家庭中变得无处不在，电子邮件成为人们的主要通信方式，病毒活动次数也随之飙升。IT 网络并未为应对此类攻击做好准备。

随着连接互联网的网络数量的不断增加，计算机开始遭遇远程攻击，而 IT 安全部门的概念是在数年后才出现的，因此，此时的 IT 网络对这些攻击毫无防御能力。这些威胁在 20 世纪 90 年代中晚期不断扩大，并随着可怕的千年虫问题（Y2K）的出现而到达顶峰。千年虫并非病毒、蠕虫或蓄意攻击。出现该问题纯粹是因为 70 年代和 80 年代的程序员使用的表示年份的代码是两位数。例如，程序员仅用 76 表示 1976 年，因为这在当时看来是理所当然的，但他们从未仔细思考，到了 2000 年，日期字段格式会发生怎样的变化。

千年虫被人们广泛地称为 Y2K 漏洞，引发了企业和政府的恐慌，他们采取了大规模防御 Y2K 的举措，所有软件和应用程序都必须接受检查核验，以确定是否存在 Y2K 问题，这其实是一项庞大的工程。工业领域存在的担忧是连接此前从未连接至互联网的系统和网络，或者与外部世界连通会使工业网络陷入 IT 网络在 2000 年遭遇的类似困境。

幸运的是，在过去 20 年里，IT 行业累积了大量关于如何保护代码、应用、服务器和网络，使其免遭互联网威胁的知识。然而，正如我们所知，OT 网络不同于 IT 网络，两者的拓扑结构、部件、协议和目的均不相同。从另一方面看，在很多情况下，IT 对 OT 系统的要求了解有限，包括它们的区别和欠考虑的措施可能带来的后果。

因此，我们需要了解制造业使用的典型 OT 网络，找到它与 IT 网络的根本差异，并了解如何使用 IT 安全技术和知识以保护这些网络免遭目前已知威胁的攻击。

从安全角度看，由于 OT 网络通常被简单地认为是 IT 网络的细分网络或子集，因此可以直接将 IT 网络知识应用于 OT 网络，这听上去似乎很具诱惑性。然而，从根本上看，这种方法是存在缺陷的，因为 OT 或工业控制系统（ICS）环境与 IT 企业完全不同。IT 指管理信息技术所需的所有系统、应用、人员和网络。而 ICS 指负责运行和生产任务的所有控制系统、PLC、DMI、人员和网络。

无论是在 IT 网络中，还是在 OT 网络中，人员是定义这些架构的组成部分之一。我们必须谨记，OT 人员和 IT 人员在对各自领域内对运行是否成功起决定作用的重要因素有着截然不同的理解，包括安全性。

例如，IT 安全人员会认为 IT 安全性、CIA、机密性、完整性和可用性等基本概念是企业安全的基础。尽管 OT 支持人员在原则上同意 IT 安全人员的观点，但是在评估这些因素的重要性时，他们会强调可用性最重要，是需要重点关注的方面。下面我们以管理局域网的常用 IT 网络故障排除工具为例，来说明双方存在的分歧有多大。IT 支持人员通常使用 t 参数持续地 ping 网络上的设备。同样，在执行映射或网络发现操作时，他们会不假思索地扫描本地网络，这虽不是最佳做法，但无疑是一个常用做法。

然而，在OT或ICS环境中，这些方法却不可行，因为所用工具（在执行发现扫描时使用的PING和ICMP工具）会打断端节点（计算机或启用IP的设备）当前运行的任务。它们就像颐指气使的上司，盛气凌人地告诉端节点："停止手头的任务，先处理我的请求。"由于IT网络涉及人际通信系统，几毫秒的时延几乎不会被觉察到，时间对IT应用程序来说不那么重要，因此上述问题对它们的影响很小。然而，在对时间有严苛要求的OT和ICS领域，这些工具就可能会损害系统性能。因此，在OT和ICS环境中，技术人员在使用故障排除工具前会仔细分析这些工具及其运行方法。

在尝试融合OT和IT的过程中，有一个更重要的问题等待着我们去解决，由于IT人员在正常的工作环境中不会遇到此问题，因此他们很少会意识到这个问题。这个问题就是安全性，OT安全并未出现在IT安全性的三大原则——机密性、完整性和可用性中，但在OT环境中，安全性至关重要，因为它关乎员工的人身安全。工业环境通常是极其危险的环境，在这些环境中，健康和安全高于一切。让未接受全面培训的IT技术员到OT环境下工作将会后患无穷。

让安全人员意识到，在危险环境中，安全性和可用性比IT安全、机密性、完整性和可用性这些基本原则更重要。从OT角度来看，他们会将基本安全原则定义为安全性、可用性、机密性和完整性。

理解这一点后，在考虑OT环境的安全时，IT安全人员首先要了解其OT工作环境的危险和性质，这一点至关重要。安全培训应在人员获得许可进入现场前以强制性培训形式进行。然而，这在现实中并非总是可行，毕竟人为疏忽是无法完全避免的。尽管如此，OT 安全必须更多地强调物理安全和行为安全，而不是网络中传输的比特和字节。

当试图通过 IT 确保 OT 域安全时，另一重大问题是缺乏对技术和协议的基本理解。例如，PLC、DCS 和 HMI 是什么？ M2M 通信中使用的那些陌生的非 IT 协议又是什么？

为说明这一问题，我们来看典型的 OT 网络，如图 12–1 所示。

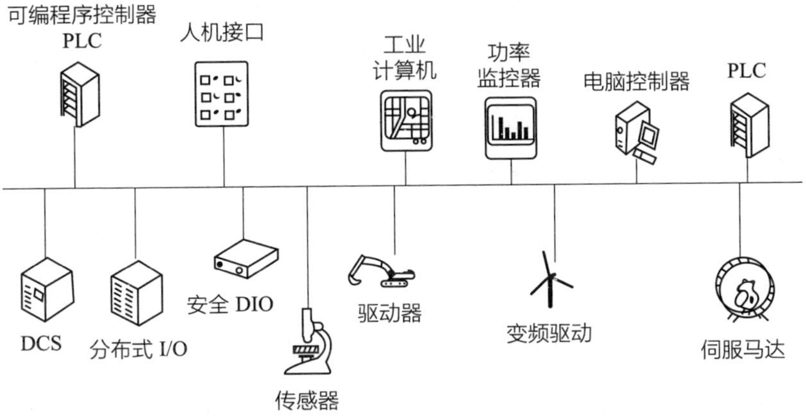

图 12–1　典型的 OT 制造网络

图 12–1 展示了典型的 OT 和 ICS 网络技术。有一些关于非 IT 系统（例如 PLC、DCS、HMI、现场总线、DCP3、Modbus、以太网 /IP 和 Profinet）的参考，但除非 IT 安全人员拥有工业控制系统的背景，否则他们看不明白。那么，这些实体是什么？

OT 和 ICS 网络由 PLC 和 DCS 组成，PLC 用于通过运行程序实现流程自动化，该程序创建于软件之中，可复制所需的操作，按步骤完成任务。数字 PLC 提供微处理器输入所需的必要数字输出以执行功能，例如启动或关闭马达。PLC 也处理数字输入，不过它通常需要具有模拟性质的传感器数据。数据必须在提供给运行于 PLC 的软件之前通过模拟数字转换器（ADC）进行转换。PLC 运行用于机器和程序的特定控制逻辑软件，所以 PLC 和机器及其运行的程序之间通常存在着紧密联系。因此，传统的 OT 和 ICS 环境（例如制造工厂车间）中存在很多的 PLC，这会造成线路大增，也会产生线路提供和维护方面的间接成本。

另一方面，DCS 也用于自动化系统。不过，DCS 是分布式控制系统，通常应用于连续化大规模流程的自动化部署。而且，人机接口（HMI）控制系统可实现人工操作员与机器进行实时交互并控制机器运行的程序。HMI 系统通常位于控制室，并由机器和程序操作员操作。然而，很少有 IT 安全人员熟悉这些术语，更不了解如何确保其安全。

HMI、PLC 和 DCS 组成工业网络中的系统，而目前只有少量的自动化系统供应商，例如西门子、罗克韦尔、通用电气和 ABB 等。这一点很让人放心，因为这些自动化供应商（虽然不只是列出的这些）制造了大量的部署于生产 OT 网络中的系统、传感器和控制器。这一点很重要，因为我们可以更容易地向相关供应商索要技术规范、安全文档与最佳实践。这在 OT 网络中至关重要，原因是虽然部分软件是供 Windows and Linux 部署使用的，但在实际中是非常罕见的。绝大多数设备和传感器运行于获得专利的轻量级实时操作系统上，可以实现时间关键型流程控制所要求的性能和确定性响应。

PLC 和 DCS

我们如果将 OT 网络拓扑图与 IT 安全拓扑进行比较，如图 12-2 所示，可以看到主要的功能差异。因此，需要知道的是，这些区域是什么？

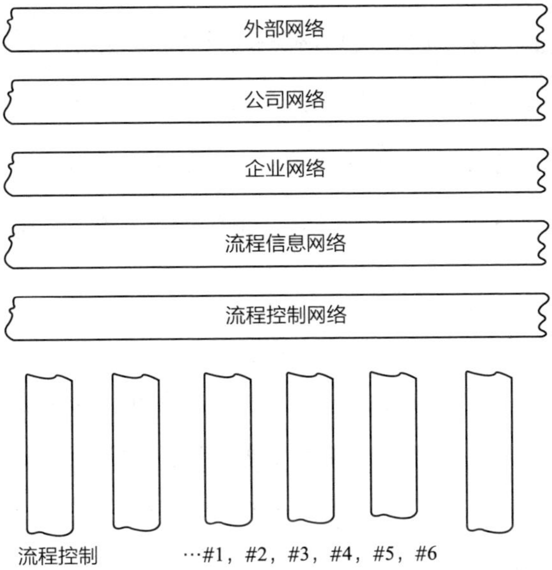

图 12-2　OT 和 IT 安全域

OT 安全

我们需要考虑的第一个问题是，和 20 世纪 90 年代初的早期 IT 企业网络一样，OT 网络可支持数种不同的协议和标准，与现代 IP 不一样的是，以太网和 IP 没有实现标准化。因此，该网络的不同部分可以支持不同的网络类型（如 Modbus、以太网 /IP Profibus 和 Profinet），以及一系列的连接介质和标准（例如光纤、铜缆或者以太网 10/100 Mbps 或千兆以太网无线）。OT 网络和这些线缆一同发展，由于没有行业标准，而且考虑到成本和设备使用寿命，制造商倾向于供应和安装当时受青睐的设备。近来，向着 IP 和以太网的迁移行动已成为行为规模的行为，然而，即便如此，仍然没有形成行业标准。美国偏爱以太网 /IP，欧洲偏爱 Profinet，亚洲两者都用。

在图 12–2 中，我们可以看到网络总线结构和生产或流程的每个区域都已被定义，但并没有涉及 IT 网络拓扑常见的数据隔离、路由器或防火墙。常见的 IT 做法是隔离、阻止非法或不相关流量进入特定区域的每个区域，但是要考虑可能随之而来的延迟、抖动或丢包。

网络级潜在安全问题

随着控制和隔离安全威胁的可能性的提升，网络拓扑结构成为一个很好的起点。业内通常偏好总线结构，因为它具备灵活性（可以简单添加新系统，而无须进行网络重设计或中断），但它也易受到安全漏洞（如蠕虫感染）的影响。问题在于，通过有限的主机，总线这种扁平网络可成为非常高效的通信网络，这也是它颇受欢迎的原因。以太网是数据包级快速交换的一个典型例子，安装和管理快捷而简便。然而，虽然以太网交换网络非常适合小型局域网，但其扩展性并不好，主要是因为它具备广播的特性。网络区隔离可以通过 VLAN 来实现，VLAN 通过创建虚拟局域网，采用独立的 VLAN 标识符标记从预先确定的来源传送到目的地的数据包来虚拟化底层网络基础结构。

VLAN 缩小了广播域的大小，因此提升了效率，并使扁平交换网络得以发展。然而，扁平交换网络存在很多问题。最重要的是拓扑及其关键。在工业现场总线拓扑（如 Profinet）中，这通常不是什么问题，实际上它为 MAC 地址级工作提供了确定性行为，所以这其实是一件好事。然而，随着 IP 的引入，由于需要循环检测协议，这可能成为一个严重问题。这是因为网络拓扑中的循环可能对明确把数据包发送至哪个端口的交换机造成严重影响。

IT 环境中最常使用的循环检测协议是生成树。然而，由于其用来检测循环并在恢复网络连接前运行 SP 算法（甚至可能出现在以秒计算的流量中断快速生成树中）的时间问题，生成树在工业生产环境中并不被接受。

IT 企业倾向于默认为层次化网络设计，就像 SD 之前，IT 传统数据中心网络偏好的那样。这一拓扑依赖于 IP 子网进行区分或通过安全区之间路由设备的边界访问控制提供隔离和机制。通过 IP 中子网中心访问列表进行的访问控制运行良好，特别是在 IT 企业网络中，尽管它确实增加了一些延迟（但这种延迟在 IT 应用中是觉察不到的）。问题在于配置路由设备，在小环境中，它们可以通过硬编码路由表进行静态配置，路由表明确描述通过哪个路由接口可到达目的地，操作很高效，但在配置过程中容易出现错误，同时不可扩展，随着网络的扩张，配置和维护会越来越难以进行。

静态路由的其他选择是路由协议，例如 RIPv2、EIGRP、ISIS 和 OSPF。然而，默认设置中的这些协议也适用于工业 OT 环境。原因是这些协议是很久以前设计的，20 ~ 30 s 的聚合时间并不是问题。而直到现在——这些路由协议有更快的配置选项时，网络聚合仍不能达到 OT 和 ICS 世界传感器的微秒要求。

问题是时间关键型 M2M 环境中的 OT 环境应使用的是哪种以太网。最简单的答案就是工业以太网，例如，以太网 /IP 可以是以太网设备网，或者 Profinet，它们来自同一家族，是既定现场总线协议 Profibus，不过它们是全然不同的，所以不要混淆。

为了说明工业以太网与以太网 IT 和数据通信标准的不同之处，我们需要研究 Profinet 的工作方式和它如何降低标准以太网的失败概率，以及为什么它对 OT 如此有利。

系统层面潜在安全问题

从系统层面来说，PLC 和 DCS 的安全性都非常薄弱，二者是恶意攻击的潜在目标，原因在于它们都运行控制底层逻辑的软件，这些底层逻辑运行在各自的自动化程序中。恶意攻击者可能想操控软件，关闭系统，或者制造其他形式的破坏。虽然相比 IT 系统而言，工业系统已经较少受外界攻击的影响，但其遭遇的攻击仍出现不断增多之势，这引起了人们的担忧。的确，在过去几年间，有关工业网络攻击事件的报道大幅增多。ISC-CERT 自 2010 年起便开始对攻击概况进行监测，在 5 年间已上报约 800 项与攻击、漏洞和其他安全隐患相关的建议。虽然这些安全隐患相对于安卓移动设备、个人电脑或服务器的 Windows OS 系统面临的潜在攻击而言很微不足道，但这些隐患万万不可忽略。对于核电站、石油钻塔、石化炼油厂等大型工业建筑而言，一次恶意攻击就可能会导致夺走人们的生命的灾难。

仅 2014 年，ICS-CERT 就处理了 245 项可疑安全攻击，这还仅仅是已上报的一些问题。并且令人不安的是，他们无法确定攻击的根本原因，因此只能说是可疑安全攻击。ICS-CERT之所以无法确定攻击向量或攻击根源是因为疑似被入侵的OT系统通常都不具有检测和记录功能。并不是OT网络中的所有OT和ICS系统都具有内在的身份识别、认证、授权和应用访问规则的能力。虽然供应商正在尝试在最新产品中解决这些问题，但我们要知道既有产品具有较长的生命周期。

即便如此，有一点至关重要：必须确保你所保护的网络的安全。例如，在制造厂中，你必须能够识别并管理网络中的每个传感器或节点。同样地，如何确定智慧城市网络中的每个节点或传感器是自己的而不是入侵者安置的非法设备呢？要保护好网络，我们就需要识别、认证和管理网络中的每个节点，因此需要进行身份识别和访问管理（IAM）。

身份识别和访问管理

在企业IT系统中，自带设备等措施的施行使工作场所的消费型设备数量增多，因此急需进行身份识别和访问管理。大家对自带设备措施的积极响应和理解立即给IT部门带来了真正的难题：他们无法识别访问公司网络的员工设备、智能手机、平板电脑、笔记本电脑甚至可穿戴物联网设备。但IT部门利用移动电话技术在大型在线社交系统（例如Google search和maps），甚至在网络应用程序和平台（例如Facebook）中识别并实施安全策略和安全模板。

在上一示例中，我们从大量工业示例中选择了制造业作为范例，在这些工业示例中，网络安全性可对航空业、核电能、电网、医疗和汽车自动化等工业领域产生影响。

比如大型空中客机 A380，该客机的制造过程说明了即使生产项目的资金再充足，也可能需要同时使用多种协议和标准。该项目的预算高达几十亿美元，单架飞机的价格达到 4.28 亿美元。但比较奇怪的一点是——该项目的设计团队有大概几年的时间进行设计和规划，并且项目也有充足的预算可以签订合同重新设计或构想所需的部件，但最终发布的客机上却仍使用多个不同网络。

据介绍，A380 客机搭载了最先进的娱乐信息节目系统，支持旅客通过 EtherNet/IP 网络观看视频、听音乐、享受航班内 Wi-Fi 服务。然而，该客机在航班控制系统方面沿用了传统的 CAN 总线作为物理拓扑结构，因为该结构是行业认可的通用接口。虽然通信吞吐量限制在 125~500 kbps，但依然可以满足要求，因为性能是可以确定的。A380 客机的驾驶舱同样采用了传统的总线网络，以支持 VHF 无线设备。原因在于所有的 VHF 无线设备都带有标准的 VHF 接口，就像 IT 设备都带有通用以太网连接件一样。该客机设计师最终决定采用标准设备和接口，即便这样会增加维修复杂程度，却不会降低实用性，不仅可以减少成本，还可以加快制作速度。A380 客机中还有一项比较有趣的设计元素，即人机界面几乎总是采用模拟形式，仪表盘通过刻度盘和指针显示模拟读数，而不是采用准确的电子数字显示，这一点在高性能车辆和飞机上也是如此，其中的原因在于相比数字信息，人类能够更快地解读模拟信息。车辆驾驶员或飞机飞行员只要瞥一眼刻度表，便可立即从几十个刻度中找到红色的刻度，即极限刻度。若显示的为数字信息，驾驶员或飞行员必须先读取数值（例如油压值）然后计算，并将该数字输入脑中，与他们理解的安全限制值做出比较，这样不仅花费时间，同时也消耗脑力。因此，人机界面依然需要采用视觉化的数字显示，通过比较形象的方式模仿模拟信息显示，这样做虽然准确度不高，但有助于更快速理解。

虽然飞机和高价汽车都已将使用了几十年的经过反复试验的CAN 总线网络替换成 Ethernet/IP 网络，但依然不能抵御先进的恶意软件和攻击。例如，Modbus、Devicenet、Profibus、CAN 总线和其他工业网络拓扑结构对于大多数现代恶意软件都具有免疫性。这是因为它们具有不可访问性——无远程互联网连接和独特协议，因此这些串行总线很少遭遇网络攻击。然而，Ethernet/IP 网络却并非如此。虽然有一部分人认为 Ethernet/IP 控制系统在过去 20 年间已积累了大量网络攻击的知识，拥有强大的数据库，其中包含已记录的漏洞、已知攻击、缺陷和消减技术， Ethernet/IP 网络可以说是“身经百战”的安全网络，然而，它也具有两面性：如果 Ethernet/IP 系统不够先进或缺乏足够的安全保护措施，那么系统将受到长期发展且经过试验的一系列攻击的影响。

要记住的一点是，OT 环境会包含一些对于企业来说闻所未闻或比较过时的协议和技术。部分原因在于工业资产的使用寿命较长，电线资产成本降低，以及高效率和简单的特性，另一部分原因在于对恶意软件等常见互联网威胁的相对免疫性。因此，虽然 Ethernet/IP 网络可能被引入 OT 环境中，但现场总线依然是工业中的主导通信协议，并将持续很多年。

第13章 工业4.0概述

工业 4.0 诞生于德国。之后，这一概念便在欧盟的工业化国家中得以广泛应用，并传播至中国、印度和其他亚洲国家。工业 4.0 指的是第四次工业革命，而前三次工业革命分别实现了机械化、电气化和信息化。

当将物联网和务联网集成到制造环境中时，人们便引发了第四次工业革命，即工业 4.0。但前三次工业革命带来的成果均在浪潮过后才显现出来，而在第四次工业革命中，我们有机会主动引领工业革命的发展，从而改变世界。

工业 4.0 的愿景是，在未来，工业企业将构建全球网络来连接它们的机器、工厂和仓储设施（信息物理系统，CPS），这些系统互相连接，并互相分享可触发行动的信息，从而以智能的方式实现互相控制。这些信息物理系统具体包括智能工厂、智能机器、智能存储设施和智能供应链。这些系统通过工程、材料利用、供应链和产品生命周期管理，进而整体改进制造中的工业流程。这被称为横向价值链，其愿景是，工业 4.0 将与横向价值链的各阶段进行深度集成，从而显著提升工业流程。此愿景的核心是智能工厂，它基于智能设备和智能产品改变生产的方式。不仅仅只是信息物理系统（如智能机器）将实现智能化，组装的产品也将嵌入智能技术，这样在整个制造过程中我们都可以对产品进行识别和定位。RFID 标签的微型化使产品变得智能，通过该标签，产品能够知道自己的类型、生产时间，其中最关键的是，自己当前的状况和实现其理想状态的措施。

这就要求智能产品能够知晓它们已通过的流程，以及要成为成品所需要进行的其他流程。而这些有关工业制造流程的信息会被嵌入产品，以便产品提供生产过程中的替代工序。例如，因为智能产品了解其当前的状态，以及要完工所需进入的下一个生产流程，因此它们将能够向传送带指示其应进入的生产线。在下文中，我们将讨论这些步骤实际上是如何完成的。

那么，现在我们来看看工业 4.0 愿景的另一个要素，即价值链中垂直制造流程的集成。它推崇的愿景是，将嵌入式横向系统集成到垂直业务流程（销售、物流和金融等）和相关 IT 系统中，从而实现智能工厂对整个制造过程（从供应链到服务和生命周期管理）端到端管理的控制。运营技术（OT）和信息技术（IT）的融合自身也存在问题，我们在讨论工业互联网时就已经发现了这些问题。但是在工业 4.0 系统中，这些实体将统一行动。

智能工厂不仅与大型企业密切相关，还完美适用于中小型企业，因为它具备较高的灵活性。例如，对横向制造过程和智能产品的控制能够实现更佳的决策和动态过程控制，在功能和灵活性方面能够随时适应临时设计变更，或调整生产过程以满足客户的偏好产品设计。此外，这种动态过程控制还能实现小批量生产，这样不仅能满足个别客户的订单，还能确保获利。这些业务和工程动态过程可以实现全新的价值创造方式和创新型业务模式。

总而言之，工业 4.0 除了要求将 CPS 集成到制造和后勤过程中，还要求将物联网和务联网引入制造过程。这将会给中小型企业（SME）带来全新的价值创造方式、业务模式和下游服务。

工业 4.0 的定义

事实证明，要清晰地定义工业 4.0 非常困难，比如以下 3 个定义：

- “工业 4.0 一词表示第四次工业革命。对该词最恰当的理解是，它是对产品生命周期中完整价值链的组织和控制的全新水平，面向的是越来越个性化的客户需求。该周期始于产品的最初理念，贯穿下单、开发和制造阶段，直到将产品交付最终客户，以回收告终，其中包括因此产生的所有服务。第四次工业革命的基础是通过连接价值链中涉及的所有事物，让所有相关信息实时可用。随时从数据中获得最优的增值流的能力也至关重要。人、物和系统的连接在公司内部和公司之间创建了动态、自组织、实时最优的增值连接，还可以根据不同的条件（如资源成本、可用性和消耗）进行优化。”（PWC.DE）
- “决定工业 4.0 框架的因素：横向和纵向价值链的数字化和集成；产品和服务的数字化；创新型业务模式的引入。”
- “工业 4.0 是价值链组织技术和理念的总称。在工业 4.0 模块化结构的智能工厂内部，CPS 监控物理流程，创建物理世界的虚拟副本，然后做出分权决策。通过物联网，信息物理系统之间及信息物理系统与人类之间可以进行实时通信和合作。通过物联网，价值链的参与者提供并使用组织内部和组织之间的服务。”

如果这些声誉良好的组织给出的定义还不能清晰地描述工业 4.0 的概念，我们或许可以看看以下这些实例。

工业 4.0 的定义可能有点含糊不清。有些人声称它的定义是“使制造业实现完全计算机化”，也有人认为它是指“让工业生产实现虚拟化”的方式，而最终达成的共识似乎是“它集成了横向和纵向渠道”。无论采用何种定义，它都极大地推动了企业和制造商跟上由众多技术驱动的变化速度。

就像 21 世纪出现的众多技术一样，工业 4.0 不是一个新的概念，而是旧理念的复兴，这种旧理念运用的是新开发的技术。确切地讲，工业 4.0 本质上是一种经过改进的制造方法，这种制造方法利用最新的技术发明和创新成果，尤其是融合了运营技术、信息技术和通信技术方面的成果。

工业 4.0 通过部署运营技术、通信技术和信息技术的进步带来的工具，提高了制造和工业流程中生产自动化和数字化的水平。它的目标是通过提高生产流程中的效率并创造优质的产品和服务来管理整个价值链流程。该愿景遵循提升质量的准则，并同时保证价格低廉。这种经营理念产生了未来智能工厂，这种工厂不仅改善了效率和成本，而且提高了利润。未来工厂现已成为现实，这种工厂能够实现高效运营，所有的流程由 CPS 和人类共同驱动，这与传统工厂截然不同，因为它们几乎在一个无菌的环境下运作，以确保干净、安全、可靠且高效。稍后我们将进一步了解。

工业 4.0 出现的原因及时机

在 20 世纪七八十年代，机器的崛起曾被誉为制造业的未来和解决生产线上不稳定人类劳动力的方案，但它引起了人们极大的忧虑。人们担心机器（特别是机器人）会代替人类来进行生产，然后随着它在重工业中取得的初步成功，会导致工业开始实现自动化。自动化始于 20 世纪 80 年代，其间，对高效生产的需求导致很多低薪体力劳动者失业，人们认为这是生产线上人类劳动力的终结。尽管很多工人确实失去了他们的工作，但这个结果并没有发生。

机器和机器人的崛起，是因为计算机、IT 和半智能机器人的应用取代了许多人类劳动力。但是，第四次工业革命是制造业向数字化改革的过渡——物理世界和数字世界的融合，它会带来其他可能性，但不一定意味着失业。

以下科技成果引发了工业 4.0：

- 随着数据量、云存储、租用计算能力和无处不在的网络连接在过去 10 年的迅猛发展，数据分析得以实现，而这在过去是不可能实现的。这种变革在新型低功耗广域网中尤其明显。各行业发现未来它们必须将新数据用于其制造过程。
- 分析能力进步。产品开发要求卓有成效的分析，而且分析能力越强大越稳定，最终产品的质量越高。要提高业务运营的效率同样需要大量的分析。

- 新型人机交互方式的引入。这些人机交互方式包括 AR 系统的开发，以及充分利用触控界面和其他不需要用手的操作系统的系统的开发。
- 这些创新成果使数字数据更易于转移至实际可用的事物，例如高级机器人技术的改进、3D 打印技术以及快速成型技术的出现。

借助这些驱动因素，各行业发现保持与时俱进越来越必要，它们如果想要保持竞争力，就更应如此。

工业 4.0 的四大特征

工业 4.0 的倡导者定义了工业 4.0 的四大鲜明特征：

第一，智能生产系统的垂直整合。从本质上看，工业 4.0 的核心是智能工厂无法独立运行。它要求在智能工厂、智能产品和其他智能生产系统之间联网。垂直联网的关键在于信息物理生产系统（CPPS）的使用，这样，工厂和制造工厂可以快速妥当地应对各种变数，如需求量、库存量、机器故障和无法预料的延迟。

同样，联网和整合还涉及组织的智能后勤和市场营销服务、智能服务，因为生产将按照个性化以及面向特别客户的方式进行定制。

第二，通过全球价值链网络进行横向整合。这种整合方式有助于建立和维护价值创造和增值的网络。当我们谈及横向整合时，首先想到的关系是企业合作伙伴和客户之间的关系。但是，它还可能指各国家，甚至各洲新型业务模型的整合，通过整合，市场形成一个全球网络。

第三，以贯通工程横跨整个价值链。工业中整条价值链都受贯通工程的约束，在该过程中，产品的整个生命周期可从生产追溯到寿命终止。其他制造领域（如服装业）会单独关注制造过程，在该过程中，人们生产产品、销售产品、出货，最后将其抛诸脑后。人们几乎不关心产品在被客户扔到垃圾桶后的命运，更不担心它的未来销售情况。但是，对于工业零件来讲，质量是王道。而我们必须关注质量和客户满意度,这样制造商就必须生产符合客户期望的产品。例如，一辆奔驰汽车的车主希望生产的零件达到最高质量标准，并提供售后服务。工业 4.0 同时覆盖生产过程和产品的整个生命周期。

第四，加速制造。在业务运营（尤其是涉及制造过程的业务运营）采用的许多技术中，很多并非创新型技术或成本昂贵的技术，有很多技术已经存在。

我们从四大特征中可以看出，工业 4.0 极其注重价值链的概念。那么什么是价值链呢？

价值链

所有公司（无论规模大小）都努力对它们的价值链进行优化，并与擅长设计、开发、营销或熟悉供应链的合作伙伴进行合作。制造商的目标和企业一样，注重产品盈利及外包供应、后勤、营销和销售等核心领域。它们的愿景是在降低成本的同时实现利润最大化。尽管大公司会因为比它们的竞争对手更出色而获得利润并取得成功，但有时候，就算是小公司，也可以做得很出色，因为它们专注于特定的项目，并能够更高效地完成任务。因此，价值链要求大型制造商团队与擅长特定领域的合作伙伴进行合作，从而降低成本。

其中一个示例是油气勘探公司。尽管此类公司资金雄厚，但它们并不想投资学习如何设计和生产管道。相反，它们可以从专业的油气管道制造商那里购买管道，虽然这些公司的规模和资金还不及油气勘探公司的一小部分。

但是，这并没有最初看起来那么容易。在制造业中，要获得利润，就要以最合适的成本购买原材料，然后将这些材料转化为可供出售的产品。每周有很多竞争者通过价格、质量或可用性改变它们的产品。因此大型企业的目标是辨别核心业务活动，即最有利可图的活动，这样就能确保得到能获得最高收益的部分，然后将其他部分外包出去。

因此，对于任何产品或服务的生产商而言，借助最佳制造和行业实践的价值链是强制性的。几乎没有任何大规模公司能够支持它自己的价值链（无论资金多雄厚）。这样的公司需要大量的资源，包括管道、技术人员、采油工具、钻油平台、直升机，甚至建筑物，它不可能自己生产一切东西。

业务价值链由两大部分组成：横向活动和垂直支持活动。横向活动与制造链直接相关，它涉及产品制造过程的每个步骤。垂直支持活动（如 IT、销售和市场营销）涉及从生产到售后服务的过程。

主要价值或横向价值，与能被添加到产品生产、销售、支持和维护过程的价值直接关联。主要活动将价值添加到产品中，这些活动涉及以下职能：

- 进料后勤：将原材料带入公司，该过程花费成本和精力。该过程可能产生原材料成本、卸货成本、税费以及储存和分配成本。
- 运营：在该过程中，通过将原材料转化为可供出售的产品，将价值添加到原材料中，这也是决定利润的过程。
- 出货后勤：该过程因将产品运送给客户而产生成本。因此，所有储存、分配和维护存货的职能归入出货后勤之中。过去，出货后勤成本非常高，因此制造商希望通过按需生产来降低储存量和过多存货滞留的风险。对成本高的产品，采取按需生产或基于确定的订单生产，公司大大降低了风险。
- 市场营销和销售：市场营销和销售阶段进一步增加了产品的价值，在该阶段，产品通过广告的作用使客户确信这就是他们想要的产品。
- 服务：售后服务职能要考量生命周期中产品维护的价值。

其他不可忽视的价值链组成部分为支持职能，它包括以下关乎企业声誉的特征：

- 公司架构：公司架构关系到公司的稳定以及其产品、商品质量和服务性的声誉。
- 人力资源：人力资源关系到公司管理劳动力的方式。声誉建立在很多因素的基础上，如公司对待员工的方式。这是不容忽视的一大因素。例如，如果公司因招聘和解雇获得良好声誉，那么该公司的良好口碑很快就会传播出去。

- 技术开发：该因素关系到技术和工程团队的创新和素质，它们在生产出优质、好用的产品之后获得良好声誉。
- 采购：公司要能够找到来源并以合理的成本获得可靠的原材料或构件，这就要求供应商在业内拥有良好的声誉。

创造价值链

要创建可行的价值链，战略上我们需要同时考虑主要活动和支持活动。在分析时我们需要考量业务流程的每个步骤，并确保它与公司战略保持一致。谁来执行价值链审计仍具有争议：一些人赞成把任务交给深入了解公司战略的高级管理人员；其他人趋向于选择覆盖众多领域并在各自领域具备深厚专业知识的专家组，因为他们可以提高审计的深度和广度。

在进行价值链审计时，产品跟踪需要从零件（原材料）采购开始，经生产阶段，最后到出售给客户。在审计时，负责审计的团队需要注意，每个阶段是否存在任何可能改善流程的方法。

但是，增值审计的第一阶段只是增值战略中的第一步，我们必须跟进初始调查结果，然后必须分析和实施这些调查结果。最后，我们常常要在差异化角度和成本角度之间进行选择，这取决于公司是要改进产品还是要削减成本。

差异化角度

对于想要基于产品质量、特性或可靠性来实现产品差异化的制造商，我们可以采取差异化角度。这可能需要公司在生产过程中花费更多成本，但公司可以依靠客户满意度和良好的客户体验来收回成本，并促成向上销售和交叉销售。差异化角度要求产品的特性和质量超过竞争者的最高水平，尽管从生产的角度来看，这可能会花费更多成本，但是公司会因为声誉和客户体验的提升而获得更多的利润。

成本差异化

除了质量差异化，我们还可以降低成本和产品质量。这可以通过削减生产成本，从而降低客户价格的战略来实现。但是，这并不是一件容易的事，因为成本审计需要更细致的研究。我们可以想象一个削减成本而不是提高质量的场景。

削减成本的做法要求我们审查价值链的每个阶段的效益和成本。这要求我们评估每个方法、流程和程序，从而确定最有成本效益的方式。首先，我们需要审查主要活动和支持活动的每个阶段，从而减少成本负担、低效率问题和潜在成本；第二，我们必须进行详细的评估研究，来确定替代方法实际节省的成本；第三，我们还需要评估更改流程、重新培训员工、裁员或实施新技术所带来的成本。

但是，这个方法的另一个有利之处在于，削减成本审计可以让我们发现运营和财务中增加客户成本的低效问题，以及设计/管理/生产缺陷。最重要的是，那些参与审计的人员对公司的流程和程序将有深入的了解，这样可以更深入地洞悉企业状况，更好地了解历史流程，并提出更创新的方案。

为什么制造公司之前没有实施审计?

部分极具远见的公司通过 VPN 和 Extranet 与供应链中的第三方实体合作，但这种连接方式仅限于人员互动。通过工业 4.0 模型，信息物理系统之间、信息物理系统与人类之间能够进行交互，从而实现对价值链的控制。

对企业的好处

对工业 4.0 的普遍误解之一就是它仅使制造业受益。然而，这一观点并非完全正确。的确，制造业是焦点，但是工业 4.0 的影响范围远远不止制造业。

工业 4.0 不仅影响了传统信息物理系统和工业生产过程，还影响了包括生产商、制造商、供应商和工人在内的整条价值链。早期采用工业 4.0 的企业最初提出的问题之一是技工不足。教育机构必须着手培养更多具备工业 4.0 所需技能集和能力的人才。软件和技术开发商也必须研究调整其技能集，以更深刻地理解工业控制系统的复杂性。

另一方面，政府也应做好自身工作，因为政府是提高工业生产力的主要驱动力之一，然而，这会消耗资金和大量投资。因此，政府如果期望早日获益，就必须帮助工业，对工业 4.0 的行动给予资金资助。（稍后我们将会看到欧盟对投资回收率的期望。）而且，构建使系统成功平稳运行的基础设施，可能也会需要大量资金。

然而，我们不能陷入思维陷阱，认为工业 4.0 全是价格昂贵的机器人和 CPS，这与事实大相径庭。其实，获益的大多是小型智能制造商，包括涉足智能移动和智能物流的制造商。

工业 4.0 承诺给中小型企业带来哪些益处？工业 4.0 能带来很多益处：

- 增强企业的竞争力。它可以通过公司间的合作和联盟提供一个公平的竞争环境。在劳动力成本方面，工业 4.0 可能会加剧全球竞争，并营造一个公平的竞争环境，但同时允许小企业彼此合作，以向大企业发起挑战。例如，如果我们可以缩减工资成本，那么将制造和加工任务外包给外国劳动力市场将可能不再是符合成本效率的做法。事实上，专家认为，10年后，为我们制造产品的将不再是中国或印度工人，而是美国或欧洲的程序控制器。
- 提高生产力。随着效率的提高和运营成本的降低，利润将得到增加，这也将推动生产力水平的提高。在欧洲进行的可行性研究预测，法国和英国等去工业化国家的生产力将大幅提高。
- 提高收入。制造业将因为收入增加而受益。工业 4.0 是收入水平上升和政府增值 GDP 增长的主要动力之一，尽管它的实施也需要大量投资。然而，特别乐观的预测估计，制造业的投资回报率极高（例如，英国制造业预计到 2020 年增长 20%）。
- 增加就业机会，增强人力和 IT 资源管理。就业率将随着对人才和工人需求的增加而增加，特别是在工程、数据科学和机械技术工作领域。然而，我们必须认识到，就业率的净增长可能很小，因为传统的劳动工人要么接受再培训，要么被辞退，而且并非所有的生产线工人都有能力在一夜之间成为熟练的数据科学家。失业不仅限于体力劳动者。无论是谁（例如高薪网络和系统工程师），只要其工作可以由IT设施更高效地完成，他就可能会被使用AR技术的故障排除和维护系统取代。而从有利的方面来看，就业机会不仅限于程序员和数据科学家，还会面向工业过程分析师和监管，以实现对产品线一体化的监督。

- 优化制造工艺。IT与OT系统的整合问题一直悬而未解，但在生产过程中，合并这两个系统一定能最大限度地利用手头资源。管理员可以控制和简化流程，这将使生产商、供应商和价值链上的其他利益相关者之间的协作成为可能。生产一个部件所需的时间将缩短，生产过程将更为高效，因为在不损害质量的前提下，生产步骤得到了简化。决策过程也是实时完成的，这在工业场景中必不可少。同样，这些垂直IT元素也开始发挥作用，因为业务部门具备影响力并能够发挥其全部潜力。在系统而非单个机器的环境中，每个技术CPS在整体流程中有自己的作用，且它们能够了解客户或合作伙伴的需求。
- 指数技术得以发展。工业4.0将为采用发展中技术实现进一步创新提供平台基础。制造系统和技术的供应商与开发商会把它当作下一个开发项的基础。现在，越来越多的开发人员使用开放API来混搭应用程序，它在手机应用程序中已经得到了运用。开发人员正在研究改进当前GPS、RFID、NFC，甚至标准智能手机的嵌入式加速度传感技术。

- 提供更佳的客户服务。工业 4.0 监测和反馈机制依赖于实时的工业概念和方法。这些应用于物流和仪表板报告中的概念非常重要，因为它们能够几乎实时地进行生成和分析操作。因此，关键业务指标的仪表板立即可用，使决策者能够认识到当前事态，做出明智决策，更快地响应工业流程，最终满足客户的需求。

工业 4.0 设计原则

工业 4.0 的基本原则之一是将系统、机器和工作部件连接起来，以便沿着价值链创建智能网络。这些网络可以独立工作，并能够以汇聚的方式自发地进行互相控制。

工业 4.0 有六大确定的设计原则，制造商和生产商在生产过程自动化或数字化中会用到这些原则。接下来，我们将讨论这些原则。

互操作性

生产过程并非仅仅遵循一组预定的方法或步骤，也不仅仅涉及直接参与的人、机器和过程。互操作性需要一个整体环境，在这里，所有部件之间都能够进行流畅交互和灵活协作。例如，无论是产品还是工作人员，都不会与装配站分离。互操作性是指所有部件通过物联网进行连接、通信和共同作用的能力，包括人员、智能工厂和相关技术。

虚拟化

实际流程和机械装置的监测在物理世界中进行，且返回的传感器数据将被连接至通过模拟创建的虚拟模型或模型。然后，工艺工程师和设计师可以单独进行定制、修改、测试更改或升级，而不会影响已虚拟化的物理过程。处于工业 4.0 环境中的生产商将通过创造智能工厂的“虚拟双胞胎”，大大改善现有流程和产品，简化产品开发和建模，以创建整个生产过程，从而缩短新产品的获利时间。

分散化

工业 4.0 支持分散化。这使智能工厂内的不同系统能够自主进行决策，而不偏离通往单一且终极的机构目标的道路。

实时性

工业 4.0 的努力方向是使一切都实现实时化，即生产过程、数据收集、过程反馈和监测都实现实时化。

服务导向

物联网创造了其他人可以消费的潜在服务。因此，智能工厂将仍然需要内部和外部服务，这就是服务互联网是工业 4.0 的重要组成部分的原因。

模块性

灵活性是工业 4.0 的另一个设计原则，能够使智能工厂轻松地适应不断变化的环境和要求。通过设计和构建模块化和灵敏的产品、生产系统，甚至传送带，智能工厂可实现灵活性，并可在生产中做出改变。生产商可以确保更换、扩展或改进单个产品线，而对其他产品或生产过程的干扰极小。

构建工业 4.0 的模块

在塑造工业生产方面起主要作用的有 9 个已确定的技术趋势。

大数据和数据分析

目前，制造部门正被各种来源不同且不断增多的数据淹没，它们需要收集并统一整理和组织这些数据，而且需要使用由数据集提供的分析，以支持管理层的决策。企业承受不起因忽视这些数据而产生的代价，因为它们可能在优化生产质量和服务、降低能耗和提高生产过程效率方面非常有用。

例如，它们可以从生产过程的各个阶段收集数据，对这些庞大的数据进行关联分析，以便识别哪些过程冗余的阶段可以被简化。

总而言之，可用 6 个词语概括有关工业 4.0 环境的大数据和数据分析。它们分别是：

- 连接（涉及传感器和网络）
- 云计算
- 网络（涉及模型和记忆）
- 内容 / 环境
- 社区（或利益相关者之间的共享和协作）
- 定制

自主机器人

在制造过程中使用机器人不再是新鲜事，然而机器人也需要改进和演变。创造者将机器人设计为自立、自主和交互型的机器，使它们不仅仅是人类使用的工具，而且是与人类一起工作的不可或缺的工作装置。

仿真

以前，在测试一个流程是否能够有效且高效地运作时，制造商需要进行反复试验。工业 4.0 使用虚拟化创建了用于仿真建模和测试的数字双胞胎，这将在生产及产品质量优化方面发挥更重要的作用。

水平和垂直系统整合

工业 4.0 的目标是实现 OT 和 IT 系统的完全整合。此目标是创造一个生产、营销和售后紧密联系的场景。同样，供应链中的公司也将实现更高的整合度，以实现数据集成网络、自动化层面协作以及完全自动化的价值链。

工业物联网

嵌入式计算和网络将连接换能器和设备，这些是工业 4.0 的重要组成部分。工业物联网将使之成为可能，因为专为工业物联网设计，且配有低功率无线电通信网的换能器和现场设备使它们能够与彼此进行交互和通信，同时还能与控制和管理层的网关连接，这将在整个智能工厂和供应链中变得无处不在。

网络安全

工业系统越来越容易受到威胁，这一点从 2015 年工业目标遭遇的攻击中即可看出。为了解决这一问题，我们必须将网络安全措施落实到位，以识别在工业控制流程和系统中，与互联网集成时所产生的新漏洞和挑战。

云计算

工业 4.0 中涉及的大数据集表明，要利用价值链中的全部可能性，数据共享不仅是值得做的，而且是必须要做的。然而，制造工厂大多不具备足够的存储容量,以用于存储和分析所收集的海量数据。幸运的是，云服务提供商却具备这样的能力，而且能创建适合存储和处理制造数据的私有云。

增材制造

增材制造（例如 3D 打印）能使制造商提出原型和概念验证设计，极大地节省了设计时间和人力。借助增材制造，制造商可以生产出小批次的定制化产品，它们能够为客户或终端用户提供更多的价值，同时为制造商节省了成本和时间，提高了效率。

AR

企业越来越期望降低与生产、营销和售后支持相关的维护和培训费用。制造商在正求助基于 AR 的系统来改善其维护流程，并降低在现场部署专家的成本。

工业 4.0 参考架构

由于工业 4.0 的典型应用环境并没有被设想为一个大公司，而是一系列中小企业，这些企业各自专注于不同的领域，从而形成供应链合作伙伴关系。因此，工业 4.0 的参考架构应该反映出这一特点。这就意味着，这个架构模型应该是一个通用模型，每个公司都可以部署，并要确保数据协议及架构、机器、设备和通信接口有一种通用的处理方法。

难点在于，处于合作伙伴关系中的所有公司看问题的角度各异，有的可能出于制造业的角度，而有的可能出于软件、工程或者网络的角度。例如，从制造业的角度来看，架构的重点在于流程和运输功能。而从 IT 软件的角度来看，架构则要考虑每个合作伙伴所使用的应用程序和系统管理软件的类型。企业资源计划、企业管理和软件应用之间需要接口，从而使公司之间的物流和业务管理规划得以开展。从网络方面来看，架构的重点在于设备以及设备之间如何连接。而需要纳入考虑范围的设备林林总总，包括传感器、驱动器、服务器、路由器、PLC、现场总线、Profinet、平板电脑或者笔记本计算机。从工程的角度来看，考虑更多的则是产品生命周期管理。因此，使用现有标准是工业 4.0 架构的要求之一。

使用现有的标准对确保整个价值链的连通性以及使公司之间能够互联，并以一种自动或半自动的方式参与进来至关重要，同时，它也是工业 4.0 的部分价值所在。

智能制造

精益生产，在过去的 10 年中已成为一种广受欢迎的流程改进策略，旨在激发人们的积极性，从而消除差异、减少负荷和浪费。精益生产的目标是平稳且一致地进行产品生产。智能制造与之类似，因为它也是一种流程改进方法，不过它的目的是通过构建连接性和协调方式，提供一种能够平稳且一致地交付货物的优化流程，从而实现数字世界和模拟世界的融合。

因此，精益生产和智能制造是两种互补的流程改进策略。未来，我们将看到它们在工厂中并驾齐驱、协同工作。

不过，在我们认识到精益生产和智能制造能够协同发挥作用之前，我们需要解决智能制造中的一些连接性问题，并了解如何在工作场所中进行部署。

设备

智能制造面临的第一个问题是连接所有的机器及设备。CPS 和先进传感器协同工作，并通过感知产品的状况来连接对生产流程进行控制和协调的系统。要从设备连接中获益，需要收集和处理来自机器、CPS 和传感器的实时数据，以对每个产品的状态进行分析和确定。然而，许多公司尚没有充足和到位的技术架构和决策体系，无法从已连接的流程及其产生的数据中获得益处。例如，公司如果未能分析出可用数据，没有预测出机器的维护需求并战略性地做出维修计划，从而减少生产线的有效停工期，就会出现此类问题。

对员工重新定义

对于智能制造而言，人和机器具有同等的重要性，因为他们可以把客户连接到制造流程中，并确保生产线平稳运行。因此，技术人员、检验人员和流程操作员必须通过具有特定功能的应用连接起来。管理人员也需要通过显示状态、趋势和警报的动态，实时控制面板连接到制造流程中，而且人工操作不会因为所有的智能机器和系统能够对大部分普通决策进行自动化处理而消失。这是因为这些智能设备也会触发一些异常和反常情况，而这些情况需要依靠专家分析。

所以，未来最有可能需要的员工是掌握计算机、机械和流程工程技能的多学科人才。这是因为他们必须跨越多学科的壁垒进行操作，把智能工厂连接起来，通过分析来检索和解读数据，甚至保护供应链，防止其遭受安全威胁和入侵。

在创建一个能够在3D设计流程和物理生产设备与检验流程配置之间进行转换的数字主线之前，需要进行许多手动操作。例如，在3D打印过程中，数字主线就和产品设计与实际3D打印流程之间的连接有关。

这些步骤可能包括在实际配置之前，或者在生产或修订供应链规格之前，与合作伙伴和客户协作以模拟出虚拟产品。创建3D模拟和概念验证模型可以确保在制造流程开始前产品与实际需求完全一致，从而节省大量时间和成本。数字主线的另一个优点是可以模拟实际制造流程，确保其安全有效地运行，从而排除对流程的任何疑问或者避免进行试制以及产生错误。

产品

智能制造的目标之一是使零部件可识别且智能化，例如，它们应该能够进行自我识别并保留重要信息。通过使用内嵌于产品或包装内的射频识别标记，智能机器能够识别该零件并读取它的状态信息，并在每个产品穿过生产线时识别其配置。

通过这种方法，机器可以加载正确的部件和程序，根据每个部件的配置来对其进行处理。例如，对于洗发水瓶灌装生产线来说，每个瓶子都可能代表某个品牌的不同版本，需要在某特定阶段添加不同的颜料或香水。假如机器可以读取瓶子上内嵌的用于识别其品牌和种类的射频识别标记，那么我们就能够为特定的产品自动添加正确的着色剂和香料。这是一个非常简单的例子，但关键在于如果生产线上的每个部件都携带了标识符和它自身的历史记录，那么在制造流程中我们就可以智能化地做出生产决策了。这使得产品在制造过程中能够按需定制，从而获得利润，甚至批量生产。

当然，这里有一个小问题，因为企业流程要求任务确保连续性，一项任务的输出应作为另一项任务的输入。传统做法是在一个相对简单的生产线上用纸和笔进行记录。不过，智能制造与智能部件和产品可能会影响生产线的活动。这意味着企业流程会变得更加复杂。

企业流程

工业互联网企业流程需要满足生产线上并行处理、流程控制实时响应和协作机器的需要。这实现了流程自动化，是非常理想的结果，因为它降低了通过部署不同的生产线来达到相同效果的相关费用，例如，前文所说的为每种版本的洗发水部署单独的生产线。

优化供应链

传统管理供应链的“纸笔记录”做法不能继续行之有效地支持智能制造流程。因此，流程必须实现自动化和数字化，而不应该让购买者不停地打电话、发邮件、开票据和传真订单。供应商不仅需要通过企业到企业的通信渠道进行连接，而且必须开发一个需求驱动的模型，通过感知部件存货进出库和数量来减少库存和补充物料。

如此一来，制造商需要承受更多来自客户的压力，因为在智能制造流程中，物流和库存管理趋势从备货型生产转变为效率更高的按订单生产、按订单配置，甚至按订单设计。这种物流和库存管理的新趋势对传统的生产线施加了很大的压力。以前，公司会对生产线进行设置和配置以实现大批量生产，例如，对一个 50 万件衬衫的订单，让整个生产线都用来生产该订单是一种非常经济可行的方法。

但当客户变成“按订单生产”时，就像戴尔计算机和思科在2000年所做的那样，问题出现了。对于戴尔计算机来说，很可能有足够的客户订单确保其制造商的生产线处于繁忙状态，但是对于一些高度专业化和昂贵的思科设备来说，这可能需要一个停止—启动型生产线。这是因为我们需要根据不同的产品对生产线进行配置和设置，而生产线因为欠缺灵活性而无法在短时间内做出改变。在这种情况下，智能机器实际上具有优势，因为仅仅通过上传流程软件、模板和部件，我们就可以不断对它们进行重新配置。

对多层供应链进行协调并非一项普通的任务，它需要复杂的流程，这些流程被连接至设计产品文档和变更管理流程，后者非常重要。在许多情况下，工程师、设计师和流程工程师已经就变更控制功能达成了一致，这一功能在没有向供应链发出指示的情况下可以更改零部件的规格，从而导致灾难性的后果。

客户

在工业互联网中，客户对产品的评价就是一切，这就是客户体验。无论是通过产品评价或者仅仅是产品使用体验，对于客户而言，目标是获得价值和满意的产品，对于生产者而言，目标是获得良好的信誉。

但是，客户体验很难评估。你可能会进行调查并提出一些与产品相关的问题，但正如我们了解的那样，这样做并不能始终奏效。可乐碳酸饮料的全球经销商这一实例就能充分说明这一点。该公司的员工认为其竞争力不断受到挑战，而公司的广告营销活动也正在扰乱他们的传统市场。因此他们改变了配方，以振兴品牌。遗憾的是，他们并没有弄清楚，改变配方不仅改变了口味，更重要的是改变了品牌。结果，从他们的传统产品到他们的竞争对手都发生了巨大的转变。

为什么会发生这种情况？无论如何，这都是没有道理的。不过，这体现出动机要建立在客户体验的基础上。可口可乐公司对公众的口味调查投入了大量研究，公众认为新产品的味道更好，然而当新品推出时，销量还是遭遇了滑铁卢。

这就是大数据和深入分析如此重要的原因，决定产品未来的不再是某 CEO 及其团队，而是针对销售和客户体验进行的深入挖掘的研究和销售数据，它们能够影响真实数据。

大数据分析非常重要。它可以生成业务的特定信息以及与产品设计和客户体验至关重要的信息。

为什么客户体验很重要？正是因为客户体验积极，公司才能够赢利。这就是经商的原因。

客户体验

客户体验与个人的接受程度有关，即他们所购买的产品是否物有所值。接受程度基于产品质量、适用性以及竞争产品的成本。同时，客户体验、客户与货物和卖家建立关系的方式、客户对双方关系的感受与信任度有关。例如，二手车商贩的信誉极差，但这并不代表它们售出的每辆车都是废物，实际上大部分都是良好的交易，否则它们就不会有回头客了。

例如，你花 500 美元购买了一部智能手机，然后发现所需要的每个应用程序都必须从制造商那里购买。你会感到高兴吗？这样的结果会导致十分糟糕的客户体验。

我们怎样才能只制造满足客户需要的产品？

答案是通过智能制造和精巧设计，因此，对小型工厂的需求应运而生。

第14章 智能工厂

从概念上讲，工业 4.0 的核心是智能工厂（如图 14-1 所示），它是构成商业模式的中心实体，所有的事情都围绕它展开。如果着眼于工业 4.0 理论上的运作模式，我们就会发现实现智能工厂的所有要素（包括供应链、商业模式和流程等）都已具备。同理，从概念上讲，所有来自供应链合作伙伴、智能电网，甚至社交媒体的外部接口都以智能工厂为中心。智能工厂就像身处太阳系中心位置的太阳，所有其他流程都围绕它展开。

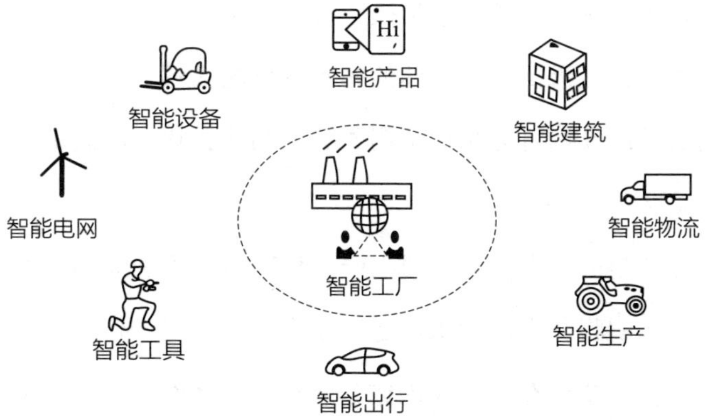

图 14-1　智能工厂

什么是智能工厂？为什么它对制造业的未来至关重要？

智能工厂简介

智能工厂包括前面讲过的智能制造流程，它能实现远超人们预期的生产力。如果了解一下它是怎么实现的，我们就可以发现智能工厂集结了各种技术，可提供最优的制造业方法和技术。而且，我们可以看到智能工厂不仅仅是智能机器和机器人通过先进的软件产品进行通信。事实上，这些机器所进行的远不止机器间的相互合作，它们还会通过先进的软件、算法和工业流程进行通信。然而，值得注意的是智能工厂（像智能家居一样）并不是某种未来构想，它们现在就存在于我们的生活当中，并且至少已经存在了 10 年。

因此，在深入讨论之前，我们先了解一下智能工厂的工作模式，找出它的优点以及在效率与生产率方面带来的巨大改进。

我们从不同的洗发水生产线中选取一条生产线来举例。在这条生产线中，智能机器会将相同的基本成分注入每个瓶子。该洗发水品牌的每种产品都可能添加不同的着色剂或香味，以满足目标市场的产品需求。

在传统制造业中，每个独立产品都需要一条独立的生产线。生产流程会指明将每个洗发水瓶送上生产线，传至一台分发设备，分发设备将根据要求在瓶中注入成分混合物。然而，如果该洗发水品牌旗下有多种产品，那么上述流程会非常低效，因为很多设备都在做相同的工作。我们为什么不对生产线上的每种产品都进行识别，然后按要求注入呢?

这是智能制造的基础之一，因为我们可以通过识别生产线上的产品和确定它们的状态和历史记录，以及接下来它们要进入的具体生产阶段，来减少浪费，提高效率。

如何做到这一点？我们可以使用非常小的 RFID 标签，将信息嵌入标签，或者使用卡支付系统中的 NFC 技术。NFC 在识别距离上表现较弱，它必须离阅读器非常近，而 RFID 在识别距离方面则表现相当不错。比如，内嵌 RFID 标签的赛车每绕赛道一圈，RFID 阅读器都会计算出圈数。让人难以置信的是，即使赛车的速度达到 200 英里/小时或更高，RFID 阅读器也能可靠地记录赛车的速度。因此，RFID 标签是智能工厂应用的完美选择，因为在智能工厂应用中，生产流程的速度不能降低。

接下来我们来了解一下现实中智能工厂是如何运作的，以 SAP SE 公司的乌维·迪特斯博士在其主题为 ERP 工业 4.0 技术与运营解决方案的讲座中讲述的内容为例。

运行中的智能工厂

本部分将探讨不同种类洗发水的生产，以及在产品的标签、颜色和香味不同的情况下，如何建立一条可以生产所有产品的生产线。问题的关键当然是设备必须能够对通过生产线的每个产品进行识别和分类，只有这样才能确定针对每个实体应采取的动作，而实现这一目标的方式是借助产品上的 RFID 标签进行个体识别和数据存储。通过 RFID 标签，我们可以知道每个产品的产品类别、生产时间以及下一个生产阶段涉及的流程。此外，标签还可能包含更多的信息，例如理想的存储环境或处理方法，这些信息不仅对制造流程有利，还对整个产品周期有利。

我们来看看在实际的智能生产线中，上述过程是如何实现的。

首先，试想一下如何在传统的工业 3.0 生产线上生产这些不同的瓶装洗发水。实现这一生产过程需要三种资源、一个控制器和一个监控系统。图 14-2 表示的是生产线的三个层级。最下方的物理层为生产资源，中间是制造执行系统（MES），最上方是企业资源计划系统（ERP）。

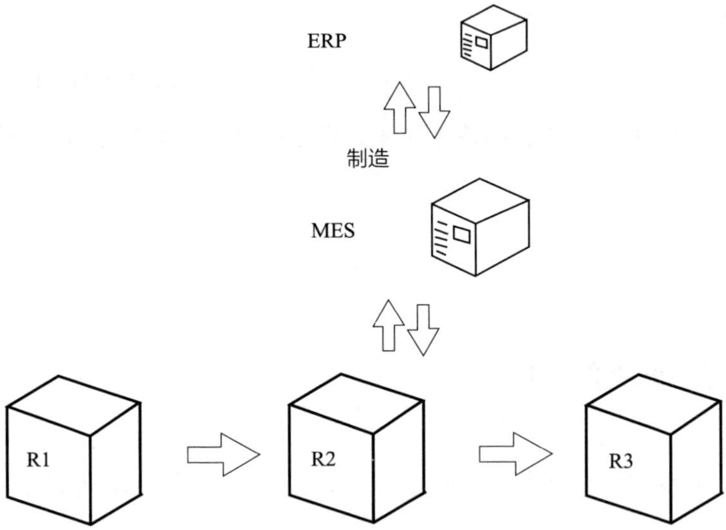

图 14-2　生产线的三个层级图

从图 14-2 中，我们可以看出制作洗发水产品需要三种产品资源。资源 R1 生产和储存基本成分。资源 R2 接收一定量的母液，然后将母液与不同的特殊着色剂、香精和化学物质 / 营养成分混合。资源

R3 接收来自 R2 的混合物，然后装瓶。

ERP 系统通过监测连锁经销商和超市生成的销售订单来控制生产水平，并发送指令至 MES 以制造适当数量的产品并履行订单。MES 启动完成订单所需的生产，并向 ERP 系统提供生产状态反馈信息。

这就是标准的现代化工厂的生产运作模式。然而，这种模式也并非没有缺陷。

我们来看看它的一些不足之处。连续生产线的第一个劣势是，如果一种资源出现问题，那么整条生产线都会受到影响。第二，ERP 或 MES 中出现的任何故障都会妨碍生产的正常进行。由于 MES 和资源之间存在接口难题（有约几百个接口选项），因此很难对生产线进行扩张或重配置。同样，因为架构异常庞大，MES 与 ERP 系统之间的接口也很复杂。第三，虽然非常必要，但让 MES 根据生产状态（例如，已生产的瓶子数量和为履行订单待生产的瓶子数量）实时更新 ERP 系统数据，并非始终可行。

工业 4.0 虽然无法克服所有这些劣势，但至少可以解决其中一些问题。工业 4.0 的工作方式的不同之处在于前面示例中的资源由 CPS 代替，如图 14-3 所示。

通过用 CPS 替换资源，严格的连续生产线由固定变灵活，因为 CPS 相当智能且能对环境做出响应。CPS 内嵌多个传感器，可与其他 CPS 通过无线链路进行通信，这种机制使一个 CPS 能够从另一个出现故障的 CPS 处接管任务。CPS 可进行自我诊断并检测生产线状态，然后采取适当的协作性行动，提升其可用性和恢复能力。另外，由于 CPS 彼此之间直接连接，不再需要 MES 系统，这就相当于排除了另一个潜在的故障点。更重要的是，移除 MES 系统的同时也规避了接口不匹配和重配置的相关问题，而这些问题正是先前的拓扑所面临的主要问题。

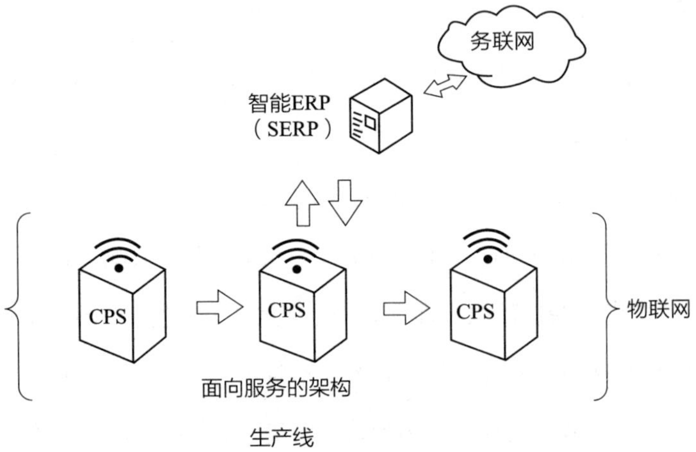

图 14-3 利用 CPS 改进的生产线

自给自足式的 CPS 并不是生产线上唯一的智能实体，产品也同样智能。例如，洗发水瓶会配备 RFID 标签，该标签可识别品牌名称、产品类型和生产状态（到目前为止的生产记录），以及要完成生产流程而必须进入的下一个阶段。产品的智能还延伸到生产线之外，比如智能工厂、仓库以及连锁经销商，甚至在用户使用时也能得到体现。例如，我们设想一下比普通洗发水瓶智能得多的产品（拖拉机发动机），在使用寿命期间，该智能发动机可进行自诊断，将维护状态发送至客户或维护部，甚至可预测某零件的故障。这实现了从“故障后修理”到“故障前维护”的重大转变，可以大幅提升服务可用性，减少停机时间。

随着 MES 成为智能设计的多余之举，曾经的 ERP 系统现在已成为 SERP，并与 CPS 直接通信以控制生产，从而履行订单。通过与 CPS 直接连接，SERP 系统现在可以实时了解生产状态、CPS 健康状况和其他实时传感器数据。SERP 通过使用内存数据库进行实时流分析来实现这一功能，以使业务流程更快更好地运行。

智能工厂的概念由此诞生，它是一个灵活、敏捷、智能的系统，其作用范围超越了 CPS 和工厂的范畴，直至产品乃至整个价值链。

智能制造的重要性

引发这一制造革命需要各企业、政府和学术机构展开重要合作。例如，欧盟和美国设立了资助和鼓励智能制造的计划。特别是欧盟，它正在全力进行再工业化，并力求将各成员国参差不齐的制造能力拉到同一个水平线上。德国和意大利是现代化工业大国，拥有完备的工业 4.0 项目。英国和法国在过去 30 年以来一直在进行去工业化，因此需要付出很大的努力才能实现再工业化。而英国和法国是最有可能从中受益的国家，因为再工业化可以吸引制造业回迁，从而大幅节省成本，提升效率。事实上，德国不大可能对欧盟提升效率和 GDP 增值的目标做出太大贡献，因为它已经接近最佳效率水平。然而，英国和法国却可以大施拳脚，因为它们当前的制造水平表现不佳，但提升制造业效率的时机已经成熟。

在一项全球计划中，工业互联网联盟赞助大量测试台开拓性的合作项目，聚焦于制造流程的不同阶段。例如，Infosys 正与 Bosh、PTC 和 Intel 合作名为“资产效率测试台”的项目。资产效率这一术语是指减少浪费，提升所有运营、维护、服务、信息和能源等方面工业资产的维护和运行时间。该测试台项目致力于研究设备和流程数据的使用方式，从而为飞机起落架维护工程师提供信息，通过这些信息，工程师可以对潜在故障进行预测和修复。

几家欢喜几家愁

随着工业 4.0 或工业互联网的应用，人们将迈入智能制造、优化供应链和智能工厂时代，最终将会形成几家欢喜几家愁的局面。较典型的是，发达国家（美国和西欧国家）将从智能制造和智能工厂计划中受益更多。这主要是通过降低运营成本、提升效率和生产力来实现的。同样，作为围绕这些制造商的智能生态系统的一部分的公司也会因为共生关系而从中受益。

多年来，发达国家的制造商认为将制造业务外包至中国、印度、巴西、俄罗斯或东欧等国家可降低成本，但是现在它们可能会采取不同的做法。工业 4.0 会使发达国家的制造成本更低，并削弱竞争对手的劳动力成本优势。由于工资对整体运营成本的影响程度降低，最近几十年的外包趋势将出现逆转。美国、英国和法国这些国家可能会开始再工业化，并将之前一直外包国外的大部分制造业务转回国内。

短期内，从发达国家那里承接制造业务的发展中国家将不可避免地遭受损失。这正是中国和印度认识到工业4.0革命的重要性，并致力于从“中国制造”和“印度制造”开始转变的原因所在。其他拉丁美洲、亚洲和东欧国家将会发现，它们也必须欣然接受第四次工业革命，因为当劳动力成本优势从等式中被拿掉之后，其建立在工业3.0实践之上的经济将不再具有可持续发展能力。

现实世界中的智能工厂

上文对智能工厂做了介绍，内容包括智能工厂的定义和简单的生产场景。本节将介绍一些已经投产的先进智能工厂。

通用电气的卓越工厂

通用电气的卓越工厂已经在其部分生产车间使用工业互联网技术，并计划最终为公司的400个生产和维护车间引入智能技术。通用电气的目标是通过将产品设计团队与工厂车间、其他供应链合作伙伴和最后的维护运营进行数字连接，来改变传统的生产车间。然后，该公司计划构建连续的实时数据共享循环，从而实现更快、更准确的决策以提高生产力。通用电气想要建立的数字主线，这样会推动公司更好地设计、制造和维护其产品。事实上，通用电气的目标是提高关键绩效指标（KPI），其中运行时间增加20%，吞吐量上升10%。

从应用到生产

通用电气目前正在积极着手几十个试验计划，现在这些试验计划正在其生产车间和供应链开展。例如，该公司正在对价值链上的流程的不同阶段进行测试。通用电气最近开发了一款用于公司涡轮机械业务的应用。该移动应用连接了工厂车间与工程部，使得工程师可以对该工厂能否制造仍处于设计阶段的虚拟产品得出结论。该应用的工作原理为，当设计师创建某零件的虚拟结构（例如CAD图纸）时，应用会提供实时反馈（能否生产该零件；如果不能生产，需要调整哪些特性）。当某试验计划取得成功，所有问题得到解决时，通用电气会在有类似需求的工厂推出相应的智能系统。

空中客车公司：智能工具和智能应用

飞机制造商空中客车的生产车间是智能工厂在现实世界中的另一示例。空中客车正与美国国家仪器公司携手打造一个被它们称为“未来工厂”的项目。智能系统第一阶段的目标是减少错误，降低时间和材料的浪费，这是精益生产中的概念。对于工人要完成的任务，工厂通过提供实时的“作业前安全会议”信息来实现节约。作业前，安全会议信息会根据需求把信息在线发送至工人的移动设备。这就确保了工人非常清楚他们需要做什么，使用的工具是否恰当，设置是否正确，以及在任何指定的时间应采取何种措施。在工业维护领域中，这种培训技术有很多的应用案例，这种方式不需要在现场部署经验丰富的维护工程师，从而降低了成本。通过与智能工具上的传感器协作，在线的 AR 系统会通过 Wi-Fi 将信息发送给工人，例如在飞机中布线的工人，让他们了解线缆与它要连接的设备在什么时候只有几毫米，以及将要连接的正确接头和线缆。

在另外一个制造业中较常见且机器人也并不擅长的场景中，智能工具会检测扭矩值以拧紧螺栓。螺栓和螺丝拧得过紧或过松是导致故障的常见原因，但是通过智能工具，工人可以采用合适的扭矩值，同时工程师可对数据进行分析，检测任务完成得是否正确，如有必要，他们就会采取相应的措施。

西门子安贝格电子设备工厂（EWA）

在工业 4.0 的愿景下，物理与虚拟的制造世界将融合在一起。工厂将在很大程度上实现自我控制和优化，因为其产品之间能够通信，并且能够与生产系统通信以优化制造流程。产品和生产设备之间能够进行通信和合作，以确定如何组装产品以及应首先完成哪条生产线的哪些产品，才能实现按时交货。独立运行的计算机程序（也被称软件代理）会监测每个步骤，并确保其符合生产规定。

工业 4.0 愿景也预示着智能工厂能够以较高的利润生产独一无二的产品，因为智能工厂能够以低成本快速地生产高品质产品，而且几乎不用重新配置生产线。

西门子是全球领先的可编程逻辑控制器供应商，西门子于 1989 年建立了生产 Simatic 可编程逻辑控制器的工厂。

这些设备被用于实现机械和设备自动化，节省了时间和成本，提升了产品质量。从运送滑雪者的缆车到游艇的机载系统控制，从汽车生产到制药各行业的工业制造流程控制，这些设备都在其中发挥了重要的作用。安贝格是西门子公司展示上述系统的样板工厂。

缺陷将不复存在

EWA 的部分 KPI 数据非常惊人，例如生产质量合格率达到 99.99885%，这对于生产线来说是一个非常低的缺陷水平。而且，一组测试站会对生产过程中出现的少数权限进行检测。要正确地看待这些数据，我们必须考虑到 EWA 工厂每年生产 1 200 万个 Simatic 产品。按每年 230 个工作日计算，这意味着 EWA 每秒钟就能生产出一个控制器，缺陷率为 0.001 15%。

生产计算机的计算机

当然，智能工厂的目标永远是确保很大程度的生产自动化，Amberg 就是这样，其设备和计算机自主处理 75% 的价值链事务。余下的工作则由人工完成。例如，所有生产线任务由 PLC 控制器驱动的自动化设备完成。只有在制造流程开始时，任务才需要人工操作，也就是在此时,工人将第一个零件（裸电路板）放置于生产线传送带上。自此之后，所有一切操作都由设备自动自主完成。这里值得注意的是 Simatic 设备控制着 Simatic 设备的生产，因为这里是西门子的 PLC 样板工厂，PLC 生产生产线上的其他 PLC。在 EWA，从制造流程之初到发货点，整个生产过程会用到 1 000 个 PLC。

工业 4.0 在安贝格生产流程中的应用

如果更近距离地观察生产流程，我们就会发现起初传送带会将裸电路板传送到一台印刷机，该印刷机使用光刻工艺将无铅焊锡膏印刷于电路板。然后，自动贴装头将独立零件（例如电阻器、电容器和微芯片）贴装到电路板上。安贝格速度最快的生产线每小时可贴装 250 000 个零件，这个流程由 Simatic 设备控制。一旦完成零件放置和焊接，传送带会将装配好的印刷电路板传送至测试站。当印刷电路板到达光学测试站时，会有一台相机检查电子零件的位置，以确保所有零件摆放的位置正确，而且无零件遗漏。同时，X 光机会检查焊接连接点的质量以核实接头焊合没有问题，并确定是否存在虚焊或接触不良等情况。下一步就是为每块印刷电路板装上外壳，然后传送至调度站。

最后一步是对每个产品进行复检，然后将这些产品运输至位于德国纽伦堡的配送中心。安贝格生产的PLC销售给全球6万多个客户。其中中国是最大的客户，采购量约占所生产 PLC 总量的 20%，其余产品主要被销往德国、美国和意大利。

“成事”在人

虽然安贝格已经实现高度自动化的生产，但最终的决定是由人做出的。例如，电子设备工程师会对测试站已装配完成的电路板的测试情况进行监督，即使他本人并不进行零件和电路测试工作。该工程师在办公室使用计算机监测整个价值链，由于每块电路板拥有自己唯一的条形码，通过该条形码，电路板可与其他生产设备进行通信。1 000 多台扫描仪会实时记录所有的制造步骤，并记录产品详情，例如焊接温度、贴装数据和测试结果。大量的详细产品数据会发送给安贝格生产的每块 PLC 备用。

工厂每天生成约 5 000 万份流程信息，并存储于 Simatic IT 制造执行系统中。这样技工和检查员可以非常详细地监测和观察每个产品的生产周期。

尽管 EWA 的流程高度自动化，但它仍然依赖人进行产品开发和设计、产品规划以及处理突发事件。这一现状在近期内不太可能被改变，尽管安贝格是智能工厂技术应用的标杆，但由于每个班次有 300 名人员，且 EWA 总共拥有约 1 100 名员工，要做到关灯生产，仍然有很长的路要走。

安贝格电子制造工厂是西门子数字企业平台的一个先进的范例，在该工厂中，产品控制着自己的制造流程。正如我们在智能产品中见到的那样，生产设备可以通过智能产品的产品代码获悉产品要求和下一个要进行的生产步骤。这一智能产品系统标志着我们已经迈出了实现工业 4.0 的第一步。

员工建言

不过西门子的目标并不是建立一个无人工厂。这些设备在处理程序化的任务方面可能非常高效，但是它们对于应该制造哪些产品或如何改良系统并没有任何概念。在 EWA，员工提出的改善建议贡献了年度生产力增长的 40%。而余下的 60% 通过基础设施投资来实现，例如，购买新的装配线和改良物流设备。重要的一点是，在确定哪些操作在日常操作中起作用以及如何优化流程方面，员工似乎比管理层更清楚。2013 年，EWA 采纳了 13 000 条员工建议，总计奖励员工约 100 万欧元。

西门子（成都）

在德国，EWA 取得这样的成功之后，西门子于 2013 年决定在中国建立一个新的智能生产中心。2013 年 2 月，西门子工业自动化产品成都生产及研发基地在中国西南部设立。该工厂在很多方面都复制了安贝格电子制造工厂的做法，由于中国是西门子最大的 PLC 市场，因此这里也生产 Simatic 控制器。西门子“让产品更靠近客户”的战略也使其将重心放在中国，中国是全球最大的自动化技术市场，也是仅次于欧洲市场的全球第二大可编程逻辑控制器的市场。

有意思的是，成都工厂和安贝格工厂的软件工具和生产程序都是一样的。安贝格现在已有超过 25 年的历史。然而，尽管生产区域仍然保持不变，员工数量也几乎没有增加，但该工厂现在的产品生产数量是 1989 年的 7 倍。更重要的是，产品质量已经大幅提升。1989 年该生产基地的百万缺陷率（dpm）为 500，而现在仅为 12。

然而，SEWC 仍处于发展阶段，且其当前自动化水平仍然低于安贝格电子工厂的 75%。另外，SEWC 还不具备生产类似产品的能力。SEWC 优于安贝格电子工厂的一点是能源效率。SEWC 工厂最近获得了领先能源与环境设计（LEED）的金牌认证。由于采用智能建筑技术，与同类建筑相比，该工厂每年节省了约 2 500 吨水，减少了约 820 吨二氧化碳排放，节省了约 116 000 欧元的能源成本。该工厂是成都首家获得 LEED 金牌认证的工厂。

工业 4.0：未来之路

制造业是发达国家和发展中国家经济的重要组成部分。而制造业已经踏上了快速变革的道路，这为企业领导层和政策制定者带来了新的机遇和挑战（如图 14–4 所示）。

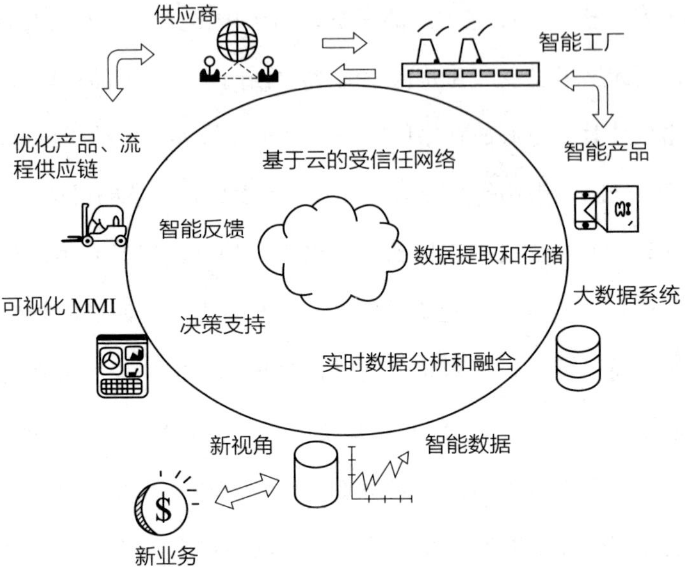

图 14–4　新的互联网服务和商业模式

由于严重的经济衰退抑制了需求，过去 10 年对于大型发展中经济体的制造业而言是动荡的 10 年。发达经济体的制造需求、生产力水平和盈利下降，成为就业率加速下降的催化剂。

尽管出现全球经济衰退，但制造业对发达国家和发展中国家都至关重要。在工业化的发展中国家中，制造业为经济做出了重大贡献，并开辟了一条从自给农业文化走向收入上涨和生活水平提高的道路。制造业仍是发展中国家的重要就业来源，因为每创造一个制造业岗位，就会带来两个供应链就业岗位。而在发达的工业化国家，制造业对 GDP 的贡献约为 20%，不过制造业对一个国家增长的贡献并不止于此，因为制造业鼓励创新和竞争力，而这催生了研发赞助，从而使学术和技术机构从中受益。事实上，美国制造业对 GDP 的贡献率为 20%，而它对私营企业研发的贡献率为 77%。制造业也对出口做出了巨大贡献，贡献率达到 70%，而它对生产力增长的贡献为 37%。

在发展中国家，随着工资的上涨和生产力的提高，我们可以看到工业化对于经济的重要性。然而，在制造业的就业、工资和相关生产力大幅上升至 GDP 的 20%~30% 左右时，GDP 却陷入停滞状态，然后急速下降。这种现象通常归因于这一理念：随着工资的上涨，满足员工消费需求的服务业也会因经济景气上行。因此，服务业从经济增长中受益，随后在该国的经济增长中发挥更大的作用。

然而，这表明了制造业和服务业是相互分离的实体，实际上制造业每年都会创造越来越多的服务并为之消费。这些服务业（例如物流业、广告业和营销业）占据了越来越多的制造时间和支出。例如，在美国，每在制造业花费 1 美元就需要在服务业花费 16 美分。而且，在一些高科技制造业中，非制造业岗位（例如研发、人力资源、后勤和 IT）的员工数量占人员的绝大多数。

工业 4.0 高度重视物联网，制造商可在物联网中创建或消费其价值链范围内的可用服务。这些服务（例如库存控制、物流和智能运输）将降低成本、提升效率，最终将提高生产力。制造商面临的一项关键挑战，将是以更加务实的方式迎接数字制造业时代的到来。当然，劳动密集型产业（例如珠宝业、纺织业和玩具业）的生产商仍然会行走在低薪的道路上。然而，其他拥有更加自动化的生产线的生产商必须权衡一些因素，例如，获取低成本运输、了解消费者想法或聘用技能熟练的员工。策略和生产方式的变革会催生一种新型的全球制造企业。这种企业使用联网的价值链来生产和消费服务。

而且，这种企业采用“大数据”和分析学快速而果断地应对在消费者观点和市场条件方面不断变化的全球环境。另外，认识到长期增长、创新和出口目标是通过关键技术推动因素（例如投资现代基础设施）来实现的，决策者将会成为新一代制造商的引领者。

而为了把握和利用工业互联网和工业 4.0 带来的巨大商机，各企业必须在其业务的方方面面做出彻底的改变。采用工业互联网或工业 4.0 的最重要的先决条件是推动业务转型，以便在数字世界实现无缝运营。

第15章 通向工业4.0的路线图

为了使企业适应工业互联网的概念，我们需要认识到公司在其流程、程序、理念、战略和现有技术方面的当前状况，了解它们希望达到的适应水平。实现这一目标的实际手段却是个棘手的问题。常见的问题是：“我们如何从现在的地方到达想去的地方？”

那些采用工业互联网、抓住了工业 4.0 巨大机遇的公司，将不得不在其业务的所有领域进行一些根本性变革。采用工业物联网或实施工业 4.0 战略的首要前提将业务转变为在数字世界中无缝运行。企业的数字化转型有许多方法，但得到一致认可的是它包含对三个关键领域的处理，这三个关键领域就是客户体验、操作流程和业务模型。

数字化转型

数字化转型的概念是用技术来提高性能，它与工业互联网同样广为流传，而且是企业高管们颇感兴趣的热门话题，具有充分的理由。通过使用数据分析、移动性、社交媒体和智能嵌入式设备等最新数字技术，高管们正见证着所有行业领域受益于数字化。

数字化转型是不分行业的，当然也不局限于技术创业公司，虽然它们不可否认地受到了媒体的广泛关注。成功的数字化转型项目涉及一系列现代和传统行业，从银行业到媒体，再到制造业。然而，就像数字化转型可以影响所有行业一样，它也可以涉及一个企业的所有核心功能，例如战略、流程、程序。

CapGemini 与 MIT 数字商务中心一起提出了数字化转型术语。它们提出应该有这样一个有效的数字化转型程序，该程序要仔细审视的不仅是需要数字化的内容，还有其实现方式。

CapGemini 提案的部分关键点是，企业和 IT 必须紧密联合，共同努力实现数字化转型。该提案认为企业与 IT 的关系是关键，两者都要求人们必须专注于同样的挑战和终极目标,促使该计划取得成功。这一点非常重要，因为数字化转型的一些支持者认为它是一个企业引领的倡议，无论 IT 参与与否，它都终将实现。

而这是一条危险的道路，因为无论在哪个企业，IT 都应该始终与企业战略保持一致。因此，IT 作为合作伙伴充分参与项目，这一点十分必要，否则将最终导致计划中断并产生缺口。因此，CapGemini 建议从顶部赞助和倡导该项目，以确保所有部门和利益相关者都参与进来。数字化转型是一个管理起来非常棘手的项目，因为它要解决企业的核心要素，但无论是客户、合作伙伴还是竞争对手，他们都不会坐等变革发生。变革需要从顶层向前推进。

CapGemini 还表示，所有行业都存在数字化转型的机会。此外，在效率、生产力和员工支持方面存在着无限机会。然而，想要利用这些机会意味着所有部门、利益相关者和员工都需要进行高强度的转型管理。

此外，麦肯锡建议，数字化转型可以重塑现代企业的每个方面，体现为4个核心要素：

- 客户与合作伙伴的连通性
- 产品、商业模型及进程的创新
- 技术取代劳动力的自动化
- 使用大数据和高级分析进行决策

麦肯锡建议人们支持这些核心活动和目标，认为它们具有持续改进的循环功能：

- 客户体验：无缝多渠道体验，具备随时随地提供服务的能力。
- 产品和服务创新：新数字产品和服务以及共创新产品。
- 分配、营销和销售：通过优化数字营销和销售渠道，获得更高的投资回报。
- 数字执行：取决于自动化流程和自始至终的供应。
- 风险优化：专注于风险预测和嵌入式自动化控制，以提升客户体验。
- 高级企业控制：经改进的实时管理系统和管理仪表板，与价值和供应链（包括第三方）无缝集成。

最大的问题在于，公司如何从现在的状态转移到它们想通过数字化转型达到的状态。公司在其数字化转型期间可参考许多路线图。然而，没有哪个路线图能够适合所有企业或行业，每个公司的动机、意图、目标、优先事项、预算和难处都各不相同。

此外，大多数公司尚未做好准备进行全面的数字化转型，它们只想将业务的某些领域数字化，例如客户体验、销售和市场推广，因为这样它们可以获得早期回报，而且不会对核心业务造成太大的中断风险。另一个长期存在（特别是在制造业等传统行业中）的问题是功能性竖井的概念，以及在功能和政治隔离的领域内开展工作的需要。对要进行的数字转换，企业内部存在的竖井必须最小，零竖井更佳。不幸的是，在部门按层次划分的传统工业中，要想做到这一点，是相当困难的。例如，在制造业，既赚钱又是公司存在的唯一原因的生产部门，比 IT 或人力资源等支持部门更具资历。说服这些高级部门（如制造、工程、物流、金融、销售和营销部门）放弃它们的部分地位和影响，会面临重重问题。

在理想情况下，所有部门都应该通力合作，相互学习，以实现更大利益，提高生产力和利润。然而，为了在实践中操作，CEO 必须了解数字化转型的巨大潜力，以及它将如何影响企业的各个领域，因为只有他们能够通过竖井推动并创造无处不在的，为人员、流程和系统所需的业务和技术连接。

客户体验

客户体验（有时称为用户体验，尽管它们并非总是一致）是数字化转型的基本构建块之一，且通常是首先关注的问题。原因很简单，它可以使用现有设备或通过采用社交媒体云服务快速产生效果。

了解客户

对于企业而言，社交媒体已经成为智能的巨大来源，因为它能够使企业发现是什么导致了客户的不满意。此外，公司正在学着拥抱社交媒体，并直接与其客户（用户）进行互动，而且比其他人更快。这些举措的重要目的是更好地了解客户，从总体上了解他们对公司产品或行业部门的喜好、偏好以及不满。如果你能够确定客户对行业运行方式有哪些不满，就有可能比竞争对手下手更快。毕竟，就像所有封闭的团体一样，产业部门的公司往往对其缺点视而不见。它们认为大家都这样，其他公司也如此，所以没必要变革。然而，从客户那里获得建设性的批评可能是有益处的。航空业便是其中一个受益者，因为在低成本航空公司出现之前，客户体验糟糕透顶，检票、登机效率低下且乏味至极，花费却十分巨大。然而，一些先驱航空公司一旦决定削减成本，就必须确保争取到足够的乘客，所以它们甚至会去倾听并满足其常客对于对待宠物的要求。它们不仅在定价结构上，还在检票、登机以及订票程序上做出了巨大变革。

客户联系点

数字化对企业的主要贡献之一是增加客户联系点。在主流数字化之前，21 世纪初期，公司就已可以通过电话或电子邮件进行联系。今天，公司允许客户通过单击鼠标，与网站上在线支持代理以聊天或通话的形式进行通信，或通过在线表格打开服务票据，以方便客户。其他技术正在获得认可，例如使用 WebRTC 的视频通话，这一技术可使客户通过浏览器使用视频聊天与支持中心取得联系。当技术支持代理需要实际查看产品，并且可以更快地进行故障诊断和故障解决时，它就会凸显这一技术的重要性。

同样，移动应用程序的大量增长引领公司开发自己的应用程序，这进一步使客户与公司结合起来，并能提供更多的智能服务，如地理位置。这些应用程序还可用于向客户发送产品图片或视频。类似地，客户可以向支持中心发送媒体文件，以帮助技术人员进行诊断。

转化操作过程

就重要性和实施新技术的相对容易性而言，客户体验可能是公司转向数字化的首选渠道。然而，若问到转向数字化最成功和最有成效的领域是什么，管理人员往往会提到过程数字化。操作过程的数字化转型可以在早期就取得成效，有时甚至像唾手可得的果实，因此它是一个颇具吸引力的初始领域，值得关注。

过程数字化

过程数字化的好处能够贯穿整个价值链，即从产品的早期快速开发和原型设计，到自动化生产线以及高效的库存管理和调度。生产线的自动化使工人能够自由地做其他不太沉闷的重复性工作，例如，监督自动化流程，并在质量控制过程中运用他们的生产和产品经验。

数字化过程还节约了资金，因为使用 ERP 中的自动库存补充程序能够更有效地创建、补充产品和库存。数字化促进了各种库存处理和库存控制（例如库存生产、按订单生产或按订单设计）的高效运行。从库存生产模型转移到更具成本效益和更高效的按订单生产，可以对库存的资产成本以及原材料和零件产生巨大影响。

工人移动性

在过去 10 年中，移动性是效率和生产力的巨大推动力之一。如今，由于智能手机无处不在，员工移动性很强，自带设备（甚至是使用个人云）倡议使员工能够随时随地地移动和工作，这大大提高了生产率和创新精神。与之相似，VoIP PBX 允许员工在任何地方工作，因为来自公司电话系统的呼叫可以无缝透明地重定向到呼叫者。因此，员工可以在旅行时、在家中或在汽车中打电话，就如同在自己的办公桌旁一样。

VoIP PBX 系统还与互联网无缝集成，因此员工可以参与会议视频通话以及远程会议和演示。此外，通过这些呼叫，他们可以共享桌面并将其用作共享白板，或运行演示文稿进行协作。远程演示和教学不仅为公司节省了旅途中花费的金钱以及可能会浪费的时间，还促进了分散专家团队的协作和创新。

绩效管理

绩效和运作效益成果正是数字化转型的结果。以仪表板格式整理数字信息并显示为性能和 KPI 指标，使主管和经理能够实时准确地了解企业内发生的情况。在10年前，这对于大多数组织而言是不可能实现的，那个时候，某些组织机构仍然使用着基于Excel电子表格或封闭的专用软件生成的部门状态报告。

系统集成技术如应用程序界面（APIs）和Web服务的发展，特别是SaaS的出现，极大地提高了从不同系统检索报告数据的能力。这使得企业能整理并提供运行和管理数据，作为仪表板输出，或作为其他流程的输入。

大数据和高级分析使这一概念更进一步，因为以前的分析是在历史的基础上进行的，有些趋势分析很模糊。而在数字化环境中，数据分析软件能够实时地收集和分析数据。这促进了计划—绩效分析的产生，该分析使管理层能够可视化其管理的所有资产、项目、业务单位和员工，以查看他们是否按预期执行业务目标。计划—绩效分析不仅突出整体绩效状态，而且提供了关于子项目或程序的明细报告，以帮助人们了解此状态的形成原因。此外，借助大数据的高级分析功能，数据分析现在已经具备了历史性、预测性和规范性。

转变业务模式

许多企业高管对自身业务及其工业部门的业务都有足够的了解。任用具备充分自我意识的经理不足为奇，他们了解企业若要生存乃至壮大，变革不可避免。而通过数字化转型和工业互联网，企业可以改变并适应创新业务模式。

数位修改业务

问题在于，更改企业战略可能导致糟糕的后果。以一个通过传统方式交付的坚实企业为例。例如，肉铺每周都按照要求交付肉类和切好的关节。该店屠夫学习了数字化和电子商务，惊异于那些成功故事，他决定停止本地销售，建立一个在线购物市场。

奇怪的是，我们确实于20世纪后期在媒体上看到过这些可笑的成功故事，当地屠夫在互联网上声称生产并销售了大量的当地特色馅饼、糕点、羊排和其他食品，而并未考虑物流和生产限制。

关键是修改业务模式并非总是好主意，事实上它可能是个非常糟糕的建议。屠夫目前的业务模式似乎很成功、传统且被广泛接受。那么他为何想做出改变？

要理解这一点，我们来看看问题是如何产生的。

新型数字业务

要创造一个新业务或提出一个新想法，你需要创新并具有强大的想象力、毅力以及奉献精神。在屠夫开始在线业务的情况下，他需要确保当前客户群会跟随他且对改变方向持积极态度。毕竟，屠夫的客户可能通过传统方式与他交易，这些方式也许并不数字化，甚至未来也无法做到这一点。经历过完整数字化转型，屠夫会失去更多客户，这一点不可避免。屠夫将在实行新数字业务倡议的同时更好地运行传统业务，至少能够持续到他通过花费时间和精力建立新的客户群以及适合在网上交易的产品线之后，从网上营销的细微差别中学到经验。

当你推出新产品或服务时，特别是在推出新业务或进入新的数字市场时，问题就会更加深刻。这个问题是，预测客户反应并非易事，且对于创业公司而言，在其形成差异化且博得名气前，都不可避免地将在初期去奋力实现目标并履行诺言。因此，为了它而改变业务模式或技术并不总是聪明之举。让我们以一个现实世界的场景为例。

一家技术公司，尽管在创业初期就价值28亿美元，然而未能达到预期，经过数年发展但从未交易过，之后便垮台并破产了。发生这样的变化只是因为公司未能提供一致的产品。该公司的业务涉及移动支付，理念伟大、硬件合理，并且在接受信用卡支付的手机领域拥有巨大的利基市场。然而，这个曾经声称将超过谷歌和阿里巴巴的公司破产了，仅仅因为它没有稳定的产品——它不断把目光转向最新技术，从来不满足于使用过的技术。问题不是升级技术本身，而是每次公司都必须开始另一次大规模营销和广告宣传以推广这项新技术，而相较于在此过程中得到的客户，它会失去更多的潜在客户。

但是，看看替代品以及其他业务选择总是明智的，正因为这样，数字业务才会如此受欢迎。通过对资料和性能数据的分析，公司可以确定真实的潜在数据和趋势，从而获得可靠的趋势分析。

数字全球化

数字化的重点在于，工业产业和工业4.0可以跨越全球网络。全球效应，即跨越国界的合作意识和团队建设，使得物联网变得可行。设想一下，如果工业的每个部门都只顾及自身，工业如何行得通？

我们如果认为工业依赖于真实的分析、程序和制造流程，就可以说，这些目标将产生一个最终产品。然而，它并不总是这样。如果分析一下数据，我们就可以看到，从数据到信息再到知识的过程有时并不清晰。

这就是为什么我们必须考虑在庞大的全球环境中整理数据，以便聚合这些数据并把该数据湖当作分析池。数据湖越大，我们的分析就越可靠。

为了满足全球数据验收，我们必须承认，全球数据库不仅值得信任，而且对获取信息和知识至关重要。

提高运营效率

顾问经常强调，工业互联网或工业 4.0 的整个目的是提高工业运营效率。然而，该观点只有部分是正确的。工业和商业项目旨在为整个供应链提供效率、自动化和利润。

我们确实应该强调运营效率的重要性，因为这对所有业务和工业 4.0 而言至关重要，它有助于提高生产力、效率和客户参与度。

OT 与 IT 的融合

将 OT 与 IT 融合的最大问题在于，二者有着完全不同的目标和愿望。它实际上类似于把运营和开发合并到 devops。事实上，OT 与制造业密切相关，OT 员工以及技术人员已经经历了不同理念体系的演变。OT员工已经经历了工业劳动力时期，那时的员工以劳动为中心，认为他们所做的工作对于产品的制造至关重要。

OT员工在艰难的条件下努力工作，他们努力实现生产目标，并且作为团队一部分，与工厂劳动力密切合作。

IT更适合企业和商业，它们利用专业知识指导其他部门使用富有成效的方法和技术。IT倾向于领导而非合作，并且这可能会导致压力，但是无论如何，OT和IT的结合对业务来说都极其重要。因此，首先要计划的是OT和IT的融合，在这个过程中我们要经历一个初始预收敛阶段。在此阶段，重要的是使用国际上可接受的标准并确定公司战略，以便有一致性的计划。

一旦IT和业务在融合策略上达成一致，OT和IT的实际融合过程就可以开始了。在实现某些阶段目标和里程碑时，收敛将被认为已经完成。典型的示例是融合基础设施，其中每个设备都具有一个IP地址并且定位于集中式网络管理系统中。一旦网络中的所有设备都处在OT和IT的共同管理下，在开发和维护方面就有合作的余地。

收敛的下一步是一致性，此前提到了这点。IT与业务保持一致性是最佳范例，我们必须确保IT的战略和战术与公司的业务战略保持一致。当设备和系统可通过互联网远程访问时，就可以认为公司在工程和技术层面保持一致。此外，如果工程和IT能合作记录所有应用程序和信息源（例如不同的数据库），这将达到理想状态。另外，IT的最优做法是将所有应用程序、系统和数据源与一个通用的全企业标识和访问管理系统集成起来。

最后一步是将系统集成到一个计划架构,以此建立系统的一致性。在此阶段，公司即可实现成本节约、运营效率和竞争优势。

主要的是，在合并 OT 和 IT 部门时，管理层必须在采取行动之前仔细规划每个阶段；相较于投机取巧的 IT，这对于 OT 而言更自然。

通过自动化提高生产力

制造业自动化的一个重要部分，是在生产过程中移除可能的人类行为或交互作用。实现此目标的先决条件，是系统过程控制器、机器以及设备可以分配处理任务,这被称为 M2M,即机器对机器通信。在人机交互的环境中，它是智能工厂的重要组成部分，因为它能形成信息物理系统。CPS 通过互联网进行通信，通过物联网和服务生成新的工厂模型并提高整体设备效率（OEE）。

然而，它不仅仅存在于 M2M 常见的工业生产过程中，而是在许多业务流程中随处可见，甚至在联网的智能设备在过程链中起作用的任何过程中也是普遍存在的。

这些数字设备的联网也将为电信公司和为设备之间通信提供互联网服务的提供商提供巨大的附带效益。事实上，电信公司预测，到 2020 年，集成在各种远程设备中的 SIMS 和数据调制解调器的数量将大大增加，这些远程设备包括自动售货机、联网汽车、车队管理卡车、智能电表，甚至远程健康监控设备。

自动化是前进的方向，流程链的自动化在很大程度上依赖于有效的 M2M。M2M 应在业务融合和数字化转型过程中发挥重要作用，因为它不仅通过提高设备综合效率来提高生产力，而且考虑了新型以及创新的业务模式。

开发新业务模式

工业公司依据竞争战略创建其业务模式，这些模式涉及业务差异化、成本领先和侧重点的选择。在大多数行业，特别是在制造业，这一战略仍然适用。然而，随着数字化的出现，连通性成为在创造和获取价值方面寻找传统上健全战略的新方法。

随着管理层将重心转向数字化，或进一步向工业 4.0 演进，他们意识到了创新在价值创造和价值获取方面的巨大机遇。基于云的服务和技术已经将这方面的潜力提高到了这样一个层级，以至我们需要重新思考一下现有的商业模式。

任何公司商业模式或战略的核心都是价值创造，这是大多数企业存在的唯一原因。价值创造是指提高公司产品或服务的价值，这些产品或服务能够促使客户支付或以某种有利于商业的方式被利用。在制造业和以产品为重点的商业中，创造价值在历史上意味着产生具有更多功能、优于竞争对手的产品。这要求企业识别持久的客户需求，并通过精心设计的解决方案满足这些需求。当然，其他企业将努力满足同样的客户需求，因此竞争将在特征、质量和价格上展开。战略目标过去曾经是创造和销售产品，并期望一旦产品被淘汰，客户能够购买替代品。

然而，工业互联网为彻底变革企业创造和销售产品的方式提供了机会。由于制造商可以跟进客户行为，并在整个产品的生命周期中提供无线更新、新特征和新功能，因此一次性产品生命周期不再有任何借口。此外，产品不再是孤立的。随着物联网的出现，连通性成为王道，产品可以与其他产品相互作用。连通性能够通过分析带来新的意见和产品，从而改善预测、流程优化、产品生命周期支持，并使客户体验变得更佳。

因此，现代业务模式通过创造经验价值来关注客户。物联网促进业务以新形式查看客户体验，从客户初期如何看待产品、如何使用它，以及它与何相连，到了解产品还能做什么，哪些服务或功能可以使产品复兴。另外，从产品中赚钱不再局限于初始销售，因为现在其他收入流颇具潜力，如增值服务、订阅和应用程序。

类似于价值创造，企业获取价值的方式随着云服务的出现而改变，这导致客户价值货币化。传统上，在大多数产品驱动型企业中，价值获取只是为了设定合适的价格，以最大限度地提高离散产品销售的利润。当然，这是一个过分简单化的观点，因为大多数公司花费了大量的精力和创造力来介绍和营销其产品，寻找自身区别于竞争对手的关键特色。

然而，企业现在可以使利润最大化，并利用其核心竞争力将产品推向市场。此外，他们可以在控制价值链中的关键点（例如商品成本、品牌实力或专利）时做到这一点。他们还可以添加个性化和环境以锁定客户，这会带来常续性营收。

采用智能架构和技术

创新在发展新业务模式和机遇时至关重要。然而，公司若想充分利用这些机遇，必须把握三个核心竞争力：传感器驱动计算、工业分析和智能机器应用。

传感器驱动计算

传感器驱动计算是工业互联网的基础，因为传感器能够将环境（例如温度、电压、湿度和压力）所在的模拟世界与计算机的数字世界连接起来。传感器能够感知物体的状态及其周围环境，并提供系统所需的数据，以深入了解工业流程。传感器只提供原始数据，以获取可操作性强的见解和分析。

工业分析

工业分析把从数以千计的传感器中获取的原始环境数据，转换为人类能够理解的见解和知识。传统上，由于技术的限制，工业分析主要关注的是历史数据，例如每月销售报告。然而，随着云计算和海量数据存储的出现，所有人都可以在市场上购得高级分析。高级分析目前为工业提供历史、诊断、预测，以及规范性分析数据。这些高级分析算法不仅能帮助你深入了解已发生事件，还能帮助你找出事件发生的原因。另外，如果此事件可能再次发生，它们还能为你提供应对建议。

智能设备应用

数据分析在工业场景中具有意义深远的重要性，因为它们提供了可操作性强的见解，而这些见解对智能流程控制和主动决策有促进作用。然而，要想利用预测分析带来的主动优势，需要用到智能设备，这些智能设备不仅具备机械性能，而且具有内置智能功能。这些智能设备将具有自我意识，此处的“自我意识”并非哲学术语，而是指机器能够通过自我诊断感知机器自身以及流程的当前状态。部件故障预测能力使“故障后修复”转变为“故障前修复”，这对工业来说意味着深厚的经济利益。然而，拥有智能设备的真正好处是它们相互之间可以进行跨域整合和协作。这使得开发人员能够在设计智能应用程序时进行创新。

要使智能互联技术实现最佳效益，需要进行战略反思并具备技术观念和创新意识。然而，所有创新必须基于强大的技术架构和基础设施，而实现这一点则需要一个工业物联网平台。工业互联网平台尚未成熟，因此在互操作性和信息共享方面仍存在缺陷。目前，这也是人们迈向工业互联网的企业所面临的主要技术挑战。

劳动力转型

早在20世纪70年代，企业领导者就曾重点关注过使用机器人的自动化生产线将取代人类所做的工作，并能有效地减少员工数量。但始终存在的一个问题是，员工是公司的心脏和灵魂，当然，你如果经营的是一家全自动化制造工厂，则无须考虑这个问题。当时，CEO 声称，减少从事烦琐、肮脏、无聊或危险的劳动密集型工作的员工数量对企业员工是有利的。这些企业领导者设法说服自己，自动化计划是符合人道主义且经济的。此外，它能有效提高生产力和效率，同时降低成本并提高奖金。不出所料，工会以及那些工作和生计都难以为继的人们，坚决反对这一战略，指出因该战略而面临困境的不只有他们。

当时，自动化对于 CEO 来说可能颇具吸引力，因为它能帮助企业减轻工资负担，降低运营费用，辞退低技能工人，并聘用可以执行各种任务的高技能 IT 人才。然而，这个前提是有缺陷的。

1996 年，保罗·克鲁格曼曾设想了一种场景，他说：

信息技术将最终减少而非增加对高学历员工的需求，因为很多高学历员工所做的工作实际上可以用先进的信息处理程序取代，而且它们的确比大量的体力劳动更容易被取代。

事实证明，保罗·克鲁格曼的话具有深远的意义。如今，我们可以看到，自动化取代的不仅仅是临时工，而且包括技艺精湛的工人，技术性工作被软件取代已经成为一种市场现象。2012 年，不少大学和学院曾将软件开发和编程类职业列为未来的工作，而如今这些职业却在等待着被自动化系统取代。

劳动力需求将减少，这是一个不可改变的事实。但企业也必须进行转型，以满足数字互联时代的要求。企业将需要业务分析师、战略家、数据科学家和那些能够熟练开发匹配公司战略算法的人员。

收集大量操作数据是一回事，但是如果不能提出正确的问题，并理解答案的意义，那么收集的海量数据就毫无价值。因此，减少低工资体力劳动者的人数在短期内将有利于运营，但是随着公司进入数字时代，任何短期利益都不足以覆盖聘请专家的成本。

索 引